常见旅游纠纷防范与应对指南

黄恢月/著

TEP 旅游教育出版社

前言

在建设旅游强国的征途中，有许多障碍需要逾越，有许多棘手的难题需要解决，服务品质提升就是其中的永恒话题之一。服务品质的提升，需要旅游企业具有诚信意识、规范意识；需要相关管理部门的有效监管、科学监管；需要旅游者的理性消费、理性维权，三者互为表里，缺一不可。如果缺乏其中的某一环节，服务品质提升的愿望就难以实现，旅游服务纠纷就会与之相伴而来。

旅行社常常被描述为旅游服务业的龙头，主要是针对旅行社的招徕、组织、联络业务而言。为旅游者直接提供六要素服务的，通常是相关的服务供应商。旅游服务提供主体的多样性和跨地域性，必然导致旅行社服务法律关系的复杂性。对旅游服务纠纷下结论，并不是一件轻而易举的事。现实中，旅游服务纠纷发生后，旅游者往往本能地要求组团旅行社承担责任，因为旅游者只和组团旅行社有直接的合同关系。站在旅游者的角度，其观点似乎应当成立，但事实上，并不是所有的旅游服务纠纷的责任都可以归结于旅行社。一个纠纷的发生，既可能是旅行社服务不规范所致，也可能是第三方的原因造成的，或者是由于旅游者的自身疏失所导致的。所以，为了妥善处理旅游纠纷，首先必须了解服务纠纷的全过程，结合我国相关的法律规定，对纠纷的性质及责任做出明确判断，此时才可以得出谁是谁非的结论。

本书采取类型化处理方式，按照旅游服务纠纷的特点进行分类，把全书分为旅游合同纠纷篇、旅游服务纠纷篇、服务收费纠纷篇、旅行社经营管理纠纷篇、旅游者人为因素纠纷篇、责任承担纠纷篇、服务安全纠纷篇7个部分，共60篇文章。每篇文章由“案例导入”和“纠纷防范与应对”两个模块组成。在“纠纷防范与应对”模块中，把与纠纷相关的法律条文有重点地列出，对于产生纠纷的原因进行详尽的解析，为如何应对纠纷的产生提供详细对策，在此基础上，明确处理纠纷的基本原则。

本书的特点是理论联系实际。服务纠纷的解决基础，在于旅游法律法规的应用，虽然每篇文章都不同程度地引用法律条文，但引用法律条文的目的，并不在于仅仅局限于法律条文本身，而是通过对于法律条文的引用，把法律精神融于服务纠纷的解决过程中，在说理的同时，更立足于纠纷的解决，这也正是本书的出发点和落脚点。

本书是一本解决旅游服务纠纷的工具书，具有高度的实用性。书中所归纳的60类服务纠纷，涉及服务纠纷的方方面面，几乎囊括了旅游服务纠纷的所有类型，旅游质监人员或者旅行社在处理服务纠纷的实践中，可以结合纠纷的具体情况，参照本书的剖析，按图索骥，或者能够直接寻找到解决纠纷的答案，或者能够从中获得有益的启示，高效快速地解决纠纷。

另外，本书末收录了两个附录，一个是"旅游合同签订规范指南"，另一个是"《最高人民法院关于审理旅游纠纷案件适用法律若干问题的规定》解读"。旅游合同是确保旅行社和旅游者双方合法权益的基本保障，2009年颁布的《旅行社条例》对此有明确的要求。附录1根据目前旅游合同签订中存在的常见问题，对如何签订规范的旅游合同做了具体解释。《关于审理旅游纠纷案件适用法律若干问题的规定》是最高人民法院为了规范旅游纠纷的审理于2010年出台的。虽然这个规定出台的初衷是为各级人民法院的民事审判提供案件审理规范，但此规定对各级旅游管理部门和旅行社妥善处理纠纷也具有直接的指导意义，因此本书在附录2中结合处理旅游纠纷的实践，对此规定做了简要的解读。

本书特别适合旅游质监人员和旅行社管理、门市接待、计调、导游及领队等旅游从业人员学习，用于服务纠纷的防范和处理，妥善解决服务纠纷，营造和谐的旅游环境；也适合大专院校旅游专业师生阅读，拓展实践视野；还可以为广大旅游者正确维护自身权益和解决纠纷提供指导。

作　者

目 录

旅游合同纠纷篇

旅游服务纠纷，大致可以分为合同纠纷和侵权纠纷，前者占据纠纷的绝大部分。在现实的旅游合同纠纷中，主要有包价旅游合同纠纷、自由行合同纠纷和单项委托合同纠纷。不论是何种纠纷，旅行社必须掌握一个基本原则，就是旅行社必须为其合同约定的权利、义务负责，超出了合同约定的范围，旅行社就不需要承担责任。因此，旅行社在履行合同义务时，不能拒绝履行合同义务或者降低服务标准，也不能强迫旅游者购物和参加自费项目，否则旅行社就要承担向旅游者赔偿的民事责任，同时还要承受管理部门给予的行政处罚，旅行社的违约行为导致两个法律后果。因此，旅行社要强化对服务供应商的控制能力，同时对导游员（领队）加强监管，确保不发生违约行为。当然，不可抗力是法定的免责条款，同时，按照最新的最高人民法院的司法解释规定，由于公共交通的原因，导致旅游者权益受损，旅行社不需要承担赔偿责任，但要退还尚未实际发生的费用。

01 包价旅游合同的赔偿纠纷

案例导入

张先生参加了杭州旅行社组织的赴云南六晚七天的包价旅游团,旅游合同约定,旅行社将为张先生提供包括全程四星级酒店在内的服务。当张先生到达目的地后,由于地接社的疏漏,导致张先生入住的酒店实际为三星级,张先生当即和组团社沟通。经过交涉,组团社承认地接社违约,承诺从第二天开始,一定按照合同约定提供酒店。张先生回到杭州后,要求组团社为地接社的违约行为承担责任,旅行社总是以自身没有过错为由,拒绝承担赔偿责任,同时建议张先生向云南省旅游管理部门投诉,或者和张先生一起投诉地接社。几经交涉无果,张先生向当地旅游管理部门投诉,旅游管理部门责令组团社向张先生先行赔偿,组团社据此可以向地接社追偿。张先生的合法权益得到了妥善的保护。

纠纷防范与应对

所谓包价旅游合同,就是指传统意义上的组团合同,旅行社和旅游者就旅行社提供六要素服务、旅游者支付旅游团款等权利与义务作出明确约定的协议。包价旅游合同纠纷,是目前旅游纠纷中最为常见的纠纷。

一、包价旅游合同中组团旅行社的权利、义务

组团旅行社的主要义务包括:全面履行合同,为旅游者提供合同约定的合同服务,保障旅游者人身财产安全;当旅游者提出解除合同时,最大限度维护旅游者的权益。

组团旅行社的主要权利包括:按照合同约定,向旅游者收取旅游团款,导游员(领队)按照旅游计划安排各项旅游服务项目。

二、包价旅游合同中旅游者的权利、义务

旅游者的权利主要包括：除《中华人民共和国消费者权益保护法》规定的安全保障权等七项权利外，在旅游合同中，旅游者最大的权利是获得旅游合同约定的各项服务。

旅游者的义务主要包括：交纳旅游团款，在旅游行程中配合旅行社积极、善意地履行合同，并遵守旅游目的地的法律法规和民风民俗。

三、旅行社和旅游者对于包价旅游合同的认识误区

1. 组团旅行社对于包价旅游合同认识的误区是，组团旅行社只愿意为自己的工作失误或者疏忽承担赔偿责任，认为只要自己的工作合乎规范，就已经对旅游者尽到了全部责任，至于服务供应商出现的工作失误和疏忽导致旅游合同履行不完全，责任在于服务供应商，组团社不应为此承担责任。

2. 旅游者对于包价旅游合同认识的误区是，只要在旅游合同履行期间，不论发生什么对于旅游者权益受损的事件，旅游者本能地认为旅行社应当承担全部责任，即使损害事件的发生和旅行社的服务没有任何关系，或者事件的发生完全是旅游者自己的疏忽造成的，旅游者也要求旅行社为此承担赔偿责任。

四、包价旅游合同赔偿纠纷处理的基本原则

1. 组团旅行社应当承担的合同责任是有限责任。判断组团旅行社是否应当承担违约责任，第一要素是，旅行社是否按照合同约定提供服务；第二要素是，该服务是否已经被纳入合同范围内。如果旅行社为旅游者提供的服务完全符合合同约定，既没有减少服务项目，也没有降低服务档次和标准，组团旅行社就不应当承担违约责任。换句话说，组团旅行社仅仅为旅游合同负责，其责任范围也以旅游合同为限。

2. 组团旅行社应当承担旅游合同违约的全部责任。《合同法》规定，当事人一方不履行合同义务或者履行合同义务不符合约定的，应当承担继续履行、采取补救措施或者赔偿损失等违约责任。当事人一方因第三人的原因造成违约的，应当向对方承担违约责任。当事人一方和第三人之间的纠纷，依照法律规定或者按照约定解决。既然旅行社在组团合同中向旅游者承诺，旅行社就必须按照合同约定为旅游者提供服务，即使服务供应商不能按约履行，按照严格责

任原则，责任应当由组团旅行社承担。

3. 组团旅行社向旅游者的赔偿，应相当于旅游者的实际损失。《合同法》规定，当事人一方不履行合同义务或者履行合同义务不符合约定，给对方造成损失的，损失赔偿额应当相当于因违约所造成的损失，包括合同履行后可以获得的利益，但不得超过违反合同一方订立合同时预见到或者应当预见到的因违反合同可能造成的损失。该法条要求，旅游者从旅行社获得的违约赔偿，相当于旅游者所遭受的损失，损失的多少由旅游者举证。如果旅游者获得的损失赔偿超出实际损失，旅游者的行为属于不当得利。

4. 旅游者对于人身财产损害，可以做出选择。《合同法》规定，因当事人一方的违约行为，侵害对方人身、财产权益的，受损害方有权选择依照本法要求其承担违约责任或者依照其他法律要求其承担侵权责任。对于人身财产损害，旅游者可以按照《合同法》的规定，以旅行社提供的服务不符合合同约定为由，追究旅行社的违约责任，也可以按照《侵权责任法》的规定，选择违约责任追究。究竟如何维护自身的合法权益，主动权掌握在旅游者手中。

5. 按照 2010 年 11 月 1 日开始实施的《最高人民法院关于审理旅游纠纷案件适用法律若干问题的规定》(以下简称《最高法审理旅游纠纷若干规定》，旅游业内常称为“旅游纠纷司法解释”)精神，因不可抗力等不可归责于旅游经营者、旅游辅助服务者的客观原因导致旅游合同无法履行，因飞机、火车、班轮、城际客运班车等公共客运交通工具延误，导致合同不能按照约定履行等，旅行社不承担赔偿责任。

02 自由行旅游合同的赔偿纠纷

案例导入

2006 年 3 月，吴某夫妇参加了北京某旅行社的马尔代夫自由行旅游，入住满月岛水上屋酒店，吴某在酒店附近水域浮潜，因溺水导致吸入性肺炎死亡，发现时吴某身处深水区。吴某家属向法院提起民事诉讼，以国际旅行社没有针对旅游者在马尔代夫浮潜、游泳等安全避险事项进行警示、告知、说明，也没有召开行前说明会为由，请求法院判令旅行社赔偿共计100余万元。一审法院以吴某未能注意自身安全，对出现溺水身亡的法律后果应承担主要责任，旅行社对旅行安全风险性提醒义务方面存在缺陷，亦应承担一定的民事责任为由，判决旅行社支付吴某家属死亡赔偿金、交通费、丧葬费、旅行费等共计14万余元。一审宣判后，吴某家属和旅行社均提出上诉。二审法院经审理后作出驳回双方上诉，维持原判的终审判决。该纠纷的判决，在旅行社业界引起了很大的反响，争论至今仍在延续。

纠纷防范与应对

伴随着旅游者个性化旅游需要的兴起，自由行旅游方式应运而生。随之而来的问题就是，在自由行旅游期间，发生旅游服务品质和旅游者人身财产安全纠纷时，旅行社是否承担赔偿责任？如果要承担赔偿责任，其责任大小应当如何划分？这些问题一直困扰着旅行社和旅游者。

一、自由行的含义

在旅游广告中，经常可以看到旅行社为旅游者提供所谓的“自由行”，但是，关于什么是“自由行”，到目前为止尚没有一个权威的解释。按照通行的说法，自由行是指，旅行社负责为旅游者提供交通和住宿服务，即所谓的“机票加酒店”的旅游服务方式服务，在旅游目的地的其他事务，包括旅游活动本身，由旅游者自行处理和解决。

二、自由行旅游合同内涵

1. 自由行，事实上并不“自由”。旅行社所宣传的自由行的卖点是“自由”。但从旅行社组织产品的流程上看，旅游者参加旅行社组织的自由行时，仍然受到一定程度的限制。旅行社根据旅游者的需求，采购了航班和饭店以后，把这些服务要素组合成产品，将已经组合好的产品打包销售给旅游者。航班是固定的，饭店同样也是固定的，假如旅游者在购买自由行产品时，提出希望调整航班或者更换饭店，旅行社肯定不能满足旅游者的要求。

2. 旅行社具有旅游服务组织者的身份。旅游者在接受服务过程中，除了选择是否参加自由行外，没有太多的选择产品自由和调整产品自由。从产品组合到产品销售，旅行社积极参与，一直占据主动地位，为旅游者办理机票、预订客房，旅行社是自由行旅游活动的组织者确凿无疑。

3. 自由行旅游合同是包价旅游合同的“瘦身”。包价旅游合同包含了对旅游六要素的约定，而自由行旅游合同的内容仅仅包括航班和饭店，是服务项目量的减少，而非质的变化，和传统所说的小包价旅游合同极为相似，与包价旅游合同的性质一致，只是旅游者在旅游目的地有更大的自由空间。

三、旅行社与旅游者的责任承担的分歧

1. 旅行社认为，旅行社的义务仅仅局限于预订行为，即为旅游者预订好客房和航班，只要旅行社为旅游者确认好航班和饭店，旅行社的合同义务就算履行完毕。至于飞机没有按时起飞，航班延误给旅游者造成损失，饭店服务不规范给旅游者带来不愉快，这些均应由旅游者向航空公司、饭店直接交涉，与旅行社没有任何关系。

2. 旅游者认为，旅行社的义务不仅包括为旅游者预订航班和饭店，而且要确保航班按时起飞、饭店服务规范，否则旅行社就应当承担相应的责任；同时，旅行社还要为旅游者旅游期间的人身财产安全提供一定的保障，只要安全保障义务履行不到位，旅行社还要承担人身财产赔偿责任。

四、自由行旅游合同纠纷处理的基本原则

1. 服务质量纠纷处理适用合同相对性原则。既然自由行旅游合同的性质与包价旅游合同的性质一致，合同相对性适用于自由行旅游合同。组团旅行社在合同中向旅游者作出的承诺，必须兑现。只要旅游者得到的实际服务和旅行社承诺的不一致，作为合同相对人的组团旅行社，就必须承担违约责任。

2. 服务质量纠纷处理，适用严格责任原则。除非发生不可抗力等原因，即使旅行社没有任何过错，而是服务供应商的服务出现问题，导致违约行为的发生，旅行社也必须首先承担全部责任，然后追究相关供应商的责任，组团旅行社不能以自身没有过错而拒绝赔偿。

3. 旅行社承担的是有限责任。和包价旅游合同相比，自由行旅游合同包含的服务内容相对较少，即合同约定的服务项目较少，旅行社所要承担的义务也随之减少。所以,《最高法审理旅游纠纷若干规定》第二十五条规定,旅游经营者事先设计,并以确定的总价提供交通、住宿、游览等一项或者多项服务,不提供导游和领队服务,由旅游者自行安排游览行程的旅游过程中,旅游经营者提供的服务不符合合同约定,侵害旅游者合法权益,旅游者请求旅游经营者承担相应责任的,人民法院应予支持。

4. 旅行社是否为旅游者在旅游期间的人身财产损害承担责任。业界必定认为旅行社不需要为此承担责任,而先前的司法实践已开先河,旅行社要为此承担责任。为此,《最高法审理旅游纠纷若干规定》明确规定,旅游者在自行安排的旅游活动中合法权益受到侵害,请求旅游经营者、旅游辅助服务者承担责任的,人民法院不予支持。困扰业界的担忧终于得到消除。

03 委托旅游合同的赔偿纠纷

案例导入

某外贸公司的李先生计划前往哈瓦那从事贸易活动,他委托杭州旅行社为其购买上海经停莫斯科飞往哈瓦那的机票。按照李先生的要求,旅行社为他办理了相关事宜。李先生在经停莫斯科时,被当地移民管理部门遣返,但没有被告知被遣返的理由。李先生回到杭州,质疑机票的合法性,要求旅行社承担违约责任,并赔偿其损失。经查证,旅行社按照相关规定和手续出具了机票,其合法性没有任何问题。尽管如此,李先生以旅行社帮助出票,最终未能到达目的地为由,要求旅行社承担责任,旅行社感到十分委屈。旅游管理部门介入后,分析委托购买机票中的法律关系,李先生最后放弃要求旅行社赔偿的诉求。

纠纷防范与应对

委托合同是现代社会中常用的合同形式,委托旅游合同也可称为代办旅游合同，只是委托合同中很小的类别，旅游者委托旅行社预订旅游行程中一个或者数个服务要素，旅行社获得委托服务费。和包价旅游合同、自由行旅游合同相比，委托旅游合同的法律关系较为简单，旅行社需要承担的法律责任也轻得多。

一、委托旅游合同的含义

按照《合同法》的规定，委托合同是委托人和受托人约定，由受托人处理委托人事务的合同。结合旅行社业务，委托旅游合同的基本含义是，旅行社按照旅游者的个性需求，旅游者将相关事宜委托给旅行社，由旅行社为旅游者代为预订机票、住宿、餐饮等相关事务的旅游合同。

二、与旅游者密切相关的合同关系

1. 旅游者与旅行社之间的委托合同关系。旅游者与旅行社签订委托合同，要求旅行社为其预订航班、客房，或者会务，旅行社一旦作出承诺，说明双方的委托合同关系成立且生效。旅行社的义务就是按照合同的要求，为旅游者办妥委托事务，旅游者按照规定向旅行社或者相关服务供应商支付费用。

2. 旅游者与相关服务供应商之间的服务合同关系。旅行社为旅游者办理完委托事务，旅游者和旅行社的合同关系终止。与此同时，旅游者与相关服务供应商建立了诸如住宿合同、承运合同等关系，只要旅游者办理相关住宿、登机等手续，服务合同就进入到了履行阶段。旅游者和旅行社签订委托合同是手段，履行住宿等合同才是真正的目的。

三、委托旅游合同与相关旅游合同的区别

1. 委托旅游合同与包价旅游合同的区别。委托旅游合同仅仅对旅游者委托事务负责，除此以外没有别的义务，包价旅游合同不仅要对自己的行为负责，而且还要为服务供应商行为负责。组团旅行社经常代人受过，但无法通过正常渠道挽回经济损失。旅行社经常遇到的问题是航班延误后，旅游者向组团旅行社索要赔偿，旅行社赔偿后无法向航空公司追偿，因为旅行社和航空公司没有合同关系，旅行社只能自吞苦果。

2. 委托旅游合同与自由行旅游合同的区别。委托旅游合同是接受旅游者指示而成立，旅游者往往决定委托旅游合同成立与否，旅行社仅仅为委托事务

负责，而不对委托结果负责。正如上述案例中的购买机票那样，旅行社只要按照李先生的要求购买机票，最终李先生是否能够顺利地乘坐飞机，则和旅行社没有任何关系。自由行旅游合同一般是旅行社根据市场需要，先行组织好产品，由旅游者根据自己的需求，向旅行社购买产品。旅行社对于出售的产品，必须担保其产品符合合同约定，不能损害旅游者的合法权益，否则旅行社要为此承担责任。

四、委托旅游合同赔偿纠纷处理的基本原则

1. 旅行社不能按照合同完成旅游者委托事务即为违约。旅游者和旅行社签订合同的目的，就是要求旅行社帮助其预订相关服务，所以旅行社必须按照合同要求办理预订手续，并进行确认。违约行为的赔偿责任，应当事先通过违约金约定形式，对双方的合同履行情况进行约束：旅行社不能按时完成预订，该怎样承担责任；旅行社按约完成预订后，旅游者不愿履行义务将怎样承担责任等。

2. 旅游者维权主张向服务提供者直接提出。不论是旅行社违约，还是服务供应商违约，不论是违约责任还是侵权责任，只要旅游者认为其权益受到损害，均可以直接向违约方或侵权方提出主张，要求其承担赔偿责任。通常可以向旅行社提出违约责任赔偿，因为旅行社没有按约定完成委托事务；向服务供应商既可以提出违约责任赔偿，也可以提出侵权责任赔偿。

3. 合同相对性和严格责任同样适用于委托旅游合同纠纷的处理。旅行社不能按时完成预订事务，旅游者可以且只能向旅行社追究违约责任；假如是第三人原因导致旅行社不能为旅游者办妥委托事务，旅行社仍然要承担赔偿责任。但旅行社预订工作完成后，航班不能正常起飞，饭店把预订的客房出售给其他旅游者，旅游者均不能向旅行社追究违约责任。

4. 旅行社不为旅游者在旅游目的地遭受的人身财产损失承担责任。委托旅游合同义务，仅仅是要求旅行社确保预订成功，其责任范围仅仅局限于此；而对旅游者在旅游期间人身财产安全，不承担任何义务。如果旅游者在此期间发生人身财产损害事故，旅游者在除向有关部门报警和求助外，应直接向造成其损害的服务供应商，如饭店、餐馆等提出赔偿请求，而不能要求旅行社承担责任。

04 包价旅游合同签订引起的纠纷

案例导入

黄先生参加了当地旅行社组织的北京5日游，行程结束后，黄先生对于旅行社提供的服务不满意，要求当地旅游管理部门协调处理。接待人员在了解了基本情况后，发现旅行社的服务的确存在瑕疵，于是要求黄先生提供旅游合同和旅游发票。黄先生声称只有发票，旅行社只给了旅游行程，但不知道要签订旅游合同，旅行社业务员也没有提及签订旅游合同。在调查核实阶段，旅行社业务员承认没有主动要求和黄先生签订旅游合同，但同时表示，对于黄先生提出的要求会作出积极的回应，以弥补由此给黄先生带来实际损失。经过双方协商，旅行社给予黄先生500元的经济补偿，黄先生撤回对于旅行社的投诉。

纠纷防范与应对

2009年5月1日开始实施的《旅行社条例》对旅游合同的形式和内容作出了明确的规定，即旅游合同的形式必须是书面的，旅游合同必须对包括旅游六要素等旅游服务的全过程及违约责任进行明确约定，同时赋予旅游管理部门对旅游合同的监管权。根据现行旅游服务实务，旅游合同大致可以分为包价旅游合同、自由行旅游合同和委托旅游合同。由于这三种合同性质不同，旅行社承担的权利与义务也不尽相同。本节对包价旅游合同存在的问题及其处理作简要的阐述。

一、包价旅游合同签订存在的问题

虽然《旅行社条例》规定，旅游合同必须采取书面形式，且对旅游合同内容也作出了明确的规定，但在旅游合同签订的实务中，由于旅行社合同意识淡薄，有时不主动积极履行《旅行社条例》规定的法定义务，或者由于旅游者自我保护

意识不强,没有认识到旅游合同对旅游者合法权益保护的主要意义,在包价旅游合同的签订中,目前仍然存在两个不容忽视的问题:

1. 旅游合同内容不完备。虽然签订了旅游合同,但旅游合同的内容不符合《旅行社条例》的规定。产生这种情况的主要原因有:第一,旅行社使用了自制的旅游合同版本,旅游合同先天不足,没有把《旅行社条例》规定的必备项目纳入其中;第二,虽然旅行社使用了管理部门推荐使用的示范文本,但旅行社业务员没有认真填写,导致旅游合同缺项严重;第三,由于某些服务项目的标准和档次一时难以确定,旅行社使用模糊的词汇描述服务品质。

2. 没有签订书面旅游合同。由于种种原因,旅行社和旅游者没有签订书面旅游合同,旅行社往往会强调,由于旅游者通过网络报名,旅游合同的签订存在一定的困难;或者是虽然旅行社希望和旅游者签订书面合同,但旅游者不愿意签订书面旅游合同。

二、旅行社没有签订书面旅游合同的处理

1. 虽然《旅行社条例》规定旅游合同必须是书面形式,但没有签订书面旅游合同,并不意味着旅行社与旅游者合同关系不存在。恰恰相反,只要旅游者向旅行社交纳了旅游团款,履行了合同义务,双方的合同关系仍然存在,且受法律保护,旅行社和旅游者不得以旅游合同没有确立为由,拒绝承认旅游合同关系的存在,甚至擅自解除旅游合同。

2. 尽管没有签订书面旅游合同,通常情况下,旅行社会向旅游者分发旅游行程,旅游行程将成为解决旅游纠纷的唯一凭证。假如旅游者对服务质量提出异议,按照我国《民事诉讼法》"谁主张谁举证"的规定,旅行社首先必须为旅游行程中约定的服务质量和档次举证。旅游者与旅行社对权利、义务约定发生争议时,旅游者应当作出对旅行社不利的解释。

3. 假如旅行社能够证明,尽管旅行社要求签订旅游合同,但旅游者拒绝签订书面旅游合同,没有签订旅游合同的起因是旅游者,旅行社主观没有过错,旅游管理部门可以不对旅行社实施行政处罚。

三、旅行社使用自制书面旅游合同的处理

1. 签订旅行社自制的书面旅游合同,并不能想当然认定该旅游合同无效。但旅行社自制旅游合同,往往存在两个突出的问题:加重旅游者的合同义务,扩

大旅行社的合同权利；对权利义务的约定不明。

2. 对于旅行社自制合同条款存在的问题，首先应当遵循公平原则，认定“加重旅游者合同义务、扩大旅行社合同权利条款”无效，维护旅游者的合法权益。

3. 当旅游者和旅行社对合同条款内容理解发生歧义时，按照《合同法》对格式条款的规定，作出有利于旅游者的解释。如合同仅仅约定住宿为三星级饭店，但没有约定住宿地点，当纠纷发生后，应当以旅游者的要求作为处理的依据。

四、旅行社使用推荐旅游合同文本的注意事项

为了保护旅行社和旅游者双方的合法权益，旅游管理部门往往会联合工商管理部门制作旅游合同推荐文本，供旅行社和旅游者选择使用，旅行社在使用这些推荐文本时，仍必须注意相关事项。

1. 旅行社在使用旅游管理部门和工商管理部门共同制定的推荐旅游合同文本时，应当认真填写各项条款，确保每一项服务内容明白无误，不得出现遗漏等情况。

2. 推荐合同文本只是对旅游服务主要条款进行了约定，旅行社和旅游者双方可以在此基础上，对于合同尚未约定的内容可以签订补充协议。如在出境旅游中经常出现的“拒签”、“销签”等情况，旅游合同可以添加内容，就这些事项明确双方的权利、义务，以便纠纷的解决。当然，旅行社和旅游者双方制作的补充协议不得与国家法律法规冲突，否则无效。

05 旅游合同约定不明引起的纠纷

案例导入

方先生在旅游行程结束后，立即向旅游管理部门投诉，要求旅行社不仅要承担违约责任，还要承担欺诈责任。方先生认为，旅行社在住宿、餐饮等方面存在欺诈，因为旅行社在实际旅游活动中提供的住宿、餐饮条件与其承诺不符。方先生行之前被告知要住“四星级标准”的饭店，但方先生觉得实际住宿的饭店条件达不到该标准，而旅行社又不能提供相关证据证明他们为方先生等旅游者安排的住宿达到了“四星级标准”。在餐饮服务中，旅游行程中仅仅承诺安排三早五正（即，旅行社负责安排三个早餐五个正餐），没有具体的服务标准。最后旅行社业务员承认旅行社的服务违反合同约定，愿意给予方先生一定数额的赔偿，使得投诉得到了及时的化解。

纠纷防范与应对

从理论上，即使旅游管理部门为旅行社制定了旅游合同范本，也无法穷尽旅游合同的所有内容，因为即使旅行社尽心尽力，由于旅游服务受内外环境的制约，决定了合同内容无法穷尽。因此，旅游合同约定不明是旅游合同服务不可回避的问题，旅游合同约定不明纠纷也将长期存在。

一、旅游合同约定不明的原因

1. 旅游者的服务需求无法穷尽。旅游服务个性化趋势源于旅游者需求的个性化，面对旅游者千变万化的旅游需求，旅游合同总是难以将所有服务项目纳入标准化范畴中。

2. 旅游服务供应商不一定都有服务标准。旅游行业既有国家标准，也有行业标准，即便如此，有些旅游服务供应商仍然游离于各种标准之外。旅行社在确定服务供应商时，依然无法对某些服务作出明确的约定，直接导致旅行社使用变通的办法予以约定。

3. 少数旅行社规范服务意识有待强化。总的来说，还是有少数旅行社在提供服务时，即使能够明确约定服务标准，也不能或者不愿明确约定，使用含糊其辞的说法，导致约定不明情况的发生。旅行社的观点是，如果约定过于明确，旅行社就没有回旋的余地了。

二、旅游合同约定不明的焦点问题

1. 饭店服务标准的约定不明。我国旅游饭店实施星级评定制度，但并不是所有旅游饭店都被纳入星级范围内，许多国家也没有实施饭店等级制度的评定；旅行社根据旅游团队的标准来确定饭店，中低档旅游团队往往使用没有星级的饭店。为了说明住宿饭店的档次，旅行社又经常使用"三星级标准"，或者"相当于三星级"等词汇加以说明。而这样的说明恰恰最不规范，给旅行社的操作留下很大的空间，也常常成为旅游者批评的焦点。

2. 旅游车辆标准的约定不明。截止到目前，旅游车辆等级标准尚未出台，旅行社的承诺往往是"空调旅游车"等，这样的描述只是陈述车辆的硬件设施，并不能概括旅游车辆的等级标准，投诉也因此而起。

3. 餐饮服务标准的约定不明。旅行社确定的"一早三正"（一个早餐和三个正餐）、"八菜一汤"等含混不清，均有较大的操作空间。虽然餐饮并不是旅游投诉的热点，但其存在的问题依旧是约定不明。

三、旅游合同约定不明的解决

1. 旅行社必须重新审视旅游线路安排。旅行社应更加科学地制定旅游线路，方便旅游者游览，同时对旅游住宿、交通、游览、餐饮等进行深入细致的考察，制定较为合理的游览时间和购物时间及次数，并预留一定的空间，这是解决旅游合同约定不明的基础。

2. 旅行社必须强化对导游员（领队）的监管。导游员（领队）是旅游合同的真正执行者，强化对导游员（领队）的监管，目的就是确保他们能够不折不扣地按照旅游合同提供服务。

3. 旅行社要对服务供应商实施更为合理的管理。旅行社应与服务供应商签订具体详尽的合作合同，把《旅行社条例》规定的内容纳入合作合同中，明确各自的权利和义务，并约定因违约而必须承担的责任。

四、旅游合同约定不明纠纷处理的基本原则

1. 诚信是解决旅游合同约定不明纠纷的前提。因为旅游合同约定不明是旅游服务的客观存在，几乎没有彻底解决的时间表和有效途径。面对如此现状，就必须依赖旅游合同的双方当事人的诚信度，以善意的方式解决纠纷。旅行社在签订合同时，必须将难以约定的权利、义务向旅游者作出真实的说明；解决纠纷时，要本着认真履行旅游合同的精神，提出合情合理地解决纠纷的方案；旅游者在履行合同时予以积极协助；在解决问题纠纷时，不能人为地扩大损失。

2. 旅游合同约定不明及其损失应分别由旅行社和旅游者举证。只要旅行社和旅游者签订了旅游合同，并且发放了旅游行程，就意味着旅行社就服务标

准和档次向旅游者作出了承诺。假如旅行社向旅游者承诺饭店为“准三星”,就必须要由旅行社承担举证该饭店为“准三星”的责任,如果旅行社不能举证该饭店为“准三星”,旅行社将承担违约责任。与此同时,旅游者有义务举证,旅行社的违约行为给他造成的经济损失。

3. 对旅游合同约定不明者,应作出有利于旅游者的解释。《旅行社条例》第29条规定,旅行社在与旅游者签订旅游合同时,应当对旅游合同的具体内容作出真实、准确、完整的说明。旅行社和旅游者签订的旅游合同约定,不明确或者对格式条款的理解发生争议的,应当按照通常理解予以解释;对格式条款有两种以上解释的,应当作出有利于旅游者的解释;格式条款和非格式条款不一致的,应当采用非格式条款。

06 解除合同引起的纠纷

案例导入

范先生和旅行社签订旅游合同后,由于其母亲突患重病,旅游行程必须取消。当范先生向旅行社提出取消行程,并要求全额退还已经交纳的旅游团款时,旅行社业务员告诉范先生,由于旅行社已经为范先生的行程做了相关准备,并已向相关服务商支付了服务费用,如果他要解除旅游合同,就必须承担这些费用。范先生以自身没有主观过错、旅行尚未开始为由,不能接受旅行社的处理方案。旅游管理部门了解到,由于离出团时间仅仅剩下两天时间,旅行社已经为范先生等购买了机票,支付了住宿费等,经过旅游管理部门的耐心解释和协商,双方各自做出让步,范先生同意承担机票费用,旅行社承担了住宿费。范先生表示满意。

依法成立的旅游合同受法律的保护。旅游合同成立后,旅游者或者旅行社没有充足的理由,擅自解除旅游合同,都应当承担违约责任,并赔偿因为违约给对方造成的直接经济损失。当然,当某些特殊情况出现后,如不可抗力发生后,旅游合同可以被解除,并且提出解除旅游合同的一方还不需要承担违约责任。

纠纷防范与应对

一、旅游合同解除的类型

根据《合同法》的规定，结合旅游业务的实践，旅游合同签订后，出现以下几种情况时，旅游者或者旅行社可以解除旅游合同。

1. 协议解除合同。签订旅游合同是旅游者和旅行社协商一致的结果，当旅行社或者旅游者出现了履行合同困难，旅游者和旅行社自然可以通过协商解除旅游合同，并就损失达成协议。旅游者或者旅行社提出解除旅游合同，必须体现平等协商的精神。

2. 约定解除合同。旅游者和旅行社可以在旅游合同中事先约定，在某种条件下，旅游者或者旅行社可以解除旅游合同。约定解除，必须采取公平原则，做到不偏不倚；约定解除旅游合同的条件，对旅行社和旅游者具有同等保护作用。

3. 不可抗力①导致解除合同。不可抗力是解除旅游合同的法定条件，只要发生不可抗力，严重影响到合同的履行，旅游者和旅行社都可以解除合同。

4. 违约行为导致解除合同。并不是说只要旅行社有违约行为，旅游者就可以解除旅游合同，只有当旅行社严重违约导致旅游合同不能实现，旅游者才可以解除旅游合同。

5. 一方当事人擅自解除合同。旅行社由于服务环节没有落实，在协商未果时，旅行社就可能单方解除合同；与此相类似，旅游者由于主客观原因，不能与旅行社协商一致，也可能导致旅游合同的解除。

二、旅游合同解除中存在的问题

1. 旅行社以服务供应商不遵守约定为由，强行解除旅游合同。旅游团队顺利完成旅游行程，其条件之一就是服务供应商的密切合作。当服务供应商不能

---

① 不可抗力：是一项免责条款，是指买卖合同签订后，不是由于合同当事人的过失或疏忽，而是由于发生了合同当事人无法预见、无法预防、无法避免和无法控制的事件，以致不能履行或如期履行合同，发生意外事件的一方可以免除履行合同的责任或者推迟履行合同。在我国《民法通则》上是指“不能预见、不能避免和不能克服的客观情况”。

按照约定提供服务时,旅行社提出其解决问题的办法之一。就是要和旅游者解除旅游合同;并且,按照合同约定,此种提前解除旅游合同就不需要承担违约责任。

2. 旅游者以某些客观原因发生为由,要求解除旅游合同。旅游者要求解除旅游合同的原因多种多样,但通常是工作繁忙、亲人生病,或者是旅游者本人身体不适等,临时要求解除旅游合同,而且又不愿意承担旅行社的损失。旅游者的理由是,旅游行程尚未开始,旅行社没有产生损失。

3. 解除旅游合同的条件有失公允。有些旅行社往往利用专业优势,在旅游合同的条款中做文章,为旅行社解除旅游合同设置免责条款,而对旅游者解除合同设置较为苛刻的条件,貌似对旅行社和旅游者解除旅游合同都具有约束力,而实际上该约束力仅仅针对旅游者解除旅游合同的行为。

三、解除合同纠纷的处理原则

从理论上说,只要旅游行程尚未开始,旅游合同就可以解除,但由于旅游服务关联性特别强,通常情况下,约定解除旅游合同的可能性均较小。旅游合同签订前,旅行社和旅游者都会对旅游活动做事先的准备。旅游合同签订时,旅行社和旅游者都不愿意约定解除旅游合同的条件,否则旅游合同履行的不稳定性使得双方都担忧。旅游合同签订后,双方便是进行实质性实施阶段,解除旅游合同的可能性更小。

1. 没有征得对方当事人同意,不论是旅行社提出解除旅游合同,还是旅游者提出解除旅游合同,都将承担违约责任。如果旅行社擅自解除旅游合同,旅行社所要承担的违约责任包括,赔偿旅游者的实际损失和合同中约定的违约金;如果是旅游者擅自解除合同,旅游者要承担旅行社已经发生的旅游费用。当然,旅游者和旅行社必须为自己的主张承担举证责任。

2. 虽然不可抗力是解除合同的法定条件,旅行社或者旅游者均不需要向对方承担赔偿责任,而是各自承担损失;但是,不可抗力并不必然导致旅游合同的解除。如果不可抗力对于旅游合同的影响不是非常严重,双方经协商,等到不可抗力因素消除后,可以不解除旅游合同,而是继续旅游行程,这样反而能够最大限度地保护双方的合法权益。

3. 在签订旅游合同过程中,旅行社要特别提醒旅游者解除旅游合同的条件,比如在旅游者人数不足时、在发生不可抗力时,旅行社可以解除旅游合同;

旅游者在签订旅游合同时，应当注意旅游合同解除条件，不能把签订旅游合同仅仅看成是履行手续，不要等到合同解除时才指责旅游合同是霸王条款，导致自己的合法权益难以得到全面的维护。

07 旅游合同是否成立引起的纠纷

案例导入

马先生准备春节期间携全家赴东南亚旅游，经与旅行社多次协商后大致确定了出游时间和旅游线路。按照旅行社的要求，马先生交纳了2000元的预付款，用于旅行社预订机票和办理签证。就在旅行社通知马先生到旅行社交纳全额旅游团款、签订旅游合同前夕，马先生打电话给旅行社，要求旅行社取消行程。旅行社在劝说马先生参加旅游无望后，要求马先生承担旅行社已经发生的1000元费用，马先生要求全额退还预付款，理由是和旅行社之间没有签订旅游合同，他和旅行社之间的合同关系不成立，而旅行社主张旅游合同关系已经成立，双方僵持不下，最后请求旅游管理部门主持公道。旅游管理部门认为，马先生和旅行社之间的旅游合同关系成立，马先生应当承担相应的责任。

纠纷防范与应对

在旅游合同纠纷中，合同成立与否也是常常被提起的话题，旅行社和旅游者经常为合同是否成立争论不休。在争论中双方的观点截然相反，当旅行社主张合同成立时，旅游者肯定认为合同不成立；反之，当旅游者主张合同成立时，旅行社又矢口否认，这样的纠纷时常困扰着旅行社和旅游者。

一、旅游合同成立的法律规定

1.《合同法》规定，当事人订立合同，有书面形式、口头形式和其他形式。法律、行政法规规定采用书面形式的,应当采用书面形式。当事人约定采用书面形式的,应当采用书面形式。

2.《合同法》还规定,法律、行政法规规定或者当事人约定采用书面形式订立合同,当事人未采用书面形式但一方已经履行主要义务,对方接受的,该合同成立。

3.《旅行社条例》规定,旅行社为旅游者提供服务,应当与旅游者签订旅游合同并载明各有关事项。《旅行社条例》进一步明确合同必须载明十四大项内容。

二、旅游合同是否成立纠纷的原因

1. 旅行社业务操作中不是特别注重书面形式。旅行社行业传统操作,较为注重口头协议,特别是在咨询和交付押金阶段;书面旅游合同的签订,往往要到旅游者交纳了旅游团款,甚至是在旅游者出团前,在这之前均为电话联系。尽管按照相关法律规定,口头协议也是合同的一种形式,但口头协议最大的问题是,只要其中一方当事人否认,另一方当事人举证较为困难。旅行社和旅游者就合同是否成立发生争议时,通常的结果是“公说公有理,婆说婆有理”。

2. 旅行社业务服务流程较为特殊。旅行社的服务流程是,当旅行社认为旅游者决定参加旅游时,就会进入到预订客房、机票等服务环节。特别是在旅游旺季,旅行社的预订必须事先向服务供应商交付押金。当旅游者来咨询和报名时,旅行社往往疏于解释旅行社服务的特点。当旅游者由于各种原因不能按时出团旅游,要求全额退还交付的预付款时,旅行社以已经发生费用为由,要求旅游者承担相应损失;旅游者会以合同不成立作为抗辩理由,拒绝承担损失,纠纷由此产生。

3. 旅游合同双方当事人不够诚信。鉴于书面旅游合同签订前,旅行社和旅游者已经为出团旅游订立了口头合同的现状,而且这种状况一时难以彻底改变,面对如此现实,的确需要依赖旅行社和旅游者双方的诚信,而在关于合同是否成立的纠纷中,恰恰有时双方都缺乏诚信,为了维护自己的权益,对自己曾经的口头承诺予以否认,造成纠纷的事实难以认定。

三、旅游合同是否成立纠纷的举证责任分担

旅游合同是否成立的纠纷产生后,最为关键的问题就是举证责任的分担。按照《合同法》相关规定,旅行社和旅游者就旅游合同是否成立发生纠纷时,主

张旅游合同成立的一方当事人负举证责任。

在旅游纠纷实务中，出于各自的原因，旅行社和旅游者都会主张旅游合同成立或者不成立。在旅游合同尚未签订前，旅游者向旅行社提出，要求取消旅游行程或者延后出游时间，旅行社以旅游合同已经成立，不同意旅游者的要求，或者要求旅游者承担相关费用。在这种情况下，举证责任在旅行社一方，旅行社举证不力，旅行社就不能要求旅游者承担赔偿责任。

同样，旅行社由于不能按照约定预订客房或者交通客票，要求旅游者取消或延后行程，旅游者以合同成立为由，要求按计划出游，或者赔偿经济损失，举证责任在旅游者一方。旅游者如果不能举证旅游合同关系成立，旅游者也得不到相应赔偿。

四、旅游合同是否成立纠纷处理的基本原则

1. 旅行社与旅游者签订了书面旅游合同，表明双方合同关系已经成立，双方无须为旅游合同是否成立而举证。不论是旅行社不能按时组团，或者旅游者不能按时出游，除非征得对方同意，都必须承担违约责任，并赔偿对方的经济损失。

2. 旅游者向旅行社支付定金、订金或者预付款，旅行社接受了这些款项的，都表明旅游合同关系已经成立，旅行社或者旅游者不能以仅仅是交纳部分款项为由，否认旅游合同成立的事实。在这种情况下，任何一方不按照约定组织旅游活动或者参加旅游活动，都应承担相应责任。

3. 旅游合同未盖法人章，而是盖了合同专用章、或者旅行社部门章，旅游者也有充分的理由相信对方代表旅行社法人，旅游合同仍然成立。旅行社法人不能以合同未盖法人章，不愿承认旅游合同的合法性，进而拒绝承担赔偿责任。

08 出团时间未确定引起的纠纷

案例导入

何先生为了庆贺他的儿子考上研究生，到旅行社报名参加出境旅游，但由于他儿子的复试时间尚未完全确定，于是告诉旅行社业务员大致的出游时间，业务员也和旅行社约定了大致的时间，旅行社进入了操作流程。期间，双方一直保持联系，何先生最后告诉业务员，在某个时间“大概应该”可以出行，业务员就按照这个“大概应该”可以出行的时间确定了行程，并且预定了机票。当业务员通知何先生确定出团时间和旅游合同时，何先生以研究生复试时间推迟为由，要求旅行社推迟行程，或者取消行程，并退还预付款，业务员拒绝了何先生的要求，双方将纠纷提交给旅游管理部门处理。经过调解，双方解除了旅游合同，何先生承担了旅行社大部分损失。

纠纷防范与应对

在处理旅游投诉中，经常会遇到两类投诉，就是旅行社向旅游管理部门抱怨，通知旅游者参加旅游团，旅游者以时间尚未确定，拒绝参加旅游团；或者是旅游者向旅游管理部门投诉，旅行社不能按照约定组织他们参加旅游，打乱了他们的生活和工作安排，旅行社的解释是，行程尚未有得到最终旅游者的确认，导致行程无法成行。此类纠纷虽然占据投诉比例不高，但常常由于缺乏较为有效的书面证据，处理起来较为棘手。

一、旅行社服务的特殊性

旅游服务的特殊性在于，旅游者向旅行社报名参加旅游团，通常情况下，旅游者必须给旅行社一定的操作时间，特别是出国（境）旅游，旅行社需要根据旅游者的需求，和相关服务供应商确认服务，和旅游者签订书面旅游合同，特别是需要得到驻华使领馆的签证许可，并且能够购买到往返机票，最后才能确认双方的权利义务关系，旅游者才有前往目的地旅游的可能。

正因为前往目的地旅游前客观上存在不确定性，旅行社在签订书面合同前，往往只收取部分旅游团款，用于办理前期准备工作的支出，给旅游者出具的收据仅仅注明是“预付款”或者“旅游团款”，而不明确具体的团队出游时间，只是口头向旅游者作出出游时间的承诺，给旅行社的操作留有余地。即使是广告上明确承诺出团时间，事实上也会因为各种因素存在变化的可能。当然，也有些旅游者并没有向旅行社交纳任何款项，仅仅到旅行社报名。

二、出团时间难以确定的原因

1. 旅游签证不能按时发放。这是旅行社组织出国旅游面临的最为棘手的问题，签证的发放由使领馆决定，旅行社只能按照要求提交材料，对于何时办成并没有十足的把握，只能静候通知。如果签证不能发放，旅游者出团计划必须取消，这会引起旅游者的不满；如果签证推迟发放，旅游者出团计划就必须随之调整，旅游者可能无法继续参加旅游，纠纷也由此产生。

2. 旅行社收客人数不足。旅行社团队操作的基础是，旅游团需要达到一定的人数，否则旅行社难以从供应商手中拿到折扣，旅行社就面临着亏损的风险。因此，只要团队人数达不到预期数量，旅游者出团时间随时可能发生变化。

3. 旅游者尚未确认出游时间。少数旅游者没有把旅游活动当做民事活动来看待，对于出游安排非常随意，告诉旅行社随时可出游，而当旅行社告知其出游时间时，又以各种理由要求变更。

三、预防出团时间未确定纠纷发生的对策

1. 规范旅行社的经营方式。旅行社出团旅游时间的确定，必须得到旅游者的书面确认。从理论上说，只要得到旅游者的口头确认，旅游合同即成立，旅行社业务人员就可以为旅游者进行开票、订房等操作，但事实上，此类纠纷的发生，往往是旅游者认为尚未得到其确认，旅行社仅凭口头确认不能说明问题。其实，为了杜绝此类纠纷的发生，旅行社业务人员完全可以获得旅游者的书面确认，比如旅行社可以通过传真确认、短信确认、QQ 确认或者是 MSN 确认，现代科技已经为旅行社提供了解决此类问题的基础。

2. 提升旅游者理性维权意识。为了减少此类麻烦的发生，最好的办法是，在交纳旅游团款时，要求旅行社明确出团时间，即使旅行社不能马上确定时间，也应要求旅行社提前一段时间通知，以此约定旅行社违约责任的承担方式，促使旅行社提升服务意识，而不是在事后投诉。

3. 要从根源上避免此类纠纷的发生，更多的是要依赖旅行社、旅游者和服务供应商的诚信意识。书面合同固然重要，但如果相关当事人缺乏诚信意识，即使有完备的书面合同，纠纷仍然难以避免。

四、出团时间未确定引起的纠纷处理的基本原则

此类纠纷的实质，是合同一方当事人主张旅游合同成立，而另一方当事人予以否认。当旅行社要求旅游者参加旅游团，而旅游者拒绝参加旅游团的原因，就是旅行社的要求没有得到旅游者的确认，因为出团旅游时间尚未确定。反之，亦然。

因此，按照相关法律规定，处理此类纠纷的基本要求是，主张合同成立的一方当事人负举证责任。即旅行社认为旅游者必须参加旅游团，旅行社证明旅游者已经承诺，按照旅行社约定的时间参加旅游；旅游者认为旅行社必须按时组织他们参加旅游的，旅游者必须来证明旅行社已经作出过承诺。举证充分，对方当事人承担违约责任；举证不充分，己方将承担不利的法律后果。

09 旅游合同是否生效引起的纠纷

案例导入

肖先生向具备出境游经营资格的旅行社咨询，能否帮助办理去美国(当时美国尚不是我国出境游目的地)的旅游业务，该旅行社的业务人员满口答应。双方签订协议如下：等肖先生等 8 人办理了因私护照后，旅行社协助肖先生等去领事馆面签，肖先生在签订旅游合同时，先预付 35000 元人民币，等到签证办好后，肖先生支付全额团款。合同同时约定，假如由于旅行社的原因办不出签证，旅行社全额退还费用；假如是由于游客自己的原因办不出签证，每人扣除 1000 元的违约金。旅行社告诉肖先生等人，在领事馆签证时，不能把出国旅游直接告诉签证官，而应当说是商务考察。在领事馆签证时，其中一个旅游者说是去旅游而整团遭拒签。按照合同约定，旅行社将扣除 8000 元费用，但旅行社以办理费用已达 13000 元为由，拒绝返还其余费用。于是肖先生向旅游管理部门投诉来解决此事。

纠纷防范与应对

一般而言，旅行社和旅游者签订的旅游合同，自成立时生效，即该旅游合同开始受法律的保护。旅游合同双方当事人都必须为合同的履行做好充分的准备，并善意地履行各自的合同义务，并取得合同权利。但在某些特定情况下，由于旅游合同违反法律相关规定，导致旅游合同无效，旅行社和旅游者为了费用的承担而产生了纠纷。

一、有关旅游合同无效的法律规定

《合同法》规定，以合法形式掩盖非法目的的合同，违反法律、行政法规的强制性规定的合同无效。在合同中，造成对方人身伤害的，免责条款无效；因故意或者重大过失造成对方财产损失的，免责条款无效。

二、旅游合同无效类型

1. 旅行社与旅游者就前往尚未开放旅游目的地所签订的旅游合同无效。该类型无效合同出现在出国（境）旅游中，而在国内旅游中不存在，只要是中国公民，就可以在大陆地区自由出入，而在出国（境）旅游中，由于出国（境）旅游目的地的确定涉及国家的大政方针，相关法律也有明确规定。旅行社与旅游者达成到此类国家地区旅游的协议，因为该协议违反了法律法规强制性规定，所以该协议无效。

2. 以合法形式掩盖非法目的的旅游合同。从表面上看，此类旅游合同不论是程序上还是内容上均符合法律规定，但旅行社和旅游者签订旅游合同的真实目的，并不是为了旅游，而是有其他不可告人的非法目的，而且双方对此目的心照不宣，达成默契。比如，极少数旅行社从业人员有意组织旅游者滞留海外不归，旅游者愿意事先向旅行社交纳数量不菲的押金，旅游者滞留后押金就成了旅行社的利润，双方皆大欢喜，此类旅游合同也当然无效。虽然这种旅游合同在数量上为极少数，但其影响却极为恶劣。

3. 旅行社制定的部分合同条款无效。目前，旅游合同均为旅行社事先准备的文本合同，部分旅行社为了规避自己的责任，往往会在合同中设定一些合同条款，这些条款通常损害了旅游者的合法权益。诸如在合同中规定，在旅游行程中，旅游者人身受到伤害旅行社概不负责。这样的规定也与《合同法》的相关规定抵触，属于无效条款范畴。如果旅游者人身伤害事件的发生与旅行社的服务存在因果关系，即使旅游合同有这样的约定在先，旅行社仍须承担相应的赔偿责任。

三、预防旅游合同无效的对策

1. 强化旅行社规范经营意识。所谓旅行社规范经营意识，首先必须有合法经营意识。旅行社应当严格按照核定的经营范围，为旅游者提供约定的服务。旅游管理部门必须强化监管，对于违规旅行社予以严惩。

2. 引导旅游者理性消费意识。在一些服务纠纷中，固然有旅行社经营不规范的因素，但同时也有旅游者消费不理性的原因，这需要包括旅游管理部门在内的社会力量大力且长期的引导，确保旅游者理性消费。

四、旅游合同无效纠纷处理的基本原则

1.《合同法》规定，无效的合同自始没有法律约束力。也就是说，无效的旅游合同签订后，不论签订合同的时间有多长，从合同成立时开始，该旅游合同已经无效，对于旅行社和旅游者都不具备法律效力。

2.《合同法》规定，合同部分无效，不影响其他部分效力的，其他部分仍然有效。旅游合同整体无效，主要针对违反法律法规强制性规定的合同、以合法的形式掩盖非法的目的的合同。而仅仅是部分条款无效的合同，只是该条款无效，该合同整体上仍然有效。旅行社和旅游者必须按照合同的约定，履行各自的合同义务，否则仍然属于违约行为。

3.《合同法》规定，合同无效后，因该合同取得的财产，应当予以返还。有过错的一方应当赔偿对方因此所受到的损失；双方都有过错的，应当各自承担相应的责任。在无效旅游合同中，以合法的形式掩盖非法的目的的合同，旅行社和旅游者都存在过错，除了已经支出的费用外，旅行社应当退还剩余费用。对于前往非旅游目的地国家和地区旅游的无效合同，旅行社不但全额退还旅游费用，而且还应赔偿旅游者直接经济损失，除非旅游者事先已知该目的地尚未对我国公民开放，仍坚持参团旅游，旅游者也必须承担相应的责任。

4. 上述赔偿责任仅仅是民事责任，除此之外，旅行社的行为违反了《旅行社条例》等法规的规定，旅游行政管理部门应当按照规定对其予以行政处罚，旅游者的行为也可能受到相应的处罚；如果旅行社和旅游者的行为触犯了刑律，应当被移送司法机关追究刑事责任。

旅游服务纠纷篇

虽然旅行社归属于一般的服务企业范畴，但旅行社最大的优势在于全程人对人的服务，从旅游者咨询报名阶段开始，到旅游行程的圆满结束，总是伴随着旅行社的人性化服务，而旅行社似乎总不明白，真诚周到的服务是旅行社赖以生存发展的基础，离开了服务，旅行社也就失去了存在的意义。旅游服务的现状是，旅行社服务纠纷贯穿于旅游服务的全过程。在服务纠纷中最为旅游者诟病的是，旅游者在接受服务时不能体现自愿原则，被迫接受旅行社安排的服务，哪怕立即向旅行社抗议也无济于事，如导游人员（领队）的擅自增加购物点，强迫旅游者参加自费项目；旅行社利用签订的旅游合同约定不明，如约定住宿三星级饭店，旅行社安排的饭店要么达不到标准，要么把饭店安排在远离市区的偏远地带；导游人员（领队）对于景点的讲解了无兴趣，而讲起旅游目的地的商品则是滔滔不绝。对于上述问题，旅行社从业人员必须保持高度的警惕。

10 自费项目引起的纠纷

案例导入

胥先生等100多名农民参加了旅行社组织的“7天某地豪华游”行程，到达旅游目的地后，地陪就要求胥先生等旅游者每人额外交368元，参加“红艺人表演”“洗温泉”等“自费游”项目，胥先生等告诉地陪，所有的旅游费用已经交纳，不愿再支付其他费用了。地陪的要求被胥先生等拒绝后，噩梦之旅的大幕从此拉开。地陪在要求他们参加自费项目无望的情况下，每天都带旅游者到两三家珠宝店、土特产店，让那些“老乡”出来叫大家买东西，见旅游者几乎不消费，地陪就骂旅游者是“铁公鸡”。而合同中约定的游览项目则是蜻蜓点水，应付了事。当天下午，旅游大巴司机将他们丢弃在景点后离开，地陪也随之消失。在无人照料的情况下，当日19时许，胥先生等旅游者涌到当地市政府门口，寻求政府出面解决，给当地政府带来了工作压力。

纠纷防范与应对

在现阶段的操作实务中，旅游者参团旅游期间，旅行社及其导游人员或多或少会向旅游者推荐一些自费旅游项目。由于旅行社及其从业人员在操作中存在较多问题，致使自费项目成为旅游服务纠纷中的热点话题之一，也导致旅行社服务品质的降低，甚至引发社会事件。

一、旅游法规的相关规定

《旅行社条例》第27条规定，未经旅游者同意，旅行社不得在旅游合同约定之外提供其他有偿服务。第28条规定，旅行社为旅游者提供服务，应当与旅游者签订旅游合同，并载明“需要旅游者另行付费的游览项目及价格”。同时在

《导游人员管理条例》、《中国公民出国旅游管理办法》等法规中也作出了相应的规定。

二、旅行社存在的主要问题

1. 旅行社销售人员没有认真履行告知义务。在旅游销售过程中，一些销售人员或者是在出团前未向旅游者告知清楚，或者是根本没有向旅游者履行告知义务，旅游者对在旅游目的地参加自费项目思想准备不足。旅游者往往拒绝参加自费项目，即使参加了也违背了旅游者的意愿，产生纠纷不可避免。

2. 旅行社销售人员履行告知义务程序不规范。一些纠纷的产生，尽管由于销售人员已经履行了告知义务，但程序不够规范，同样为纠纷的产生埋下隐患。如一些销售人员以较低的价格吸引旅游者，等旅游者交纳了旅游费用后，再向旅游者收取自费项目，旅游者认为销售人员有意欺骗。

3. 强迫或者变相强迫旅游者参加自费项目。少数旅行社及其从业人员为了个人利益，不顾旅游法律法规的规定，违反旅游职业道德，在旅游行程中安排旅游者“必须参加”、“保证参加”自费项目，强迫或者变相强迫旅游者参加自费项目，引起旅游者的强烈不满。

4. 没有妥善安置未参加自费项目的旅游者。既然是否参加自费项目是旅游者自主选择的结果，在一个旅游团中，势必有部分旅游者放弃自费项目，这就要求导游员（领队）在充分照顾参加自费项目的旅游者的同时，也要妥善安置好放弃参加自费项目的旅游者，不能冷落这部分旅游者，否则也同样容易引起纠纷。

三、旅行社必须遵循的基本原则

1. 按照《旅行社条例》的规定，自费项目必须在书面旅游合同得到具体体现，即书面明确旅游行程中可能参加的自费项目的内容和价格，由旅游者在充分理解自费项目各项事宜后作出自愿选择。如果旅游途中经双方协商后增加的自费项目，旅行社与旅游者必须签订书面协议，证明参加自费项目出于旅游者的自愿。

2. 不得强迫或者变相强迫参加自费项目。旅行社在经营中，必须充分尊重旅游者的自主选择权，不强迫或者变相强迫旅游者参加自费项目。同时，兼顾未参加自费项目的旅游者的需要，为他们提供必要的服务，如为这些旅游者提供休息的场所等。

3. 严禁旅行社组织旅游者参加某些自费项目。旅行社安排或者推荐的服务，其服务内容必须合法。不论是出国旅游，还是国内旅游，旅行社均不得安排旅游者参加色情、赌博等与我国法律法规相抵触的自费项目。

四、自费项目纠纷处理的基本原则

1. 强迫或者变相强迫自费项目的调查核实。只要发生了旅行社强迫或者变相强迫安排自费项目的问题，并且旅游者也能够举证说明，旅游行政管理部门就必须进行调查核实。一旦投诉内容真实性得到确认，旅行社就必须同时承担民事责任和行政责任。旅游管理部门应当特别注意的是，两种法律责任性质不同，民事责任遵循"民不告，官不究"的处理原则，只要旅游者不追究旅行社的民事责任，管理部门没有主动介入的必要；而行政责任遵循"民不告，官亦究"的处理原则，即使没有旅游投诉，在日常检查中发现旅行社有违规行为，管理部门亦必须对旅行社的违规行为予以查处。两种不能相互替代。

2. 旅行社必须承担民事责任。如果查实旅行社安排自费项目违反旅游者自愿原则，强迫或者变相强迫旅游者参加自费项目，旅行社必须全额退还旅游者交纳的自费项目。

3. 旅行社必须承担行政责任。在妥善处理民事纠纷后，即使旅游者没有要求追究旅行社的行政责任，旅游管理部门也应主动介入，按照《旅行社条例》、《导游人员管理条例》、《中国公民出国旅游管理办法》等法律法规，对旅行社及其从业人员进行行政处罚，并及时将处罚结果向社会公告。

11 旅游购物引起的纠纷

案例导入

向先生带着老婆孩子一起去西南某省七日游，事先他通过网上查询得知，旅行社安排的购物次数很多，时间很长，他要求组团旅行社安排的购物不能超过3次，团款可以商量，旅行社也答应了他的要求，向先生为此多支付900元。

到了旅游目的地后，地接旅行社把他们与另外旅游团合并，没有征得大家的同意临时修改了行程，非说由于天气原因只能进行室内参观，领去“参观”的地方不是某某购物中心就是某某玉器工艺品店，并且要求必须参观完才能进行自由活动，一家人不得不去了购物中心。初步估算，地陪带领向先生一家去了6家购物店，而且每家购物时间都超过了1个小时。向先生认为多付了旅游团款，购物点增加了3个，没有得到事先承诺的服务，要求旅行社退还多支付的旅游团款900元。

纠纷防范与应对

购物是旅游活动的重要组成部分。一般而言，旅游者参团旅游，旅行社都将安排旅游购物，以满足旅游者购买旅游纪念品的需要，但遗憾的是，由于种种原因，购物已成为旅游投诉的热点之一。

一、旅游者认为旅游购物存在的问题

1. 旅游者认为旅游商品价格过高。一些旅游者购买商品后，往往会与其他商场同类商品价格做比较，或者听从他人的评价，认为自己所购商品价格偏高，损害了自己的权益，往往要求退货，或者要求旅行社退还差价。

2. 旅游者认为旅游商品质量有问题。旅游者购买后，或者在使用商品过程中，经常会就旅游商品质量提出异议，认为旅游商品存在假冒伪劣等质量问题，要求旅行社退货。

3. 旅游者认为旅游购物被胁迫和欺骗。在一些旅游购物场所，特别是某些出境旅游目的地，商场工作人员会劝导旅游者购物，导游员（领队）不仅不会提醒旅游者理性购物，有时还会加入劝说旅游者购物的行列，旅游者会认为旅行社与商场联手，欺骗旅游者购物。

4. 旅游者认为旅游购物次数多、时间长。旅游者认为，旅行社安排购物时间过长，安排的购物次数太多。旅游者固然可以不购买商品，从表面上看旅游者好像没有遭受损失，但这样的安排必然减少旅游时间，而旅游者的旅游时间是有限的，旅游者的利益实际上还是受到了间接的损失。

二、旅游者自身应注意的事项

1. 旅游者与旅行社应在旅游合同中就旅游购物时间和次数等作出明确约定，做到心中有数，可以避免日后出现纠纷。现在一些旅游者缺乏合同意识，把签订书面合同视同签名，事实上漠视自己的合法权益，等到纠纷发生后要挽回损失时就比较被动。

2. 旅游者是否购买旅游商品、购买多少旅游商品，主动权在旅游者自己。现在有些旅游者购物时，或者是因为受购物气氛影响，或者是出于一时冲动，在不够理性的情况下购物，走出商场也许就后悔了，就要求旅行社协助退还商品。

3. 旅游者在购物时，应当提高自我保护意识。特别是在购买珠宝等贵重物品时，应当慎重从事；购物后应当向商场索要发票，在发票上注明中文内容，检查发票上记载的内容是否与营业人员所介绍的一致，并妥善保管发票。

三、旅行社和导游人员（领队）应注意的事项

1. 组团旅行社的义务之一，就是监督购物商场等服务供应商的服务。旅行社必须确保合同约定的购物商场具有合法资质、其商品质量合乎有关法律法规和标准的要求，商场服务行为必须诚信、商场不得强迫和欺骗旅游者购物。

2. 导游人员（领队）必须履行相关义务。旅游者购买商品，是旅游者自主自愿的行为，旅游者应当为其自身行为承担相关责任。尽管如此，导游人员（领队）仍然担负着相关义务，诸如提醒旅游者向商场索要凭据等。

3. 导游人员（领队）在旅游者购物时不能参与其中。经常会有旅游者反映，有些导游人员（领队）在介绍景点时漫不经心，而十分热心于介绍旅游商品，积极帮助旅游者挑选商品。导游人员（领队）这些行为往往招致旅游者的投诉。

四、旅游购物纠纷处理的基本原则

1. 关于旅游者认为旅游商品价格偏高纠纷的处理。旅游者作为民事行为能力人，在旅游商场购物时，应当为自身的购物行为负责，不能仅仅因为旅行社安排了购物，就将一切责任推给旅行社，除非旅行社有强迫购物行为。所以，旅游者仅仅因为商品价格高，就要求旅行社退货或者退还差价，这样的要求不符合法律规定。

2. 关于旅游者认为旅游商品质量纠纷的处理，主要取决于旅游者的举证。旅游者应当将旅游商品提交有关权威部门检测，以获取该商品质量的凭证。只要有关权威部门出具书面检测报告，证明旅游者所购商品有假，旅行社就应当承担帮助退货等相应的责任。

3. 关于旅游者认为旅游购物有被胁迫和被欺骗等问题的纠纷的处理。这些问题的处理，同样需要旅游者的举证，当然旅游者要获得这样的证据，需要旅游者在旅游途中注意收集，如通过录音、摄像等手段。只要旅游者能够证明其投诉属实，旅行社在承担退款等民事责任的同时，还必须承担行政责任。

4. 关于旅游者认为旅游购物次数多、时间长的纠纷处理。《旅行社条例》对此有相应规定，此类纠纷有望减少，但要从根本上解决纠纷，还必须依赖旅行社事先与旅游者的约定、旅行社的诚信经营、旅游者的随时监督，以及旅游管理部门的严格监管。

12 旅游者退货引起的纠纷

案例导入

某旅行社与当地一家报社发布了号称“去就乐”火车专列港澳游广告，旅游团款796元（取“去就乐”谐音），每位旅游者可以获赠一份全年报纸，实际旅游团款为600元。该广告得到了中老年旅游者的广泛响应，报名电话异常火爆，收客计划也一再调整，原本开1个专列计划调整为3个专列，旅游者人数总计近3000人。旅行社事先向旅游者承诺，如果对于所购商品不满意，可以无条件退货，旅游合同对于旅游购物做出了重点约定。在旅游途中，旅游者不断地被要求参加购物。受到购物气氛和可以无条件退货的影响，旅游者购物异常踊跃。行程结束后，陆续有旅游者要求退货，商品包括数码电器产品和首饰。要求退货的旅游者人数在500人左右，退货款额近300万元。在当地多方管理部门的共同努力下，经过近半年的工作，退货风潮才得到了妥善的处理。

纠纷防范与应对

旅游者购买商品后要求退货，是旅游购物纠纷的一种表现形式，而且大有愈演愈烈的趋势，只要旅游者购物达到一定数量，旅游者返回后，甚至在旅游途中，就会要求退还商品。如果要求退货的旅游者人数众多，旅行社没有及时处理和疏导，就有引起群发事件的可能性。

一、旅游退货的法律基础

1.《产品质量法》规定，售出的产品有下列情形之一的，销售者应当负责修理、更换、退货；给购买产品的消费者造成损失的，销售者应当赔偿损失：(1)不具备产品应当具备的使用性能而事先未作说明的；(2)不符合在产品或者其包装上注明采用的产品标准的；(3)不符合以产品说明、实物样品等方式表明的质量状况的。

2.《消费者权益保护法》规定，经营者提供商品或者服务，造成消费者财产损害的，应当按照消费者的要求，以修理、重作、更换、退货、补足商品数量、退还货款和服务费用或者赔偿损失等方式承担民事责任。消费者与经营者另有约定的，按照约定履行。依法经有关行政部门认定为不合格的商品，消费者要求退货的，经营者应当负责退货。

二、无条件退货的含义

为了提高旅游者的购物热情，一些境外国家和地区的有关部门确定一些旅游商场，专门针对我国大陆旅游者实施“6个月内无条件退货”承诺。这项措施的推广，的确为广大旅游者提供了便利和保障。旅行社也以无条件退货作为促销手段，激发旅游者的购物欲望，但旅行社的介绍往往是含糊的，常常会误导旅游者；当旅游者以无条件退货为由要求退货时，却经常遭遇退货障碍，旅游者便会质疑所谓无条件退货的承诺。

究其原因，有关商场所谓的无条件退货，并非是人们通常想象的绝对无条件，更不能简单地理解为，在6个月内只要旅游者想退货，该愿望就能随时实现。事实上，旅游者要退货仍然必须满足一定的条件，如退货必须在购物之日起6个月内；所退商品必须不影响第二次销售，即商品没有被使用，质量没有降低;商品的外包装必须完好无损;如果是刷卡消费,在退货时要扣除刷卡手续费等。在旅游者咨询和报名时,旅行社必须把“无条件退货”的真正含义和要求向旅游者作出详尽且明确的说明。如果旅行社事先做出说明,可以减少购物纠纷,如果旅行社不能做出真实的说明,购物纠纷就在所难免。

三、旅游者退货类型

1. 旅游者认为商品价格高或者质量差要求退货。旅游者购买商品后,往往凭借主观想象,或者听从他人的判断,就认定所购商品价格太高,或者商品质量不符合相关规定,这是目前旅游者要求退货的主要类型,也是旅游者消费不成熟、维权不理性的具体表现。旅游者这类诉求,即使其所陈述的确是事实,一般也难以得到管理部门的支持。

2. 经有关部门鉴定商品质量不合格后要求退货。由于各种因素的制约,该退货类型所占比例较低,主要原因是旅游者不愿去做鉴定,或者鉴定程序复杂、时间较长,或者鉴定成本较高,或者是由于消费凭据书写不规范等问题,事实上难以鉴定,造成旅游者难以获得鉴定证明。旅游者的诉求也难以得到支持。

四、旅游者退货纠纷处理的基本原则

1. 在没有强迫或者变相强迫、欺骗或者变相欺骗的前提下,旅游者自己必须承担较大的责任。作为完全民事行为能力人,旅游者和旅游商场经过讨价还价,购买了旅游商品,应当认定该行为是旅游者真实的意识表现,旅游者应当对自己的购买行为负责,显然必须承担购买商品的后果。

2. 在没有无条件退货承诺地区的旅游购物,单纯的价格纠纷,旅行社不应当承担责任,但必须履行协助义务。这里的协助义务,主要是要求旅行社与购物商场联系,协助旅游者退货。

3. 在承诺无条件退货地区的旅游购物,旅行社应当把退货的注意事项在行前告知旅游者,而不能只向旅游者灌输无条件退货的概念。只要履行了告知义务,旅行社仅仅需要承担协助义务,而不需要承担赔偿责任,否则,承诺无条件退货的商品不能退还,或者旅游者因退货遭受经济损失,旅行社应当承担赔偿责任。

4. 如果旅游者所购商品为假冒伪劣商品,有些省市通过地方立法,确定旅行社先行赔偿原则。如果没有地方立法对此明确规定,除非有证据证明旅行社没有履行相关注意义务，否则对于这样的退货要求，旅行社应当承担怎样的责任，存在较大的争论。

13 不可抗力引起的纠纷

案例导入

洪先生等30名旅游者和某国际旅行社签订了北京五日游的旅游合同。当旅游团上午8时按时到达机场时，由于突遇暴风雪，机场被迫关闭，飞机无法按计划起飞。大部分旅游者愿意等候。洪先生等5名旅游者愿意解除旅游合同，但要求旅行社赔偿全部团费的50%，理由是旅行社违约；旅行社愿意退还全额团费，但拒绝赔偿，洪先生向旅游管理部门投诉。其他旅游者在机场等候了5个小时后前往北京。这些旅游者返程后也向旅游管理部门投诉提出赔偿500元的要求，理由是旅游行程比原计划匆忙了许多，缩短了在景点逗留的时间，无形中损害了旅游者权益，旅行社仍然存在违约的事实。按照我国法律规定，洪先生等旅游者的诉求基本难以得到支持。

纠纷防范与应对

不可抗力的发生，对于旅行社服务来说，往往意味着旅行社服务中断或者终止，旅游者或者提前结束行程返回，或者在旅游目的地滞留不归，甚至是行程尚未开始，旅游合同已经解除，旅游者不得不返回家中，其愤怒程度可想而知。

一、不可抗力的内涵

所谓不可抗力，就是指不能预见、不能避免并不能克服的客观情况。按照我国法律规定，不可抗力包括自然现象和社会现象两类。在自然现象中，地震、泥石流、水灾、大雾等恶劣的气候灾害属于不可抗力；在社会现象中，战争、游行、罢工以及国家政令等属于不可抗力。

法律对不可抗力有严格的规定，除了上述自然和社会现象外，其他各种因素都不可以被纳入不可抗力范围。旅行社经常所强调的，汽车在高速公路上抛锚、飞机航班临时被取消、接待饭店违约取消预订等，均属于意外事件、或者是违约行为，都不属于不可抗力。

二、不可抗力的法定免责规定

《最高法审理旅游纠纷若干规定》第 13 条规定，因不可抗力等不可归责于旅游经营者、旅游辅助服务者的客观原因导致旅游合同无法履行，旅游经营者、旅游者请求解除旅游合同的，人民法院应予支持。旅游经营者、旅游者请求对方承担违约责任的，人民法院不予支持。旅游者请求旅游经营者退还尚未实际发生的费用的，人民法院应予支持。

因不可抗力等不可归责于旅游经营者、旅游辅助服务者的客观原因变更旅游行程，在征得旅游者同意后，旅游经营者请求旅游者分担因此增加的旅游费用或旅游者请求旅游经营者退还因此减少的旅游费用的，人民法院应予支持。

三、法定免责的例外

根据我国《合同法》的规定，因不可抗力不能履行合同的，根据不可抗力的影响，部分或者全部免除责任。当事人迟延履行后发生不可抗力的，不能免除责任。可见，并不是发生了不可抗力，就可以免除合同当事人的责任。如旅行社擅自调整旅游线路，发生不可抗力后，导致旅游者不能得到合同约定的旅游服务项目，旅行社仍然必须承担违约责任。

四、不可抗力产生纠纷处理原则

1. 不可抗力发生地的一方有义务通知对方，并在合理的期限内提供相关证明。不可抗力发生在旅行社所在地，旅行社要在第一时间通知旅游者，尽可能降低旅游者的损失。反之也是如此，不可抗力发生在旅游者所在地，旅游者要在第一时间通知旅行社。

2. 准备出团阶段发生不可抗力的处理原则。旅游合同已经签订，但离真正履行合同尚有一定时间，如果发生的不可抗力可能严重影响旅游合同的正常履行，可以采取：第一，解除旅游合同。任何一方均可以提出解除合同的要求。旅游者可以要求旅行社返还旅游团款,但不得要求旅行社赔偿;旅行社可以扣除业务操作费用,剩余团款退还给旅游者。第二,重新签订旅游合同。经过旅游者与旅行社的协商,或者推迟旅游行程,或者重新确定旅游线路、价格、时间,再组团旅游。

3. 即将出团时发生不可抗力的处理原则。当旅游团正在前往机场、码头途中,或者已经到达机场、码头,准备赴旅游目的地旅游时发生了不可抗力,不可抗力可能影响旅游合同的正常履行,可以采取下列原则处理:第一,解除旅游合同。如果确定不可抗力在短期内不能消除,解除旅游合同,任何一方不可以要求对方赔偿损失,或者承担违约责任。第二,继续履行合同。如果不可抗力的影响不严重,等不可抗力消除后,经过双方协商继续履行合同。

4. 在旅游团行程中发生不可抗力的处理原则。由于不可抗力发生在旅游途中,对旅行社和旅游者的权益均产生较大的影响。第一,旅行社在确保旅游者人身财产安全的前提下,应当采取积极的措施,尽可能为旅游者提供合同约定的服务。虽然法律规定旅行社也可以解除合同,但从旅游服务的特性看,如果旅行社解除合同,必将给旅游者的权益带来很大影响,因此,在此情况下,旅行社不得提起解除旅游合同的要求,除非旅游者主动提出解除合同。第二,对于未能提供的服务,或者降低了服务档次,给旅游者造成的损失,旅行社只需向旅游者据实退款即可,而不必承担赔偿责任。第三,旅游行程滞留及延后产生额外的费用,按照《合同法》公平原则和"谁受益谁承担"原理,推定旅游行程滞留及延后产生的费用,由旅行社和旅游者双方各自承担。比如,旅游者滞留及延后的住宿、餐饮费用和调整返回交通工具的差价,应当旅游者承担;导游员(领队)滞留及延后的费用,由旅行社承担。

14 不可抗力是否免责纠纷

案例导入

文先生参加了某旅行社组织的北京5晚6日游。按照行程计划,到达北京的第二天游长城,但导游未与旅游者协商,擅自将游长城的行程改为第三天。就在第二天晚上,一场突如其来的大雪使旅游车无法去长城,游长城计划被迫取消。游客返回后,要求旅行社按照规定双倍赔偿长城门票,旅行社只愿意原价退还长城门票,但拒绝赔偿。理由是旅游合同中已经作出声明:本公司在保证不减少行程的前提下,保留调整行程的权力。就是说,旅行社和导游都有调整行程的权力,而且团队出发前已经告知游客,游客已经知情;况且游长城的取消是不可抗力造成的,旅行社没有过错,所以旅行社不承担赔偿责任。文先生等旅游者不接受旅行社的解释,经旅游管理部门的协调,旅行社按照文先生的要求予以赔偿。

纠纷防范与应对

不可抗力导致的合同不能履行、经济损失的发生,合同双方当事人都没有赔偿义务,而必须各自承担。虽然法律规定已经十分明确,但在旅游合同纠纷的处理中,由于旅行社和旅游者对于不可抗力的理解不同、处理方法不同,经常为了是否可以免责任争论不休。

一、有关不可抗力的法律规定

《合同法》第117条规定,因不可抗力不能履行合同的,根据不可抗力的影响,部分或者全部免除责任,但法律另有规定的除外。当事人迟延履行后发生不可抗力的,不能免除责任。本法所称不可抗力,是指不能预见、不能避免并不能克服的客观情况。第118条规定,当事人一方因不可抗力不能履行合同的,应当及时通知对方,以减轻可能给对方造成的损失,并应当在合理期限内提供证明。

二、不可抗力的内涵

所谓不能预见、不能避免并不能克服的客观情况,对照旅游合同,当旅行社或旅游者以某种现象为不可抗力要求免责,该现象至少应当包括五个方面的内容:第一,该现象不可归责于旅行社或者旅游者任何一方,即对于该现象的发生,旅行社或者旅游者均没有过错。第二、旅行社或者旅游者已履行了合理限度范围内的注意义务,该现象仍然严重影响了旅游合同的履行。第三,发生的客观情况,已经超出了旅行社或者旅游者的预见能力。第四,旅行社或者旅游者已经采取了相关措施,仍然不能避免损害的发生。第五,该客观情况的发生,超出了当时当地的科技预见能力范围。只有具备了这样的五个条件,才可以称为不可抗力。可见,要构成不可抗力,必须同时具备不能预见、不能避免并不能克服的特点,缺少其中一个特征,就不属于不可抗力的范畴。

三、不能免责的情形

1. 旅行社或者旅游者疏于关注。旅游合同签订后,旅行社和旅游者都有义务关注旅游出发地和目的地的天气变化和社会状况,只要出现不利于旅游合同履行因素,就应当保持密切跟踪。特别是对于天气变化,旅行社和旅游者都可以利用现代科技手段,获取相应的信息,积极主动地和对方沟通,及时调整行程,或者解除合同,减少或者避免损害的发生。

2. 旅行社或者旅游者消极应对不可抗力。不可抗力发生后,旅行社和旅游者仍然必须积极应对,不能因为发生了不可抗力,就消极怠慢,延误时机。在冰雪期出游的旅游者,应当对于出行难度有充分的考虑,在前往机场等出发地时,要预留比平时更长的时间,甚至是提前一天到达机场等候。如果旅游者没有采取积极措施,导致不能按时抵达机场,行程被迫取消,旅游者不能以冰雪天气为由,要求免除责任。

3. 旅行社或者旅游者没有履行通知义务。按照法律规定,不可抗力发生后,合同一方当事人要在第一时间通知对方当事人,并且向对方提供相关证明。如此规定,主要是为了降低由于不可抗力造成的损失。旅游目的地发生气象灾害,旅行社及时通知旅游者,取消行程或者延后行程,就可以避免旅游者时间和金钱的损失。旅行社没有及时地通知旅游者,由此造成的损失将由旅行社承担。

4. 旅行社迟延履行合同。旅游合同履行过程中,导游员(领队)经常会按照自己的服务习惯,不和旅游者协商,擅自调整行程顺序,如把故宫和长城的旅游顺序作出调整。在通常情况下,这样的调整不会给旅游者带来实质性的损害,但如果调整后恰好遇到了不可抗力,导致游览重点项目计划被迫取消,旅行社不能以不可抗力为由,要求免除责任。如果行程调整是双方协商一致的结果,不可抗力的发生导致行程取消,旅行社就可以免责。

四、不可抗力不能免责纠纷处理的基本原则

1. 在不可抗力引起的服务纠纷中，可以免除旅行社或者旅游者责任是普遍原则，而不可免除旅行社或者旅游者责任仅仅是例外。因为旅游服务需要较长的时间，某些客观情况的发生，并不是旅行社和旅游者签订旅游合同时可以预见和避免的。因此，不可抗力的免责特性具有普遍性，不可抗力不能免责是例外。

2. 在确定不可抗力是否可以免责时，应根据纠纷发生的原因和事实，对照法律规定，就事论事，具体分析，分清责任，在此基础上，针对不可免责的各种情形，分别要求旅行社或者旅游者承担民事责任。

3. 如果行程变更是旅行社和旅游者双方协商一致的结果，不可抗力发生后，导致变更后行程的取消，应当纳入不可抗力免责的范畴，旅游者的赔偿请求不应得到支持。

15 旅游合同变更引起的纠纷

案例导入

宋先生等 20 名同事和某国际旅行社签订了出境旅游合同。旅游团从上海准备出关时，边检人员发现，宋先生等旅游者的某国入境签证已经过期，边检人员阻止旅游团出境。事件发生后，领队和旅游者协商的结果是，宋先生等坚持必须完成旅游行程。旅行社按照旅游者的要求，推迟两天后终于办好了签证。在旅行社办理签证期间，旅游者提出从广州出境，行程和原合同恰好相反，但服务档次和标准不变。旅行社承诺行程变更后，服务质量按原标准执行，宋先生等自愿补足从上海飞往广州团队机票与散客机票的差价。行程结束后，宋先生要求旅行社退还全额旅游团款。在旅游管理部门的协调下，旅行社赔偿宋先生等两天的误工费。

纠纷防范与应对

旅游合同变更，是指旅游合同签订后，至旅游合同履行完毕前，经过旅游者或者旅行社与对方协商，就旅游合同内容作出改变的行为，即对旅游合同的权利义务作出调整。由于双方从各自的利益出发，很难接受对方提出变更的请求，旅游合同变更时常遭遇纠纷。

一、旅游合同变更的现状

旅游合同的签订，只是表明旅行社与旅游者就旅游活动中的权利、义务达成了协议，这并不意味着旅游合同一经签订只能一成不变。在旅游合同履行过程中，只要经过旅游者和旅行社双方的协商，旅游合同约定的权利、义务均可以变更。

1. 旅游者经常提出合同变更，主要包括旅游者出团时间的推迟或者提前、延长在景点逗留时间，或者是取消某些服务项目，或者增加某些服务项目。随着旅游者服务需求的不断提高，旅游者提出服务项目变更的概率也随之增加。特别是出于旅游者自身或者家人的身体不适的原因，造成旅游者事实上无法按时参加旅游团，旅游者要求旅行社延后旅游行程的呼声尤为强烈，但旅行社通常不能接受旅游者的请求。

2. 旅行社提出的合同变更包括两个方面，一方面是旅行社在安排旅游团行程时可能出现的变更，合同签订后由于出现了一些情况，要求旅游者推迟或提前旅游行程、或者要求旅游者改变出团地点等；另一方面是导游员（领队）具体实施旅游服务过程中，导游员（领队）希望旅游者增加自费项目、购物活动等方面。旅游者对旅行社的合同变更怨言颇多。

二、旅游合同变更存在的问题

1. 旅游团出发前的旅游合同变更存在的问题。在这个阶段提出的合同变更，基本上锁定在解除旅游合同、推迟或者提前旅游时间等方面。旅行社有时还会以旅游目的地接待费用上涨为由，要求旅游者增加旅游团款。双方协商不成，可能导致合同解除。

2. 旅途中的旅游合同变更。在此期间，一般由导游员（领队）或旅游者提出：导游员（领队）希望旅游者参加自费项目、增加购物商场等；有时也可能是旅游者提出变更服务项目。由于导游员（领队）没有征得全体旅游者的同意，旅游者认为旅行社有强迫消费的嫌疑。

三、旅游合同变更必须遵循的原则

1. 旅游合同变更必须合乎法律法规的规定。旅游者和旅行社签订的旅游合同必须合法，合同变更内容同样必须合法，如合同变更的内容是参与赌博活动，这样的合同变更不受法律法规的保护。

2. 旅游合同变更必须在合同签订后到合同履行完毕前。假如旅行社与旅游者之间没有签订合同，或者合同已经履行完毕，就说明合同关系已经不存在，旅游者和旅行社没有任何法律关系，更谈不上对合同权利、义务关系进行变更。

3. 旅游合同变更必须体现协商性。不论是旅行社还是旅游者提出，旅游合同变更都必须体现协商一致原则，并征得对方的同意。不经过双方的协商，任何一方擅自变更合同内容就是违约，必须承担相应的法律责任。是否协商一致，必须由主张合同变更的一方举证。

4. 合同当事人均可提出合同的变更。由于旅游者和旅行社法律地位的完全平等，旅游者和旅行社任何一方都可以提出对旅游合同进行变更，而且可以对旅游合同的任何内容进行变更，即使旅游合同没有约定，双方也可以进行协商。

5. 发生不可抗力后合同变更。为了确保旅游者人身财产的安全，导游员（领队）应向旅游者说明真实情况，采取果断行动，征得大多数旅游者的同意，可以对旅游合同内容进行变更，如调整行程、减少景点游览、提前返回等。

四、旅游合同变更纠纷的处理原则

1. 只要经过旅游者和旅行社协商一致，其协商内容不违反法律法规强制性规定，对旅游合同内容的变更均合法有效。旅行社及其导游员（领队）认为合同变更已经得到旅游者同意，最有力的证据是旅游者同意变更的签字。假如导游员（领队）不能出示旅游者同意变更的签字，就应当推定旅游者没有同意变更，导游员（领队）单方面变更，就属于擅自变更范畴，表明旅行社违约。

2. 旅行社及其从业人员擅自改变服务内容，应当退还旅游者相应的费用，并按照合同约定承担违约责任，并将接受旅游管理部门的行政处罚。

3. 作为平等民事主体的旅游者，需要改变行程或者服务项目，也必须征得旅行社的同意。如果旅游者没有征得旅行社的同意，擅自提高住宿标准、交通标准，服务差价应由旅游者自己承担，如果旅游者的行为给旅行社造成损失，旅行社可以要求旅游者承担损失。

16 旅游合同转让引起的纠纷

案例导入

温先生和某旅行社签订了去内蒙古旅游的合同，在报名时温先生得知要住一个晚上的蒙古包，温先生仅仅希望住蒙古包只是一种体验，在签订旅游合同时温先生特别强调，住蒙古包仅为一晚，得到了旅行社的承诺后交纳了全额团费。合同对住宿的约定是：住蒙古包一晚，住三星级酒店三晚。合同签订后的第四天，由于未能招徕到足够的旅游者组成团队，旅行社决定取消旅游行程。旅行社通知温先生，已经把他转让给了当地另外一家旅行社，请他随这家旅行社去内蒙古旅游。温先生和这家旅行社接洽后得知，旅游行程没有变化，住宿已经变更为住蒙古包二晚，住三星级酒店二晚。王先生拒绝了被转让要求，要求旅行社退还全额旅游团款，该要求得到了旅游管理部门的支持。

纠纷防范与应对

所谓旅游合同的转让，是指旅游者或旅行社依法将旅游合同权利、义务全部转让给第三人。如 A 旅行社放弃组团，将已经签约的旅游者转让给 B 旅行社组团；或者是旅游者 A 和旅行社签订旅游合同后，由于自身原因，把参团出游的机会让与其他自然人 B，这些行为均属于旅游合同转让范畴。

一、旅游合同转让的法律规定

1.《合同法》对合同债权转让的规定是，债权人转让权利的，应当通知债务人。未经通知,该转让对债务人不发生效力。而对合同债务转让的规定是,债务人将合同的义务全部或者部分转移给第三人的,应当经债权人同意。

2.《最高法审理旅游纠纷若干规定》第11条规定,除合同性质不宜转让或者合同另有约定之外,在旅游行程开始前的合理期间内,旅游者将其在旅游合同中的权利、义务转让给第三人,请求确认转让合同效力的,人民法院应予支持。

按照旅行社先收款后接待的惯例,旅行社在签订旅游合同时,已经全额收取了旅游者的旅游团款,在这种情况下,旅行社已经行使了收取旅游团款的权利,旅游者履行了支付团款的义务,在旅游合同关系中,旅行社是债务人,旅游者是债权人。但在旅行社操作实务中还存在另一种情况,即在签订旅游合同时,旅行社往往与旅游者(尤其是团队旅游者)达成协议,旅游者在完成合同约定的旅游行程前,不支付旅游团款或者仅仅支付部分团款,等到行程结束后才支付剩余团款。在这种情况下,旅行社和旅游者互为债权、债务人。

二、旅游合同转让存在的问题

1. 旅行社的转让没有征得旅游者的书面同意。旅行社和旅游者签订旅游合同后,由于自己不能单独组团,未经旅游者同意,擅自将已经签订旅游合同的旅游者转让给其他旅行社,在旅行社看来是"并团"或者"拼团"行为,是行业操作习惯,而在旅游者看来,旅行社的转让是"卖团"行为。当纠纷产生后,旅行社强调已经征得旅游者的同意,所谓的同意仅仅是口头的,不能提供书面证明。

2. 旅行社的转让导致旅游者权益受损。有些旅游团是多家旅行社转让旅游者而组成的旅游团,而原旅游合同约定的服务标准和档次不尽相同,地接社仍然按照同一个标准接待,必然导致部分旅游者接受的服务低于原合同约定,其权益必定受损。

3. 在实务操作中旅游者的转让仍然可能引起一些纠纷。虽然法律规定只需要通知旅行社,但由于旅游服务的特殊性,可能出现的问题是:(1)由于旅游者向旅行社提出转让其权益的时间不够充分,旅行社无法办理有关手续,旅游者的转让事实上难以实现。(2)由于转让的旅游者性别不同,产生自然单间,导致旅游接待成本上升,旅游者和旅行社都不愿意为此承担费用。

三、旅游合同转让的基本原则

1. 旅游合同的转让仅仅是主体的转让。即,旅游合同的转让不涉及旅游合同约定的服务内容,即旅行社和旅游者在合同中已经确定的权利、义务关系,不能因为发生合同转让而有所变化,也就是说不能因为旅行社的合同转让而降低服务档次。如果因合同转让而降低了服务档次,这是旅游者最难以接受的。

2. 旅行社义务的转让必须得到旅游者的同意。《合同法》对此已有原则规定,《实施细则》作了更为明确的规定,未经旅游者同意的,旅行社不得将旅游者转交给其他旅行社组织、接待。如果旅行社擅自转让旅游者,必须承担相应的法律责任,包含民事责任和行政责任。

3. 旅游者权利的转让只需要通知旅行社。旅游者转让自己的出游的权利时只需要告知旅行社即可,而不需要征得旅行社的同意。当然,这样的转让必须给旅行社留有必要的准备时间,如给旅游者办理签证的时间。这是旅行社义务转让和旅游者权利转让的重要区别。

四、旅游合同转让纠纷处理原则

1. 旅行社在合同转让中征得旅游者的同意,如果旅游者和受让旅行社重新签订旅游合同,转让后发生旅游者权益受损的情况,由受让旅行社承担;反之,如果旅游合同没有重新签订,则由转让旅行社承担责任。

2. 旅行社在合同转让中没有征得旅游者的同意,转让后没有发生旅游者权益受损的情况,尽管旅行社的行为违规,但旅行社不需要向旅游者承担民事赔偿责任。旅游管理部门发现旅行社的违规行为后,则应当追究旅行社的行政责任。

3. 旅游者的合同转让必须给旅行社预留足够的准备时间,由于转让而增加的费用,应当由旅游者自己承担;由于转让而减少的费用,旅行社必须退还给旅游者。

17 旅行社未履行附随义务引起的纠纷

案例导入

胡先生参加了旅行社组织的北京6日游,在杭州托运行李时,把一台2000

元的数码相机放在行李箱内托运，安全抵达北京机场后，胡先生发现行李箱完好无损，但一同托运的数码相机不翼而飞。地陪了解情况后，陪同胡先生到公安部门报警。旅游行程结束后，数码相机仍然没有下落，胡先生要求组团社承担赔偿责任，理由是参加了旅游团，旅行社应当为其人身财产安全负责。旅游管理部门认为，旅游者托运行李时，旅行社有提醒旅游者不把贵重物品托运的义务，而作为完全民事行为能力人的胡先生，也应当有必要的自我保护意识。经过协商，旅行社和胡先生各承担一半的责任，双方达成和解。

纠纷防范与应对

旅游合同约定，旅行社必须向旅游者提供服务，但在服务过程中，旅行社除了提供约定的服务外，旅行社还要向旅游者提供许多相关的服务，一方面确保旅游合同顺利履行，另一方面，保护旅游者人身财产等合法权益不受损害，从某种意义上说，这些服务往往决定了服务品质的高低。

一、附随义务的含义

所谓附随义务，就是在合同履行过程中，为实现债权人之权益或保护债权人人身或其财产利益，债务人除了主给付义务①以外，还必须遵循诚实信用原则，根据合同的性质、目的和交易习惯而履行相关的义务。

在旅游合同履行过程中，存在着一种附随义务。这种附随义务不同于主合同义务，但又伴随着主合同义务，是在履行合同义务过程中产生的，既没有法律的明确规定，也没有合同当事人之间的约定，随着合同义务履行的过程而产生。这样的义务和《消费者权益保护法》等规定的安全保障义务性质不尽相同，前者是因旅游合同而衍生的义务，后者是法定义务，但旅行社都必须履行。所以，旅行社派出的导游员（领队）的重要工作之一，就是根据旅游行程的深入，根据旅游服务的特点，时刻提醒旅游者人身财产安全，防止损害旅游者人身财产事件的发生。

---

① 主给付义务，是指债的关系所固有的、必备的，并以此决定债的类型的基本义务。附随义务是指给付义务以外的、随债的关系发展依诚实信用原则而产生的义务。给付义务的不履行，债权人得解除合同；附随义务的不履行仅能请求损害赔偿。

二、有关附随义务的法律规定

1.《合同法》第60条规定，当事人应当按照约定全面履行自己的义务。当事人应当遵循诚实信用原则，根据合同的性质、目的和交易习惯履行通知、协助、保密等义务。

2.《最高法审理旅游纠纷若干规定》第9条规定，旅游经营者、旅游辅助服务者泄露旅游者个人信息或者未经旅游者同意公开其个人信息，旅游者请求其承担相应责任的，人民法院应予支持。

就通常的理解，在旅游合同中，旅行社作为债务人，只需要向作为债权人的旅游者提供合同约定的“吃住行游购娱”义务，旅行社就已经履行了合同义务，完成了自己的使命。但是，根据旅游合同的性质和特点，为了确保合同义务顺利履行，旅行社还必须履行大量的非合同约定的义务，否则合同义务的履行难以实施。这些义务包括通知义务、协助义务、保密义务、说明义务和保护义务。

三、旅行社未履行附随义务纠纷类型

1. 旅游者人身财产损害纠纷。在旅行社提供的各项服务中，虽然服务内容和服务设施均符合国家的相关标准和规定，但并不是不存在安全隐患，只要旅游者正确使用，就不会发生旅游者人身伤害事故，但对于外出旅游较少的旅游者而言，服务内容和设施就可能存在不安全的因素。例如，经常有旅游者在客房洗澡时摔倒，主要原因是旅游者不知道如何正确使用卫浴设施。导游员（领队）提醒旅游者洗澡时应注意的事项是旅行社对旅游者必须履行的保护义务。

2. 服务质量纠纷。对于不经常外出的旅游者而言，尤其是初次参加旅游团的旅游者，假如对旅游服务知识、旅游目的地的文化背景、风俗习惯知之甚少，轻者会闹笑话，重者导致服务质量纠纷的产生，进而引发旅游投诉。例如，在旅游者在吃自助餐时，不懂规则，浪费食物现象严重，餐厅主管人员对此进行批评甚至是讽刺、挖苦，引起旅游纠纷。导游员（领队）事先的告知和说明，也是旅行社履行附随义务的具体表现。

四、旅行社未履行附随义务纠纷处理的基本原则

1. 旅行社应当召开行前说明会，就旅游目的地相关情况、旅游服务内容、旅游服务设施等，向旅游者作详尽的说明和警示，而不像现在许多旅行社不召开

行前说明会；或者在说明会上只讲购物和自费，而很少履行告知、保护等义务。导游员（领队）在带团过程中也必须履行附随义务，最大限度保护旅游者人身财产安全。

2. 虽然没有合同约定，也没有法律的规定，如果发生了旅游者人身伤害事件、旅游者财产损害事件或者服务质量降低事件，假如旅行社没有履行附随义务，在旅游者没有自身过错的前提下，旅行社将承担赔偿责任，旅行社不能以没有合同约定，或者法律规定为由，拒绝承担赔偿责任。

3. 由于附随义务是诚实信用原则派生而来，其法律责任要根据合同性质和服务对象而定，因此，对于旅行社所要承担的附随义务不能一概而论，针对不同的旅游者，旅行社承担的附随义务也不同，如果旅游者的权益受损，旅行社承担的法律责任也不一样。同样是旅游者在洗澡时摔倒受伤，旅行社面对城市旅游者和农村旅游者，承担的赔偿责任不同。对于前者，旅行社可能不承担赔偿责任，而对于后者，旅行社可能将承担全部赔偿责任。

18 旅行社和旅游者混合过错纠纷

案例导入

暑假期间，82岁的卫先生向旅行社报名参加了某名山二日游，当卫先生抵达景区时，由于受到台风“碧利斯”的影响，景区虽然没有闭门谢客，但景区内索道停止运营，卫先生等只能徒步登山，下午5时许，卫先生在登山过程中突然摔倒在地，不省人事，导游立即拨打求救电话，卫先生经抢救无效死亡。法院审理后认为，旅行社无证据证明其服务周到细致，没有采取防范应急措施，旅行社的疏忽大意与卫先生的死亡存在一定因果关系，依法应当承担相应的责任；同时法院也认为，卫先生年逾八旬，独自参团旅游，未能采取必要的自我保护措施，也应当承担一定的责任。法院判令旅行社就卫先生的人身损害承担70%的责任，赔偿损失共计22万余元；卫先生自己承担30%的责任。纠纷得到了圆满解决。

纠纷防范与应对

旅游服务纠纷的发生，有旅行社的原因，也有旅游者自身的原因，更多的是由于旅行社和旅游者的共同过错造成的，是旅行社和旅游者的混合过错导致旅游者权益损害的发生。由于对于损害发生责任的大小难以明确界定，在处理此类纠纷时，旅游者和旅行社的分歧较大，纠纷调解的难度也较高。

一、有关混合过错的法律规定

《民法通则》规定，受害人对于损害的发生也有过错的，可以减轻侵害人的民事责任。该法条的主要意义在于，民事活动的双方当事人，在从事民事活动中，都应当履行各自的注意义务，对自己的行为有明确的判决，并概括承受民事行为带来的正面和反面的后果。民事行为产生的损害后果，是一方当事人行为产生的，由该当事人承担；如果该后果是由双方当事人共同作用之下产生的，由双方当事人根据责任多少共同分担。

二、混合过错纠纷类型

1. 组织旅游者参加不适宜的旅游活动的纠纷。较为典型的纠纷是，旅行社提供的服务有较大的安全隐患，如旅行社组织老年人参加户外攀岩活动，老年旅游者由于体力透支而突患疾病；或者旅行社组织探险旅游，由于准备工作不充分，导致旅游者人身财产损害的发生。

2. 在不适当的阶段组织旅游活动的纠纷。旅行社在台风期间组织旅游者出游，对于台风给旅游活动造成的不便和伤害，旅行社和旅游者都应当有足够的认识，对于旅游者人身财产损害的发生都存在过错，但旅行社在台风期间组织旅游，仍然应当承担主要责任。

3. 旅行社的服务不够专业的纠纷。旅游者应当知道贵重物品不可夹带在行李中托运，而导游员（领队）告诉旅游者，可以把贵重物品夹带在行李中托运，只要旅游者贵重物品灭失，尽管旅游者应当具备相关的旅游常识，但由于旅行社的误导，导致旅游者财产损失的发生，旅行社仍然负有不可推卸的责任。

三、旅行社减少混合过错纠纷的对策

1. 旅行社要及时向旅游者发布旅游信息，且该服务信息要具有专业性和权威性。旅行社对客服务过程中，最为忌讳的是，工作人员给旅游者的信息是模棱两可的，甚至是错误的。即使旅游者已经掌握了部分旅游信息，但出于对旅行社的信任，旅游者也会完全听信于旅行社，按照旅行社的要求去做。因此，旅行社给予旅游者的服务信息必须专业和权威，去培育和引导旅游者的消费行为，避免由于旅行社发布错误信息而造成旅游者的损失。

2. 旅行社要时刻关注旅游目的地的旅游环境。旅游产品服务的跨区域性，这决定了旅行社必须高度关注旅游目的地的相关情况，特别是对于旅游服务有直接影响的一些因素，如天气变化、游客流量、接待能力等。发现旅游服务环境剧变，应当及时调整时间和行程，通知旅游者，积极稳妥地做好善后工作。旅游目的地的资讯既可以通过地接社获得，也可以直接通过公共信息平台渠道获得。

3. 旅行社确保旅游产品安全。旅行社应当按照不同的旅游对象，开发不同的旅游产品，并履行详尽的告知义务。只要旅行社的产品和服务安全，又履行了相关的告知义务，在旅游者发生损害时采取了积极的救助措施，即使旅游者发生权益受损事件，不论旅游者主观是否有过失，旅行社将不承担责任。

四、旅行社和旅游者混合过错纠纷处理的基本原则

1. 在旅游服务纠纷的处理中，对于旅游者的权益损失，只要是由于旅行社和旅游者的混合过错造成的，基本的原则就是，旅行社和旅游者都必为自己的行为负责，为各自的过错承担相应的责任，旅行社和旅游者都不必为他人的过错行为负责。

2. 组织旅游者参加不适宜的旅游活动，或者在不适当的阶段组织旅游活动引起的纠纷。由于旅行社是专业人员，而且在策划组团过程中过于自信，对于可能给旅游者带来的伤害没有充分评估，也没有紧急善后处理预案，旅行社应当承担主要责任。旅游者作为完全民事行为能力人，对于损害的发生后果也未予充分考虑，因此也要负次要责任。当然，如果由于旅游者的过错给旅行社造成了损失，旅游者也应当为此承担责任。

3. 旅行社服务不够专业，发布的服务信息不真实或者错误，提供的服务不安全，即使旅游者自身存在一定的过失，导致旅游者人身财产损失，旅行社也应

当承担主要责任。如导游凭借经验告诉旅游者的信息错误而引起旅游者的损失,而事实上旅游者完全可以通过网络查询到该信息,即使如此,在处理纠纷时,旅行社要为此承担主要责任。

19 出国(境)游签证(签注)纠纷

案例导入

杨女士和女儿预订春节期间(正月初三)赴南亚某国旅游,杨女士将护照交给国际旅行社办理签证。杨女士没有注意到,当她提交护照时,该护照已经过期,旅行社业务员接收护照时没有仔细核对,就送往该国领馆办理签证。非常离奇的是,签证被顺利办妥。按照合同约定,杨女士和女儿乘坐航班抵达该国边境,在入关时被该国移民部门拒绝入境,理由是该护照已经过期。杨女士十分沮丧地返回,立即要求旅行社退还全额旅游团款,并给予3000元的精神损害的赔偿。旅游管理部门调查核实后认为,旅行社没有认真核对护照的有效期,导致行程被取消,应当承担主要责任,杨女士也存在一定的过失。旅行社退还四分之三的旅游团款,杨女士较为满意。

纠纷防范与应对

出国(境)旅游容易发生的纠纷,突出地表现在有关旅游者签证(签注)的办理方面。此类纠纷由于政策性较强,涉及相关国家和地区的不同规定,有时的确不是旅行社所能控制,而责任有时又必须由旅行社来承担,旅行社感到十分委屈。

一、出国(境)游签证(签注)纠纷类型

1. 旅游者的签证(签注)不能按时办好。按照相关国家和地区的规定,签证的办理均有一定期限,旅行社在收客过程中,往往按照通常的惯例,告诉旅游者

签证(签注)办理的期限,并确定出游日期。而有时签证(签注)没有按照旅行社预想的日期办妥,旅行社往往会要求旅游者出游延后,而旅游者以工作无法安排为由,坚持按原计划出游,纠纷随之而来。

2. 旅游者的签证(签注)出现错误。由于目的地国家和地区工作人员的疏忽,本来不应该发放的签证(签注)发放了,如旅游者的护照有效期少于半年,按照规定不可以办理签证。即使签证(签注)侥幸被办好,在入关时旅游者也会被拒绝入境的。旅游者和旅行社都将遭受较大的损失。所以,旅行社业务员事先对护照等相关证件的核对工作至关重要。

3. 旅游者的签证(签注)请求被拒绝。旅游者的签证(签注)被拒绝,意味着旅游者暂时不能前往旅游目的地。就目前的情况看,旅游目的地国家和地区的使领馆均会拒绝予以说明或给出理由,因此旅行社只能告知旅游者其被拒签,而且还要向旅游者收取签证费;而对于旅游者而言,被拒签已经郁闷至极,还要再支付签证费,肯定会感觉难以接受。

4. 旅游者被拒绝入境。组团旅行社组团工作完成后,必须由境外地接旅行社提供担保,旅游团才能够顺利登陆旅游目的地国家和地区。组团旅行社和境外地接社合作出现矛盾和纠纷后,地接旅行社有时会采取取消担保等极端手段,迫使组团旅行社就范,而组团旅行社一意孤行,仍然拒绝与地接社合作,其结果是旅游团被外国移民部门遣返。

二、出国(境)游签证(签注)纠纷产生的原因

1. 旅游者没有提供真实有效的资料。不论是参加国内旅游还是出国(境)旅游,旅游者都必须向旅行社提供相关背景资料,在出国(境)旅游活动中,旅游者按照要求提供真实有效的背景资料尤其重要。少数旅游者之前可能有过负面的背景,在申请出国(境)旅游时,有意隐瞒这样的背景,造成签证(签注)不能如期办理。

2. 旅行社没有认真审核旅游者资料。旅行社虽然不是公安部门,不能对旅游者提供的资料进行侦查,但旅行社的程序审查十分重要。如旅游者填写资料的笔误、护照即将过期、提供的资料不全等情况,旅行社应要求旅游者更正、重新办理、补充资料等,确保能够按时出团。

3. 旅行社告知义务履行不完全。旅行社没有提醒旅游者,主要原因是旅行社业务人员的疏忽或者是业务不熟练。旅游者办理了港澳游通行证,以为就可

以直接参加旅游，而旅行社没有提醒旅游者要办理签注，导致旅游者行程受阻；业务人员业务生疏，要求旅游者多次提供资料等。

三、旅行社在办理出国（境）游签证（签注）必须遵循的原则

1. 及时发现和制止少数旅游者违法行为。少数旅游者借自费旅游之名，行偷渡滞留之实，对于此类旅游者的违法行为，旅行社一经发现，必须采取断然措施，停止办理出国（境）旅游业务，并向公安机关报告。

2. 确保旅行社的经营行为不违法。不可否认的是，极少数旅行社业务人员通过为旅游者办理签证（签注），为旅游者提供滞留不归的方便，从中牟取不法利益。因此，旅行社必须增强法治意识，坚决杜绝违法犯罪事件的发生。

四、出国（境）游签证（签注）纠纷处理的基本原则

1. 旅行社在承诺的期限内，不能为旅游者办理好签证（签注），导致旅游行程取消或者迟延，旅行社承担相应的违约责任，赔偿旅游者实际的损失，如旅游者的误工费、由此增加的交通费等。

2. 旅行社已经履行了合理限度范围内的注意义务，按照使领馆要求提供了相关资料，旅游者被拒签，旅行社不承担责任。旅行社没有认真审核资料，即使旅游者存在疏忽，提供的资料不全或者错误，旅游者被拒签或者被拒绝入境，旅行社应当承担主要的责任。

3. 签证（签注）费用的承担。签证（签注）通常由旅游者自己承担；旅行社事先明确告知拒签风险和费用，签证费用由旅游者自行承担；拒签费用事先没有明确约定或者告知的，由旅行社承担。

20 附条件合同纠纷

案例导入

金先生准备报名参加欧洲旅游，由于是第一次出国旅游，金先生不了解办理相关手续的过程,旅行社业务员将手续办理的流程告诉他,请他准备有关资料和证件,重点告知金先生旅游签证办理较为复杂,且存在被拒签的可能性。金先生按照业务员的要求,提供了旅游需要的所有资料和证件,也支付了部分预付款,积极做好请假等准备工作,等候旅行社通知具体的出游日期。非常不巧的是,金先生出国旅游的申请被使馆拒绝了,当业务员将此情况告知金先生时,金先生仍然难以接受。经过业务员再三解释,金先生放弃了参团的念头,但要求旅行社赔偿损失,包括他为出游而购买的照相器材、食物等。经协商,旅行社赔偿金先生的市内交通等直接经济损失150元。金先生勉强接受。

纠纷防范与应对

旅游合同得以顺利履行,固然与旅行社的专业性和责任心密不可分,同时也与相关服务供应商,甚至相关国家政策息息相关,也与旅游者自身因素密不可分,这些因素并非旅行社所能掌控,旅行社服务能否顺利实现,取决于许多先决条件。从这个意义上说,旅游合同的附条件性特征较为明显。

一、附条件合同的法律规定

《合同法》第45条规定,当事人对合同的效力可以约定附条件。附生效条件的合同,自条件成就时生效。附解除条件的合同,自条件成就时失效。

该法条运用于旅游合同,就是旅行社和旅游者为了保护自身权益,都可以根据需求,对于旅游合同的生效或者解除设立一定的条件。一旦具备了生效条件,旅游合同就有效,双方必须按照合同约定履行合同义务,取得合同权利;同样,一旦具备了解除合同条件,旅游合同就必须解除。当然,设立的条件必须符合法律的相关规定。

二、附条件合同纠纷产生的原因

1. 旅行社服务高依存度是附条件合同纠纷产生的根本原因。高依存度就意味着很多服务不是由旅行社直接提供,而是依赖相关政府部门和服务供应商的协作,合同约定的服务是否能够如期实现具有很强的不确定性。

第一,旅游签证发放的不确定引起纠纷。旅游签证是否发放和何时发放,取决于外国驻华使领馆。一旦签证没有发放，或者签证发放不及时，必然发生旅游行程被取消，或者是旅游行程延后的后果。

第二，不可抗力等突发事件引起纠纷。不可抗力等突发事件发生后，旅游行程往往受到影响。由于我国旅行社的诚信和旅游者的理性均不够健全和成熟，对于不可抗力等突发事件普遍缺乏应对能力；再加上法律规定和合同约定过于原则化，往往直接导致纠纷的发生。

2. 旅行社服务的高依存度没有引起旅行社和旅游者的高度重视，是产生附条件合同纠纷的直接原因。虽然旅行社作为旅游服务的专业提供者，但对于旅游合同的附条件合同认识不足，在实际操作中没有按照附条件合同的规则进行，在旅游者报名阶段没有和旅游者做出明确的约定。旅游者要如期参加旅游，也依赖于旅行社及其服务供应商的配合，但旅游者对于旅行社的服务特性缺乏了解。最终结果是，此类纠纷经常发生。

三、预防附条件合同纠纷的对策

1. 旅行社以设立合同生效条件为好。在出国（境）旅游服务中，除了获得相关资料、办理相关手续外，对于旅行社而言，最为棘手的问题就是办理签证。由于签证是目的地国家和地区准许我国公民进入的凭证，虽然各国有明确的规定，但签证的具体办理毕竟由使领馆决定。旅行社为了稳妥起见，应当明确就签证的事项办理与旅游者达成协议，作为旅游合同生效的附加条件。如果签证按时顺利完成，旅游者就可以按照约定时间出团；否则，就解除合同或者推迟行程。

2. 旅游者以设立合同解除条件为妥。针对旅行社经常变更出团时间、或者是出团日期不变而航班变化频繁等情况，旅游者应当和旅行社在合同中约定，如果旅行社发生上述事件，旅游者可以单方面解除旅游合同，旅行社应当退还全额旅游团款，并赔偿损失。这样可使旅行社的操作更为规范和严谨，可以确保旅游者的权益不受损。如果不设立解除合同的附加条件，一旦旅行社有上述行为发生，旅游者尽管愤怒，但也是无可奈何。

四、附条件合同纠纷处理的基本原则

1. 由于签证仅仅是旅游者委托旅行社办理的事宜之一，而使领馆是否向旅游者发放签证，存在一定的不确定因素，旅行社应当在旅游者表达出游意向时

向旅游者说明,并与旅游者达成旅游者顺利出游的条件,即旅游者得以成行的前提是,旅行社按时顺利办理好签证。同样,旅游者为了确保自身合法权利不受损失,也可以和旅行社约定,合同一旦签订,旅行社必须按照诚实信用原则,全面履行合同义务。

2. 按照以往处理旅游投诉的实践,我们认为,不论是旅行社还是旅游者,与对方达成附条件合同条款,都应以书面形式为准,而不能停留在君子口头的协定阶段。如果仅仅是口头协议,一旦发生纠纷,空口无凭,权益难以得到快速的维护。

3. 按照法律规定,主张设立附加条件的一方必须承担举证责任。旅行社主张已经设立有关签证附加条件的,由旅行社承担举证责任;同样,旅游者主张已经设立权益不能受损的附加条件的,由旅游者承担举证责任。不能举证的一方,将承担由此产生的法律后果。

21 旅游饭店标准引起的纠纷

案例导入

郭先生和旅行社签订旅游合同,参加华东4晚5日游。旅游合同对饭店的约定是,郭先生等全程入住"四星级标准"饭店。旅程开始后,对于其他服务项目,郭先生没有任何异议,但对入住的饭店有诸多不满。前两晚虽然住在市区,但饭店根本没有星级,设备设施较为陈旧;第三晚住的饭店是四星级,但离市区很远;最后一个晚上,当郭先生了解到,入住的饭店距离市区有20公里,压抑许久的愤怒终于爆发了。郭先生不愿随团入住,而是自费在市区四星级饭店入住,同时向旅游管理部门投诉,要求旅行社承担当晚住宿费用,并赔偿前两晚的损失500元。郭先生声称,如果他的诉求得不到满足,他就拒绝返回。在旅游管理部门耐心说服下,郭先生勉强登机返回,并继续向组团旅行社所在地的旅游管理部门投诉。

纠纷防范与应对

和旅游购物、自费项目一样,旅游饭店也是旅游者经常投诉的焦点。旅游者投诉的内容,不外乎对饭店标准存在疑虑,或者没有达到旅游者的心理期望,要求旅行社承担违约责任,有时甚至采取拒绝入住的方式,表示自己内心的愤怒,纠纷由此而来。

一、我国有关饭店星级的规定

根据《旅游饭店星级的划分与评定》(GB/T 14308—2010)的规定,我国旅游饭店用星的数量和颜色表示旅游饭店的等级。旅游饭店星级分为五个等级,即一星级、二星级、三星级、四星级、五星级(含白金五星级)。最低为一星级,最高为五星级。星级越高,表示旅游饭店的档次越高。所以,现在旅游合同经常出现的"相当于三星级"、"三星级标准"、"未挂牌三星级"等表述,均为不规范用语。

二、旅游饭店标准引起纠纷的原因

1. 旅游团的住宿不一定都在星级饭店。就目前的情况看,大多数旅游团队还是标准团为主,住宿的饭店基本上为低星级,或者是没有星级的社会饭店。对于这样的住宿条件,旅行社难以对其标准进行客观描述。旅游者鉴于不同的文化背景和要求,且对于旅行社的安排无法提前了解,旅游者与旅行社就饭店安排产生分歧也在情理之中。

2. 星级饭店并非全球绝对标准。虽然我们经常听到星级是国际通行标准,但事实并不尽然,目前仍然有国家和地区的饭店并没有实行星级制度,即使旅行社绞尽脑汁,想在合同中约定标准也难以办到。有时旅行社在合同中标注为星级饭店,但旅游者到达后发现所入住的饭店并没有星级标志。

3. 各地星级饭店同"星级"不同档次的现象事实上客观存在。以国内星级饭店为例,虽然星级标准相同,由于各地经济条件不同,南北差异、东西差别在星级饭店中表现较为明显;即使是同一区域,县级城市的星级饭店和省会城市的星级饭店也存在距离。如此现状差异,容易引起旅游者的不满。

三、旅行社对于饭店标准描述不规范的类型

1. 仅仅约定饭店的星级。虽然约定了星级，但没有涉及饭店的具体方位，如合同中约定住三星级饭店，那就意味着只要住在该市行政区域内的三星级饭店，旅行社都是按约履行合同，不论该饭店在市区、郊区，还是在风景区。如此约定，对于旅行社较为自由，而有可能损害旅游者的权益。

2. 虽然明确饭店名称，但同时注明可以入住同级饭店。虽然明确指定住某饭店，但问题出在“或同级”。所谓的“同级”涉及几个难题：“同级”的内涵是什么？是饭店的规模同级，还是饭店星级标准同级，抑或别的条件同级？所谓的“同级”由谁来论证？这个同级的标准由旅行社来定，还是由旅游者来定，抑或双方协商后决定？旅行社的说法难以得到旅游者的认同。

3. 住几星级标准的饭店，或住按几星级标准建造的饭店，或者是所谓的当地星级。这种描述的随意性、伸缩性更大，缺乏科学依据，但它的确是某些旅行社和饭店的发明。明明该饭店没有星级，但为了吸引客人，不惜“打擦边球”，玩弄文字游戏，可谓用心良苦。

四、旅游饭店标准引起纠纷处理的基本原则

1. 饭店的星级或者等级应由旅行社举证。当旅游者就饭店星级或者标准提出异议时，承担证明饭店星级或者标准责任的是旅行社。理由有二：第一，旅游行程由旅行社提供，旅行社提出旅游者住宿的标准，就必须为自己的主张提供证明；第二，在旅游服务合同中，旅行社是为旅游者提供服务的债务人，债务是否履行，应当由债务人提供证明。旅行社不能以疑问是旅游者提出，应当由旅游者提供住宿不符合约定证明的观点。

2. 旅行社应当承担违约责任，并给予适当补偿。除非旅游者和旅行社事先有违约金的约定，否则即使旅行社提供的饭店不符合约定，按照旅游行业的赔偿标准，赔偿的额度是，旅游者应当住宿饭店与实际住宿饭店价格之差别的两倍。这样的标准难以令旅游者满意，即使按照现行法律规定，旅游者获得的赔偿同样较低。因此，在此情况下，旅行社在赔偿旅游者损失的同时，还必须给予旅游者一定的补偿。

3. 旅游者拒绝入住合同约定的饭店，有时是认为饭店没有达到合同约定标准，或者是认为饭店档次距离想象太远。不论是何种原因，旅游者的行为属于

人为扩大损失。旅游者另行入住饭店的费用,应由旅游者自己承担。如果旅行社的确没有按照合同约定提供住宿,存在违约行为,旅行社应当就此进行赔偿,而不必承担旅游者人为扩大的损失。

22 未成年旅游者参团旅游纠纷

案例导入

暑假期间,刚满12周岁的初一学生李某和他的同学张某、何某商量一起去厦门游玩,他们没有征得父母的同意,悄悄地从家里拿了钱到A旅行社报名。A旅行社查看了李某等的学生证后,以未成年人必须征求其父母同意为由,拒绝了他们报名参团的请求。李某等人又来到B旅行社的国内中心报名,B旅行社业务员看了李某等的学生证后,向他们推荐了厦门2日游,并全额收取旅游团款,同时签订了旅游合同。就在出团前,他们的父母得知了实情,以安全为由坚决反对他们参加旅游团,要求与旅行社解除旅游合同,并全额退还旅游团款。旅行社声称准备工作已经就绪,仍然坚持要李某等参团,否则要李某等承担违约责任。旅游管理部门及时介入,要求旅行社解除旅游合同,退还给李某等全额旅游团款。

纠纷防范与应对

未成年旅游者也已成为旅游市场不可或缺的重要组成部分,特别是在寒暑假、黄金周等旅游特殊时段,未成年旅游者参加旅游团更是家常便饭,但由于未成年旅游者特殊身份,国家相关法律法规有特别的规定,未成年旅游者参团旅游纠纷的处理也较为特殊。

一、关于未成年旅游者的法律规定

1.《民法通则》规定,18周岁以上的公民是成年人,具有完全民事行为能

力，可以独立进行民事活动，是完全民事行为能力人。16 周岁以上不满 18 周岁的公民，以自己的劳动收入为主要生活来源的，视为完全民事行为能力人。

10 周岁以上的未成年人是限制民事行为能力人，可以进行与他的年龄、智力相适应的民事活动；其他民事活动由他的法定代理人代理，或者征得他的法定代理人的同意。不满 10 周岁的未成年人是无民事行为能力人，由他的法定代理人代理民事活动。

2. 最高人民法院贯彻执行《中华人民共和国民法通则》若干问题的意见规定，监护人可以将监护职责部分或者全部委托给他人。因被监护人的侵权行为需要承担民事责任的，应当由监护人承担，但另有约定的除外；被委托人确有过错的，负连带责任。

二、未成年旅游者参团旅游形式

1. 全部由未成年旅游者组成的学习旅游团。这种方式是由未成年旅游者监护人和旅行社签订旅游合同，在履行旅游合同期间，监护人将未成年旅游者的监护义务，暂时全权交给旅行社，旅行社不仅要按照合同约定为未成年旅游者提供服务，还要保障他们人身财产的安全，旅行社的责任非常重大。

2. 师生共同参与，以未成年旅游者为主的夏(冬)令营旅游团。这种方式由未成年旅游者监护人与旅行社签订旅游合同，表示未成年旅游者监护人和旅行社、老师共同达成协议，在旅游合同履行期间，将未成年旅游者交由旅行社和老师共同监护。

3. 由监护人陪伴的未成年旅游者旅游团。这种方式有监护人与未成年旅游者同行，监护义务通常由监护人履行，但在旅游过程中，有时监护人为了外出方便，往往将未成年旅游者交由旅行社的导游员(领队)暂时管理，监护人与旅行社仍然存在委托监护的法律关系。

4. 未成年旅游者擅自参加旅游团。未成年旅游者出于某种原因，未征得监护人同意，擅自与旅行社签订旅游合同，单独参加旅游团。未成年旅游者与旅行社签订旅游合同前，旅行社必须征求监护人的同意，否则该合同无效。为了保险起见，监护人的同意必须是书面形式，否则一旦有纠纷，旅行社的举证会遭遇困境。

三、旅行社在未成年旅游者旅游团承担的义务

1. 旅行社必须履行服务的义务。为未成年旅游者提供合同约定的服务，与旅行社为成年人旅游者提供合同约定的服务没有本质的区别。旅行社只要按

照合同约定,不折不扣全面履行各项服务即可,只不过旅行社在安排线路、指派导游员(领队)时要特别慎重,服务必须符合未成年旅游者的生理特征和心理需求,切实维护未成年旅游者的权益。

2. 旅行社必须履行监护的义务。不论旅行社和未成年旅游者的法定监护人是否就委托监护达成书面协议,只要双方当事人签订了旅游合同,就可以推定旅行社已经事实上认可了委托监护协议的达成,未成年旅游者的监护义务已经临时转移给了旅行社,旅行社就有义务保护未成年旅游者人身财产权益不受侵害。特别是未成年旅游者自制能力较差,相互之间的嬉戏都可能带给对方伤害,旅行社应当特别注意。旅行社对未成年旅游者的委托监护义务,是法律赋予旅行社的义务,旅行社不可以放弃,也不可以转让。

四、未成年旅游者参团旅游纠纷处理的基本原则

1. 旅行社必须全面履行合同义务和法律规定的义务。上述法律规定表明,只要旅行社安排的旅游线路安全合理,导游员(领队)严格按照旅游合同的约定提供了服务,尽到了监护义务,未成年旅游者对他人人身、财产的损害责任,或者是未成年旅游者受到他人的不法侵害,造成了自身人身或财产的损失,只要旅行社能够证明自身服务没有过错,就不需要承担赔偿责任。

2. 未成年旅游者的消费行为应得到监护人的同意。未成年旅游者参与了导游员(领队)向未成年旅游者推荐自费项目,或者购买了旅游商品,特别是大宗商品的购买和消费,尽管其消费行为已经结束,但该消费行为的效力仍然处于待定状态,只有得到法定监护人的认可,这些服务合同的履行才具有完备的法律效力。如果监护人不认可,购买商品行为无效,旅行社要为未成年旅游者全额退货。

23 导游员(领队)讲解服务引起的纠纷

案例导入

旅游行程刚结束,林先生就迫不及待地来到旅游管理部门投诉。据林先生

反映,他参加了旅行社组织的西北旅游,地接社导游员小许严重失职,损害了林先生等人的合法权益:第一,小许只关心收费。小许和林先生等人第一次见面,就要求林先生必须参加自费项目和购物,其他相关事宜一笔带过。第二,小许讲解不到位。在整个旅游过程中,小许在景点的讲解内容非常简单,大多要求林先生等人自行游玩。只有向林先生等人介绍自费项目和当地特产时,小许才像换了一个人似的,眉飞色舞,口若悬河。即使林先生等人向小许提出批评后,他仍然我行我素,并声称为了生存而迫不得已。林先生感觉小许根本不是导游员,而是一个货真价实的导购员,要求旅游管理部门对小许的行为予以批评教育、严肃处理。

纠纷防范与应对

导游员接受旅行社的委派,其职责之一,就是为旅游者提供讲解服务,讲解服务是构成导游员(领队)服务的重要内容。在旅游服务投纠纷中,导游员(领队)的讲解服务经常为旅游者诟病,旅游者认为导游员(领队)不负责任,要求旅游管理部门严厉惩罚导游员(领队)。

一、有关导游员(领队)讲解服务的法律规定

1.《导游人员管理条例》规定,导游人员进行导游活动时,应当向旅游者讲解旅游地点的人文和自然情况,介绍风土人情和习俗;但是,不得迎合个别旅游者的低级趣味,在讲解、介绍中掺杂庸俗下流的内容。

2.《中国公民出国旅游管理办法》规定,旅游团队领队应当向旅游者介绍旅游目的地国家的相关法律、风俗习惯以及其他有关注意事项,并尊重旅游者的人格尊严、宗教信仰、民族风俗和生活习惯。

二、讲解服务纠纷类型

1. 导游员(领队)不讲解或者讲解少。导游员(领队)必须向旅游者详细介绍旅游目的地的景点、民俗等基本内容,这既是旅游法规的规定,也是旅游服务规范的要求。但现在有些旅游者经常反映,导游员(领队)在整个行程中不认真讲解,他们的参团旅游,似乎和普通旅游者一样,只是参与游览项目,除此以外,

别无其他内容，导游员（服务）人员的职责无从谈起。

2. 导游员（领队）讲解内容不符合规定。旅游者常常抱怨，少数导游员（领队）不仅不制止地接社导游员不合规范的讲解，而且为了迎合一些旅游者的不良需求，讲解内容低级下流，更有甚者，讲解中夹杂着含有黄赌毒内容、有损国家利益和民族尊严内容，或者是怂恿旅游者参与违背我国法律规定的服务项目。

3. 导游员（领队）讲解时只对购物和自费项目感兴趣。最令旅游者不能接受的是，为数不少的导游员（领队）对景点介绍较为漠然，却十分热衷向旅游者推荐购物和自费项目。一提起购物或者自费项目，导游员（领队）总是滔滔不绝，充分调动旅游者的购买和参与的欲望。对于导游员（领队）态度的突然转变，旅游者更多的抱有戒心和抵触，越是导游员（领队）推荐的项目，旅游者越是认为有陷阱，尽可能不配合。

三、讲解服务纠纷产生的原因

1. 导游员（领队）准备不足。导游员（领队）希望讲解服务得到旅游者的认可，必须至少做好两项准备工作，第一，导游员（领队）必须对旅游线路有全面综合的掌握；第二，导游员（领队）应当对旅游者的背景资料有详尽的了解，并根据不同的旅游者需求，对讲解内容作适当的调整。而现在有些导游员（领队）自视甚高，在出团前根本不做准备，讲解内容永远是千篇一律，不管是否适合旅游者的需求。

2. 导游员（领队）的生存现状不乐观。平心而论，导游员（领队）的生存现状并不令人满意，尤其是旅游热点城市的导游员（领队），其基本生活条件没有得到保障，许多导游员（领队）在带团过程中，不仅不能获得劳动报酬，反而要向旅行社交纳人头费。在这样的环境下，导游员（领队）对于购物和自费项目的热衷也就不足为奇了。当然，不论导游员（领队）生存现状如何，既然已经从事这个职业，就必须认真履行职责，为旅游者提供满意的讲解服务。

3. 导游员（领队）缺乏服务意识。导游员（领队）的职责就是为旅游者提供服务，这些服务自然也包括推荐自费项目和购物。从这个意义上说，导游员（领队）的讲解服务和推荐购物与自费项目并不矛盾，相反，只要导游员（领队）认真讲解，热情服务，感动旅游者，可以在不知不觉中获得利益。而部分导游员（领队）只注重购物和自费，疏于讲解，就是服务意识缺乏的表现。

四、导游员(领队)讲解服务纠纷处理的基本原则

1. 导游员(领队)不讲解或者讲解少,按照有关规定,旅行社应当退还双倍的导游费;导游员(领队)讲解内容违反我国相关法律规定,导游员(领队)和所在旅行社应当受到行政处罚。如此处理结果,固然符合相关规定,但由于赔偿额度很低,旅游者往往难以接受,所以,旅行社实际上会为此承担较大的赔偿责任。

2. 对于导游员(领队)的上述处理,虽然有一定的作用,但威慑力有限。要解决导游员(领队)讲解服务纠纷,除了强化对导游员(领队)的培训、提升他们的职业道德和能力之外,最重要的是要为导游员(领队)解决生活上的后顾之忧,即必须解决导游员(领队)的薪酬机制,从源头上解决导游员(领队)的基本生活保障,给导游员(领队)创造良好的工作环境,否则会永远停留在治标不治本的阶段。

24 导游员(领队)服务疏失引起的纠纷

案例导入

某旅行社组织了一个长白山旅游团,委派导游员魏某作为全程导游随团服务。当时时间为初秋,山下气候宜人,由于导游魏某没有及时了解长白山上气候情况,当旅游团将要登览天池的前一天晚上,有些旅游者问及魏某"上天池是否要添加衣物,以防天气变化"时,魏某仅凭多次在这个季节上天池的经验,告诉旅游者不必多添衣物,以便轻装上山。次日,该旅游团在魏某及地陪的引导下上了天池。不料,天气突然变化,天降大雪,气候骤然下降,魏某急忙引导该团下山,但由于该团有些客人未带衣帽围巾等御寒之物,致使不少人耳、鼻及手脚严重冻伤,其中4人经医院诊断为重度冻伤。为此,该团旅游者投诉导游员魏某,要求魏某承担医治冻伤等费用,并赔偿因此造成的损失。魏某所属旅行社接到此投诉后,认为此次冻伤事故是由于魏某工作失误所致,责令其先行向旅游者赔偿。

纠纷防范与应对

导游员(领队)服务是旅行社最为重要的服务,也是旅行社最具魅力的服务;是能够为旅行社获得社会声誉的重要载体,同时又是经常为旅游者诟病的热点。由于导游员(领队)自身工作疏失,直接导致旅游服务质量的降低,引发旅游者投诉的案例占据相当的比例。只有导游员(领队)自身服务工作得到加强,旅行社服务质量才可能得到明显的提升。

一、有关导游员(领队)服务的相关规定

有关导游员(领队)的服务规范,主要有两个方面的内容应加以详细规定,即有关旅行社规范服务的法规、规章和服务标准。前者如《旅行社条例》、《导游人员管理条例》等,后者如《导游服务质量》、《旅行社出境旅游服务质量》等。这些规定和标准,是导游员(领队)对客服务的基本要求,也是导游员(领队)提升服务水平的基础。

二、导游员(领队)服务疏失原因

1. 导游员(领队)没有严格按照规定执行。导游员(领队)为旅游者提供服务,不仅仅是服务业性质所决定的,也是《导游人员管理条例》等法规、规章及标准的要求,是导游员(领队)的法定职责。但在服务过程中,少数导游员(领队)强迫或者变相强迫旅游者参加自费项目、在旅游者购物时与商家联手欺骗旅游者等,违反了相关法律规定。

2. 导游员(领队)没有按照合同约定履行义务。既然合同签订后,旅行社和旅游者就有义务严格履行,违约方必须承担违约责任。作为旅行社法定义务的具体实施履行者,导游员(领队)应当按照合同约定为旅游者提供服务,而不能擅自更改旅游合同。有些旅行社只想管住服务项目不能减少即可,而竟然允许甚至是放任导游员(领队)更改行程的行为;少数导游员(领队)总是错误地认为,在旅游团队的行进中,可以按照自己的意愿,随时调整行程,而不必考虑是否会导致违约行为的发生。

3. 导游员(领队)缺乏服务意识。拥有导游证或者领队证,并不必然意味着

服务意识的获得。只有经过不断磨炼和学习，导游员（领队）具备了自主服务和主动服务意识，才可以说他们真正具有了服务意识。但令人遗憾的是，相当一部分导游员（领队）缺乏服务意识，在旅游途中总是忘记自己的身份，参观游览的兴趣甚至超过旅游者。当然，导游员（领队）热衷于购物和自费消费项目而缺乏服务，其终极原因，就是目前不容乐观的旅行社不规范的经营模式，及其导游员（领队）较为艰难的生存现状。

4. 导游员（领队）业务生疏或者过于自信。刚入门的导游员（领队）缺乏实战经验，掌控团队的能力较弱，即使主观非常努力，难免容易出现工作失误；业务较为熟练的导游员（领队），有时由于过于自信，出团前没有做好充分准备，同样也容易出现工作纰漏。

三、预防导游员（领队）服务疏失的对策

1. 强化业务培训。旅游者出游方式的多元化，旅游目的地开放步伐加快，突发事件超乎旅行社的掌控，这些社会现象的产生，对于旅行社是严峻的考验和挑战，旅行社对新入门的和经验丰富的导游员（领队）培训显得尤为重要。

2. 强化外部监管。一方面，旅游管理部门要加强对导游员（领队）违法违规行为的查处力度，迫使导游员（领队）为旅游者提供规范的服务；另一方面，旅游管理部门还必须联合相关管理部门，净化旅游行业经营氛围，为导游员（领队）营造良好的竞争环境。

3. 强化内部奖惩。不论是强化业务培训，还是强化外部监管，都必须转化为旅行社的内部管理，才能真正发挥其应有的作用，才能有利于旅行社服务质量的提高。

四、导游员（领队）服务疏失纠纷处理的基本原则

1. 导游员（领队）服务行为是职务行为。通常情况下，在旅游途中导游员（领队）所有的服务行为，都应当被认为是按照旅行社的指令实施的，该行为代表了旅行社法人的行为，也就是所谓的职务行为，而不是导游员（领队）的个人行为。当然，如果导游员（领队）所犯错误，与服务工作本身没有关联性，该行为属于导游员（领队）的个人行为，和旅行社无关。

2. 旅行社必须为导游员（领队）服务疏失承担责任。就像旅行社享受了导游员（领队）给旅行社带来正面成果一样，也必须承担导游员（领队）可能带来

的负面后果，也就是说，导游员（领队）的违约行为的后果应由旅行社直接承担，这是作为法人所义不容辞的责任。

3. 旅行社按照约定或者法律规定追偿。导游员（领队）没有按照约定提供服务，直接承担后果的是旅行社，但是旅行社可以通过合同约定或者法律规定，对导游员（领队）进行追偿，最终由导游员（领队）自己来承担不利后果；旅行社并可以对导游员（领队）实施额外的处罚。这样的追偿纯粹是内部制度，不能替代旅行社首先要向旅游者赔偿的原则。

25 导游员（领队）保管服务引起的纠纷

案例导入

某国际旅行社组团赴北方某著名景点旅游。在游览过程中，一位旅游者吴小姐在上洗手间前，临时将随身携带的背包交由地陪保管。在此期间，地陪疏忽大意，竟然丢失了这个背包。吴女士声称她的背包内有现金5000元，还有信用卡等物。吴女士要求地陪赔偿共计人民币6000元，组团社也要求地陪按照旅游者要求全额赔偿。地陪以吴女士证据不足为由，拒绝赔偿。组团社给地接社施加压力：假如地陪不给吴女士全额赔偿，以后团队不再交给该地接社接待，而且旅游者的损失费用要从团款中扣除。在组团社和地接社的共同施压下，地陪只能屈服，最后给予吴女士全额赔偿。赔偿过后，地陪向旅游管理部门表达了他愤愤不平的心情。

纠纷防范与应对

临时为旅游者保管行李物品，是导游员（领队）经常提供的服务内容之一。尽管法律对于保管服务有明确的规定，但导游员（领队）和旅游者对于这些法律规定缺乏了解，在为旅游者提供保管服务时，或者是由于导游员（领队）的疏忽，或者是由于旅游者的大意，旅游者在取回行李物品时，发现行李物品损坏或者灭失，要求导游员（领队）承担赔偿责任，保管服务纠纷随之发生。

一、有关保管服务的法律规定

1.《合同法》第 374 条规定，保管期间，因保管人保管不善造成保管物毁损、灭失的，保管人应当承担损害赔偿责任，但保管是无偿的，保管人证明自己没有重大过失的，不承担损害赔偿责任。

2.《合同法》第 375 条规定，寄存人寄存货币、有价证券或者其他贵重物品的，应当向保管人声明，由保管人验收或者封存。寄存人未声明的，该物品毁损、灭失后，保管人可以按照一般物品予以赔偿。

二、导游员（领队）保管服务形式

1. 在行进过程中的保管服务。在旅游团队服务期间，旅游者随时可能要求导游员（领队）提供保管服务，正如上述案例中提及的那样，旅游者要求导游员（领队）临时帮助看管随身携带的行李物品。由于导游员（领队）主要的职责是为全体旅游者服务，是否提供这样的帮助，导游员（领队）应当慎重对待。

2. 在候机过程中的保管服务。在机场等候前往旅游目的地，或者在机场等候返回出发地，由于有较为充裕的时间，旅游者经常会把行李物品堆放在一起，要求导游员（领队）帮助看管。导游员（领队）可以根据自己的工作实际，决定是否帮助旅游者看管行李。

3. 旅游者遗失物品的保管服务。旅游者在旅游目的地遗失的物品被找回后，旅行社会委托本公司其他导游员（领队）保管并带回。在此期间，导游员（领队）应当认真履行保管义务，如果保管不慎，导致财务损失将承担相应的责任。

三、预防保管服务纠纷的对策

1. 慎重帮助旅游者保管行李物品。不论是《导游服务质量》还是《旅行社出境旅游服务质量》等服务标准中，都是仅仅要求导游员（领队）协助旅游者将行李放在指定位置，与领队、全陪核对行李件数无误后，移交给行李员；为旅游团队办妥乘机和行李托运的有关手续，而没有导游员（领队）必须帮助旅游者保管行李物品的规定。因此，当旅游者要求保管或者看管行李物品时，导游员（领队）要慎之又慎。

2. 贵重物品或有价证券的保管必须事先说明。按照法律规定，旅游者将行李物品交由导游员（领队）保管时，应当事先说明行李物品中是否有贵重物品和有价证券，并作当面清点查验。如果旅游者没有事先说明，导游员（领队）仍然应当要求旅游者事先说明是否有贵重物品。最为稳妥的办法是，导游员（领队）请旅游者把贵重物品和有价证券随身携带，以免行李丢失后产生不必要的麻烦。

四、导游员（领队）保管服务纠纷处理的基本原则

1. 导游员（领队）必须掌握一定的法律知识。导游员（领队）为旅游者提供周全的服务固然十分重要，这是导游员（领队）最为重要的工作职责，不能为旅游者提供优质的服务，谈其他要求未免舍本逐末。但在为旅游者提供服务的同时，导游员（领队）必须了解和掌握一定的法律常识，严格按照法律法规规定履行义务，提高自我保护意识，维护自身的合法权益。

2. 导游员（领队）必须为自身过错承担责任。导游员（领队）可以为旅游者保管行李，也可以拒绝为旅游者保管行李，主动权在导游员（领队）自己。但如果已经承诺为旅游者保管行李物品，一旦发生行李物品损坏或者灭失情况，只要损害的发生可以归责于导游员（领队）的过错，如旅游者交付给导游员（领队）保管的手提包被丢失；如旅游者的贵重物品或有价证券已被清点查验过，导游员（领队）就必须为此承担赔偿责任。

3. 导游员（领队）责任赔偿承担的减轻。第一，导游员（领队）的保管是无偿的，且能够证明自己没有重大过失的，不承担损害赔偿责任。毫无疑问，导游员（领队）的保管肯定是无偿的，但要证明自身没有重大过失，显然有一定难度，所以不需要承担责任的概率仍然较低。第二，贵重物品或有价证券没有事先说明的，导游员（领队）可以按照一般物品予以赔偿。贵重物品或有价证券的事先说明，不仅适用于保管服务，也适用于行李物品的航空托运；旅游者没有事先说明，就可以减轻导游员（领队）的赔偿责任。

服务收费纠纷篇

旅行社作为企业，向旅游者收取服务费用是其一项基本权利，也是其为旅游者提供服务的基本动力。按照我国现有法律法规的规定，我国旅游服务收费，既不属于国家定价范畴，也不属于国家指导价范畴，而是属于市场调节范畴。旅行社的服务收费，可以根据经营成本、市场需求和品牌战略等综合因素，确定收费的标准和数额。旅游者对于旅行社的收费行为本身基本没有异议，但对于旅行社在收费时出现的同团不同价、对老年人等特殊群体收取年龄(职业)差别费、强行收取出境游小费等事项颇多微词。事实上，同团不同价恰恰是市场调节价的具体表现，也是旅行社自主收费的必然结果，旅游者不能因为收费较高而要求旅行社退还差价；而年龄(职业)差别费，则是对于年龄(职业)的歧视，旅行社不仅必须退还差别费，而且还会受到相应的行政处罚；收取出境游小费的确符合国际惯例，但领队收取小费的时间和方式有瑕疵，支付的方式也欠透明，有待进一步完善和提高。

26 旅游收费问题引起的纠纷

案例导入

耿先生及其家人报名参加旅游，旅行社业务员告诉他们，每人旅游费用2400元，该价格已经是优惠价了，不能再打折。耿先生按照业务员的要求全额交纳了旅游费用。在旅游途中，耿先生得知同团旅游者的价格高低不一，最高的2600元，而低的有2100元的。面对同样的线路、同样的服务，同一旅行社组团，但价格相差很远，耿先生等难以接受。旅游行程结束后，耿先生等旅游者一同来到旅行社，要求退还差价。旅行社则认为，收取旅游团款是旅行社的权利，旅行社可以根据经营需要确定价格。双方不能达成一致，于是将问题提交给旅游管理部门。旅游管理部门认为，旅行社履行了明码标价的义务，旅游价格是双方协商一致的结果，可以不退还团款差价。

纠纷防范与应对

在旅游合同关系中，向旅行社交纳旅游团款是旅游者的义务，享受合同约定的各项服务是旅游者的权利；与此相对应的是，向旅游者收取旅游团款是旅行社的权利，为旅游者提供合同约定的服务是旅行社的义务。目前，不论是出境旅游，还是国内旅游，旅游团款总体走低的趋势较为明显。

一、关于旅游收费的法律规定

1.《价格法》规定：国家实施并逐步完善宏观经济调控下，主要由市场形成价格机制。价格的制定应当符合价值规律，大多数商品和服务价格实施市场调节价。市场调节价，是指由经营者自主制定，通过市场竞争形成价格；经营者定价，应当遵循公平、合法和诚实信用的原则；经营者定价的基本依据是，生产经营成本和市场供求状况。

2.《旅行社条例》要求,旅行社在旅游合同中明确旅游者应当交纳的旅游费用及交纳方式;明确需要旅游者另行付费的项目及价格;未经旅游者同意,旅行社不得在旅游合同约定之外提供其他有偿服务。

3.《最高法审理旅游纠纷若干规定》明确指出,旅游者要求旅游经营者返还下列费用的,人民法院应予支持:第一,因拒绝旅游经营者安排的购物活动或者另行付费的项目被增收的费用;第二,在同一旅游行程中,旅游经营者提供相同服务,因旅游者的年龄、职业等差异而增收的费用。

二、旅游者认为旅游收费存在的问题

1. 旅游者认为应当退还"多收的"团款。(1)"同团不同价",旅游者经过比较发现,虽然参加同一个旅游团,但每一个旅游者的旅游价格有高有低,交纳较低团款的旅游者当然很高兴,但交纳较高团款的旅游者认为,和其他旅游者接受了旅行社完全相同的服务,组团的旅行社又是同一家,旅行社向他收取了更高的价格不公平,旅行社应当退还"差价"。(2)同一线路同样的服务,不同旅行社价格不同。有些旅游者在行程结束后,通过和其他旅行社同时段同线路比较,只要他交纳的旅游团款高于其他旅行社,旅游者心理就难以平衡,认为旅行社的价格中存在"暴利",旅行社就应当退还"差价"。

2. 旅游者认为旅游广告价格有欺诈嫌疑。通常情况下,旅行社刊登旅游广告,对旅游线路和价格只作简单的介绍,比如说旅行社刊登"北京双飞 6 日游每人 2000 元"的广告,然而,当旅游者到旅行社报名时,旅行社会要求旅游者额外交纳一些费用,旅游实际价格与广告不尽相同,旅游者对此不满。

3. 旅游者认为旅行社强迫收取旅游费用。在旅游操作实务中,旅行社及其从业人员基本上均向旅游者推荐自费项目,甚至有强迫或者变相强迫现象,如在旅游合同或者口头约定,旅游者"必须"参加多少价格的自费项目,旅游者认为旅行社操作不规范。

4. 旅行社向旅游者收取差别费。现在一些旅行社因为旅游者的职业、年龄等不同,要求旅游者额外交纳旅游费,如旅游者年龄超过 60 周岁,就必须在旅游团款之外再交纳 1000 元费用;旅游者是未成年人,也必须交纳全额团款,但却不能享受与成年旅游者同等的待遇。

三、旅游收费纠纷处理的基本原则

1. 关于“同团不同价”的投诉，只要旅行社做到事先明码标价，旅游者在接受该旅游价格前没有受到误导或胁迫，旅行社的收费行为应当被认定为合法有效。理由是，旅游服务价格属于市场调节价，其价格由旅行社根据经营成本和市场供求状况自行决定。旅游者接受的价格是旅游合同双方当事人讨价还价的结果，旅游管理部门不应当进行干预。基于这一理由，同一线路同一时段，不论是同一家旅行社，还是不同的旅行社，只要旅行社确定价格行为合法，旅游管理部门不能要求旅行社将“差价”退还给旅游者。当然，尽管旅行社的做法不违法，但其直接后果是导致旅游者心理难以平衡，也可能给日后旅游者的投诉埋下隐患。从旅行社经营管理来说，旅行社为了树立品牌和形象，确定旅游价格必须慎之又慎。

2. 旅行社旅游广告的违法行为，其主管部门为当地工商行政管理部门，按照《广告法》和《旅行社条例》的规定，由工商管理部门予以查处。

3. 旅行社强迫或者变相强迫旅游者参加项目，旅游管理部门应责令旅行社全额退还旅游者交纳的费用；同时按照《旅行社条例》的规定，对旅行社实施行政处罚。

4. 旅行社收取差别费行为违法，旅行社应当向旅游者全额退还所收费用，并接受旅游管理部门的行政处罚。

27 旅游者要求退还全额团款纠纷

案例导入

谢小姐等16名旅游者参加了杭州某旅行社组织的海南三亚纯玩双飞5日游。谢小姐就旅游行程和旅行社进行探讨，双方协商修改了部分行程。旅游合同的主要调整和修改原则为：一天只玩一个景点，以休闲放松为主。在旅行社为谢小姐提供的行程中注明注意事项：旅行社在不降低服务标准及不减少景点的前提下，有根据实际情况对线路作合理调整的权利；如遇到天气、航空公司及酒店调价等不可抗力因素,旅行社保留解释权。谢小姐等旅游者到达三亚后,地陪以旅游景点同方向为由,未征求客人意见,把前2天的行程压缩为1天,使得客人疲于奔命,而最后整整一天只能在客房内无所事事。回到杭州后,谢小姐要求旅行社退还全额团款,而旅行社只答应退还多收的门票费用。经旅游管理部门调解,双方达成协议,旅行社一次性补偿谢小姐600元。

纠纷防范与应对

少数旅游者结束旅游行程后,以旅游服务存在质量问题为由,习惯性地向旅行社提出赔偿要求,而且往往是要求旅行社退还全额旅游团款,有时旅行社真的按照旅游者提出的要求进行赔偿,向旅游者全额退还旅游团款。一些旅行社为此专门设立所谓的"黑名单",谢绝列入"黑名单"的旅游者再次参加本社旅游。旅行社声称,如此操作也是迫不得已。

一、旅游合同赔偿的法律规定

《合同法》规定,当事人一方不履行合同义务或者履行合同义务不符合约定,给对方造成损失的,损失赔偿额应当相当于因违约所造成的损失,包括合同履行后可以获得的利益,但不得超过违反合同一方订立合同时预见到或者应当预见到的因违反合同可能造成的损失。

二、旅行社降低服务质量类型

1. 增减服务项目。旅行社擅自增加服务项目包括增加购物次数和时间、增加自费项目等,减少服务项目以漏游景点最为典型,这是旅游者投诉的热点所在。

2. 降低服务标准。如果说擅自增减服务项目为"刚性"问题的话,那么降低服务标准就是"柔性"问题。旅行社虽然提供了住宿、餐饮、讲解、交通等服务,但其服务标准被大打折扣,给旅游者造成很大困扰。

三、旅行社如何应对旅游者的赔偿要求

1. 旅行社必须提升服务品质。旅行社必须制定合理的旅游线路,严格按照

合同约定，为旅游者提供服务，同时旅行社必须严格掌控服务供应商的服务品质，不让极个别的旅游者有机可乘，这是解决问题的关键所在。旅行社与其制作旅游“黑名单”，还不如把精力放在提升服务质量上；如果旅行社服务质量存在不足，也难怪旅游者要提出赔偿要求。

2. 旅行社必须积极承担赔偿责任。既然服务质量已经发生问题，旅行社就应当积极主动和旅游者协商，尽快就赔偿事宜达成协议。而不能像有些旅行社那样，面对旅游者合理的赔偿要求，采取消极躲避和拖延战术，把小投诉激化成大矛盾，不利于服务纠纷的妥善解决。

3. 旅行社不能过分迁就旅游者。不可否认的是，在广大旅游者的群体中，难免会有所谓难缠的旅游者，这种现象也属于正常的范畴内。旅行社除了提升服务意识，积极履行赔偿义务外，还必须坚持原则。极个别的旅游者处心积虑地要求全额返还旅游团款的要求能够得逞，且屡试不爽，责任还是旅行社自身过于迁就旅游者。

四、旅游者要求退还全额团款纠纷处理的基本原则

1. 在赔偿纠纷中，旅行社与旅游者法律地位依然平等。旅行社与旅游者法律地位的平等，不仅仅体现在签订合同和履行合同过程中，而且也体现在赔偿损失的谈判全过程中。如果任意要求旅行社全额返还旅游团款，也就是说意味着将加重旅行社的赔偿责任，旅行社承担了双重费用：旅行社不仅承担了违约赔偿，而且还退还了旅行社没有违约且已经发生的费用，这违反了公平原则。

2. 旅行社必须为自己的违约或者侵权承担全额赔偿的责任。不论旅行社违约行为或者侵权行为有多严重，给旅游者造成了多大的损失，旅行社应当做的是给予旅游者全额赔偿，即使赔偿费用大大高于旅游者交纳的旅游团款，旅行社也是责无旁贷，而不能坚持以全额旅游团款为限。所以，在实际赔偿纠纷的处理中，旅行社支付给旅游者的赔偿金或补偿金，大多数低于旅游团款，有时也高于旅游团款，但这笔赔偿费用不能定性为全额返还旅游团款。

3. 旅行社的赔偿必须以旅游者的直接损失为限。按照本书“一”中所述《合同法》中有关赔偿的法条规定，旅游者是否应当得到赔偿，主要依据是旅行社的违约行为是否给旅游者造成了实际损失。该法条实质是体现了补偿性原则，即旅行社赔偿旅游者的损失额度，相当于旅行社违约行为给旅游者造成的实际

损失。同时,由于旅游合同不同于其他合同,履行合同后旅游者能够获得经济利益,因此,旅游合同的赔偿局限于合同约定的服务内容,即使旅游者提出由于行程延误,导致他不能及时签订商务合同,旅行社也不承担间接损失的赔偿。

4.旅行社产品的特殊性,决定了全额返还旅游团款的不可行。一方面,旅游赔偿必须遵循补偿性原则,决定了旅游赔偿的必须是"就事论事",而不是无限扩大;另一方面,旅行社产品由"吃住行游购娱"六要素组成,六要素之间各自独立,不能把它们视为有机整体,旅游服务的哪一个环节出现了违约,旅行社应当就"这一个环节",而不是"另一个环节",或者是整个旅游产品进行赔偿。如旅行社安排的饭店档次下降,旅游者有权要求旅行社就饭店的违约给予赔偿,而不能因此要求旅行社全额返还旅游团款。

28 旅游者要求双倍返还全额团款纠纷

案例导入

黄金周期间,某旅行社组织游客赴北京旅游,业务员口头承诺洪先生,飞机起飞时间为10月1日晚上9时,后又变更晚上11时35分;9月24日,明确飞机起飞时为10月2日零时15分。业务员在与洪先生签订书面旅游合同时,仍然约定起飞时间为11时35分。洪先生要求必须包含参观毛主席纪念堂,旅行社也予以书面确定。而事实上最后由于当日毛主席纪念堂不对外开放,洪先生没能进入纪念堂,仅仅是参观了纪念堂的外貌。洪先生认为旅行社存在欺诈,要求旅行社双倍赔偿。而旅行社仅仅愿意承担违约责任。旅游管理部门调查后得知,航班时间的确是业务员的操作失误,而旅行社事先知道纪念堂不对外开放,却没有告知旅游者。据此判定,旅行社在航班时间过错中应承担违约责任,同时降低纪念堂参观标准应当承担欺诈责任,应向洪先生做出双倍赔偿。

纠纷防范与应对

要求旅行社退还全额旅游团款，是部分旅游者结束旅游行程后，向旅行社提出的索赔请求，理由是旅行社没有按照旅游合同约定提供服务。

一、关于欺诈的法律规定

1.《消费者权益保护法》明确规定：经营者提供商品或者服务有欺诈行为的，应当按照消费者的要求增加赔偿其受到的损失，增加赔偿的金额为消费者购买商品的价款或者接受服务的费用的1倍。这就是人们通常所谓的经营者有欺诈行为，应当双倍返还费用的法律来源。

2. 最高人民法院《关于贯彻执行〈中华人民共和国民法通则〉若干问题的意见》规定，一方当事人故意告知对方虚假情况，或者故意隐瞒真实情况，诱使对方当事人作出错误意思表示的，可以认定为欺诈行为。

二、欺诈行为的构成要件

按照上述法律规定，旅行社欺诈行为构成必须同时满足四个条件，缺一不可：

1. 旅行社具有欺诈的故意。旅行社必须具有主观故意，明知向旅游者承诺的服务不可实现，或者旅游目的地根本不存在合同约定的服务项目或者设施，仍然向旅游者作出承诺，即所谓的虚构事实，或者隐瞒真相。如果旅行社没有主观故意，而是对旅游目的地的情况不了解，只能说旅行社的工作不扎实，不能认定旅行社欺诈。当然，在此情况下，旅行社的非主观故意应由旅行社举证，旅行社不能完成举证责任，也应当认定旅行社有主观故意。

2. 旅行社实施欺诈行为。旅行社的欺诈必须要有具体的行为，而不能仅仅停留在主观想象中。旅行社必须把主观欺诈故意付诸实施，旅行社刊登欺诈行为广告，并和旅游者签订旅游合同，向旅游者收取旅游团款，至此，旅行社的行为满足了欺诈行为的部分条件。

3. 旅游者因欺诈而陷入错误。简单地说，就是旅游者对于旅行社的欺诈行为事先毫不知情，旅游者之所以和旅行社签订旅游合同，主观上认为旅行社的承诺真实可信，是旅行社的行为误导旅游者的判断。如果旅游者知道旅行社有主观故意，或者对旅游目的地情况了如指掌，即使旅行社作出了承诺，旅游欺诈仍然不能成立。

4. 旅游者因错误而作出了意思表示。同样，旅游者尽管受到欺诈或者误导，如果也只是停留在主观判断层面，旅游者也很难被认定受到欺诈。只有当旅游者在受到误导的前提下，且采取了相应的行为，如和旅行社签订了旅游合同，旅游者才真正成为旅行社欺诈的受害者。

三、欺诈与违约的异同

1. 欺诈与违约的共同之处在于，旅行社都存在主观上的过错，或者是漏游了景点，或者是降低了服务标准，都没有按照合同约定为旅游者提供服务，造成旅游者合法权益的损害，损害结果具有一致性。

2. 欺诈与违约的不同之处在于，欺诈不仅有主观的过错，更主要的是具有主观故意，对于损害的发生事先可以预料，且有意隐瞒；而违约仅有主观的过错，如对供应商的监管失控，但没有主观故意，事先认为旅游合同可以得到全面履行，旅游者权益不会遭受损害。

四、旅游者要求双倍返还全额团款(欺诈)纠纷处理的基本原则

1. 对旅行社损害旅游者权益行为的定性。旅行社服务纠纷发生后，首先要对照欺诈行为构成四要件，确定旅行社的行为属于违约、侵权还是欺诈，然后根据纠纷性质确定赔偿原则和方案。

2. 双倍赔偿是补偿性原则的例外和补充。在我国民事纠纷的赔偿中，补偿性原则是常态，双倍赔偿等惩罚性赔偿原则为例外和补充。如果定性为违约或者侵权，旅行社按补偿性原则给予赔偿，如果定性为欺诈，旅行社要承担惩罚性的赔偿。通常情况下，旅游纠纷绝大多数属于违约范畴，属于侵权的大多为人身和财产损害，能够划入欺诈范围的所占比例极低。

3. 旅游欺诈应当剔除已经实际发生的实际费用。从理论上说，只要旅行社欺诈行为一经查实，旅行社必须按照上述规定，给予旅游者双倍赔偿。但在具体实施双倍返还旅游费用时，应当考虑到旅行社已经为旅游者提供服务所必须支出的费用，也就是说，虽然旅行社必须双倍赔偿，但已被旅游者消费的部分费用必须剔除，否则对旅行社不公平。

4. 旅行社欺诈赔偿必须是就事论事。和旅游者提出全额返还旅游团款处理原则一样，如果旅游服务所有环节都存在欺诈，而且旅游服务尚未开始，旅行社必须按照全额旅游团款的双倍赔偿；如果旅游服务的某个环节存在欺诈，旅行社必须就这个环节的欺诈给予赔偿。

29 交纳出境游保证金引发的纠纷

案例导入

安女士到旅游管理部门投诉，她和家人参加了某旅行社组织的欧洲11日游。按照旅行社的要求，在交纳旅游团款的同时，还向旅行社交纳了共计15万元的保证金，业务员小张表示，只要安女士按时随团返回，在3个工作日内全额返还15万元保证金。旅游行程结束后，小张一直以各种借口拖延了3个月，仍然不返还保证金。安女士向旅行社反映，旅行社说这是小张的个人行为，旅行社可以帮助催促，但不能替小张还钱。旅游管理部门了解情况后，要求旅行社尽快全额返还保证金，旅行社也是采取拖延战术。安女士不得以将旅行社告到法院，法院判决旅行社全额返还保证金，并支付同期银行利息。

纠纷防范与应对

为了规避经营风险，遏制少数旅游者发生滞留不归现象，组团旅行社和旅游者达成协议，旅游者除交纳旅游团费外，还必须向组团旅行社交纳一笔数额较大的“保证金”，旅游者按期返回后，组团旅行社全额返还保证金。组团旅行社的出发点固然可以肯定，但实际取得的效果并不尽如人意。

一、出境游保证金的内涵

所谓出境游保证金，是指境内组团旅行社在组织旅游者出境旅游时，为了防止旅游者滞留不归行为，要求旅游者在出团前向组团旅行社交纳一定数量的现金作为担保。旅游者交纳的这些现金，即为出境游保证金。

二、旅行社是否可以收取出境游保证金

1. 根据《民法通则》、《合同法》等民事法律关系的规定，只要民事主体在平等自愿的前提下，双方就任何民事活动所达成协议，只要该协议不违反法律法规强制性规定，其民事行为都将受到法律的保护。按照"法无明令禁止即可为"的原理，只要组团旅行社在组团招徕过程中将保证金事宜明确地告知旅游者，并在充分协商的基础上，和旅游者达成协议，组团旅行社的行为就属于合法范畴。

2.《中国公民出国旅游管理办法》规定，严禁旅游者在境外滞留不归。这是法律赋予旅游者的法定义务。只要旅游者和组团旅行社签订出境旅游合同后，旅游者必须承担如期回国的义务。该义务既是旅游者必须对国家承担的义务，也是必须对组团旅行社承担的义务。参照《担保法》相关规定，组团旅行社向旅游者收取保证金的行为完全合法，其行为应当受到我国法律的保护。

三、出境游保证金管理中存在的问题

1. 保证金直接汇入业务员个人账户。一些业务员在组团的同时，要求旅游者将保证金直接汇入其个人账户，由业务员自由支配；许多旅游者对业务员的话深信不疑，认为是组团旅行社的操作程序，按照业务员的要求汇款，为业务员个人掌握。在这种情况下，对于业务员的约束主要是个人的操守，缺失制度上的管理，存在较大的风险，有些旅行社对此浑然不知，任由业务员单独作业。

2. 保证金被挪作组团旅行社的流动资金。收取旅游者交纳的保证金后，组团旅行社往往把保证金挪作流动资金，统一使用和管理，旅行社流动资金短缺的现象得到了一定程度的缓解，挪用保证金已经成为许多组团旅行社的"常规"操作。如果旅行社业务保持稳定，问题总是被掩盖，但只要旅行社业务流量减少，旅行社返还保证金就出现问题。

3. 旅游者滞留后保证金处置缺乏制度。目前，大多数旅行社对于保证金的管理不成系统，几乎都处在无序状态中。旅游者滞留后，境外地接旅行社会受到其政府的处罚，该处罚部分由组团旅行社承受，保证金的余款往往被纳入组团旅行社的小金库，成为组团旅行社额外收益。甚至有个别旅行社恶意组织偷渡，收取高额保证金，从中牟取暴利。

4. 出境游保证金数额不确定且较为随意。由于保证金的管理处于起步阶段，旅行社业务员在组团时未能将相关信息及时准确告知旅游者，旅游者对于保证金认知度不高；组团旅行社上至总经理，下至业务员对收取保证金的数额只有底线，至于上限心中无数，随意性较大，在同一个团中收取的保证金高低不一，为旅游者所诟病。

四、组团旅行社应强化对出境游保证金的管理

1. 组团旅行社必须全面建立出境游保证金管理制度。组团旅行社必须建立健全保证金管理制度，与专职和兼职业务员签订书面合同，从制度上规范业务员销售组团行为；同时建立出境游保证金专款账户，确保保证金及时足额进入组团旅行社账户，统一管理，不把保证金纳入流动资金。根据境外地接社所需保证金的不同数额，制定各条旅游线路保证金的数额，制定保证金赔偿办法，按时足额退还旅游者保证金。

2. 加强对出境游保证金书面协议的管理。首先，组团旅行社必须与旅游者签订书面旅游合同，改变现实中仅仅与旅游者达成“君子协定”的现象。其次，规范出境游保证金协议内容。虽然按照法律规定组团旅行社可以向旅游者收取保证金，但组团旅行社必须和旅游者签订规范的书面协议，明确告知旅游者相关事宜，如保证金收取的数额、时间、形式、交纳地点、退还时间及违约责任。如果组团旅行社没有履行告知义务，或者履行告知义务不清晰，或者组团旅行社业务员违规操作，旅游者可以拒绝交纳保证金，组团旅行社也不可以此为由拒绝旅游者参加团队旅游。

30 旅游团款收取数量和方式不同引起的纠纷

案例导入

某旅行社向旅游管理部门抱怨，暑假期间他们公司和当地教师进修学校签订旅游合同，组织老师到北京旅游。学校把旅游团交给该旅行社的条件之一，就是旅行社必须确保旅游团队服务得到完全保证,才可以在返程后一个月内结清团款,否则就要从中扣除学校遭受的损失。行程结束后,有老师认为服务质量有瑕疵,要求旅行社予以赔偿。旅行社认为老师的要价太高,双方不欢而散,学校以此为由拒绝支付剩余的40%团款。旅游管理部门认为,虽然旅行社行业有收旅游团款惯例,但按照现行法律法规的规定,如何收取旅游团款仍然取决于旅行社和旅游者之间的协商。至于解决团款余额纠纷,除了双方协商解决外,只能通过仲裁或者诉讼加以解决。

纠纷防范与应对

在旅游合同签订过程中,旅游者有向旅行社交纳旅游团款的义务,旅行社有向旅游者收取旅游团款的权利。在旅游实务中,为了确保旅游合同的顺利履行,旅游者和旅行社根据各自不同的情况,对如何支付旅游团款有着不同的约定。当旅游纠纷出现后,由于旅游团款支付数量和方式的不同,解决纠纷的原则和方法也不相同。

一、现行旅游团款的收取数量和方式

1. 旅行社一次性收取旅游团款。这种方式最常见于散客直接到旅行社门市部报名参团方式。除了给予旅游者一定的价格优惠外,旅行社当场向旅游者收取全额旅游团款,这也是旅行社最为愿意的收款方式。但总体来说,散客在旅行社的客源中所占比例不高,出团前全额收取旅游团款的概率也不高。

2. 旅行社分期收取旅游团款。由于旅游市场竞争异常激烈,以团体为单位的旅游团在出团前,旅游者在与旅行社签订合同时,旅游者往往要求只支付部分,如百分之五十,甚至更低的旅游团款,用于对旅行社提供服务的制约。旅行社迫于竞争压力,只得答应旅游者的要求。这种收取方式对于旅行社而言存在一定隐患,如果服务品质有瑕疵,旅游者要扣除团款,旅行社会承受高于实际应当承受的损失。

3. 旅行社出团前放弃收取旅游团款。个别旅行社为了争取市场份额,或者为了促销的需要,甚至推出"先旅游、后付款"的承诺,即旅游者不需要支付任何费用,就可以参加旅游团;行程结束后,旅游者再支付旅游团款。在当前旅游者

尚不成熟的情况下，旅行社所冒风险很大，除非旅行社的确有十分的把握，否则该种方式不应当提倡。

4. 旅行社门市网点代为收取旅游团款。一些组团旅行社为了充分占有市场份额，提高自身规模经营效益，广布门市网点，除了设立分社和服务网点外，通过业内委托设立代理社（点），旅游者将旅游团款交纳给这些代理社（点）。旅游团款不仅暂时没有进入组团旅行社的财务，而且门市网点可能会滞后向组团旅行社支付旅游团款，一旦门市网点经营困难，旅行社同样面临收取旅游团款的困境。

二、对旅游团款性质的认定

当旅游者将全部或者部分旅游团款交纳给旅行社后，由于旅行社或者旅游者的原因，可能出现旅游团行程受阻而旅游合同被解除。由于旅游团款的性质不同，处理的结果也大相径庭。目前，旅游者向旅行社交纳的旅游费用名称很多，但大致可以分为两类，即定金、旅游团款或者预付款。除了在合同中明确旅游团款为定金外，其他的旅游团款，包括订金、团款、预付款或者旅游费均属于预付款范畴。

三、对旅游团款纠纷处理的基本原则

由于旅行社收取的旅游团款大部分为“代收代付”服务，出团前不全额收取旅游团款，对旅行社的经营压力很大，因此，我们仍然倡导旅行社能够实施“先收款、后旅游”。

1. 旅行社收取部分旅游团款有一定的风险。根据合同自由的原则，作为平等民事主体的旅行社和旅游者，可以就旅游合同任何内容进行协商，当然也对旅游团款的支付数量和方式进行约定。当双方约定出团前旅行社只收取部分旅游团款，旅行社就应当对可能存在的经营风险有承受能力，假如旅游行程结束后，旅游者拒绝支付剩余团款，旅行社将十分被动。除了双方协商之外，最为有效的方式是民事诉讼，旅行社将旅游者告上法院，但旅行社一般不愿意如此操作，最后只能吞苦果。所以，不论是旅游团款的部分收取，还是全额滞后收取，都不是旅行社收取旅游团款的好模式。旅行社应当在出团前，全额收取旅游团款。

2. 对定金纠纷的处理。《合同法》、《担保法》规定，给付定金的一方不履行约定的债务的，无权要求返还定金；收受定金的一方不履行约定债务的，应当双倍返还定金。这就要求旅行社和旅游者收取或者支付定金前，必须确信自己一定能够按时履行旅游合同，否则将承担较大的风险。《担保法》同时规定，定金的数额由当事人约定，但不得超过主合同标的额的20%。这也就意味着，超出主合同标的额的20%的款项，即使双方明确约定为定金，也只能定性为预付款，而不是定金。

3. 对预付款纠纷的处理。《消费者权益保护法》明确规定，经营者以预付款方式提供商品或者服务的，应当按照约定提供。未按照约定提供的，应当按照消费者的要求履行约定或者退回预付款；并应当承担预付款的利息、消费者必须支付的合理费用。该规定只是强调了旅行社所必须承担的责任，事实上如果旅游者不能按照约定参加旅游团，也要承担相应的责任，业务员在签订旅游合同时，应向旅游者详细说明。

31 出境游收取小费引起的纠纷

案例导入

韩先生偕夫人晚上9点到达杭州萧山国际机场，准备乘坐当晚11时的航班，参加旅行社组织的港澳5日游。在机场准备登机时，领队小葛向他们收取每人每天20元小费，两人共计200元，据介绍是给境外地陪的服务费。旅游团队约定的返程时间为上午8时的航班。在旅游途中，韩先生对地陪的服务很不满意，他们只对推荐商品有兴趣，讲解服务纯粹是应付，远远没有到达要给小费的境地。行程结束后，韩先生对旅行社收取小费提出异议。韩先生认为，既然小费是给地陪的，那么行程开始和结束时，地陪基本就没有提供服务，仅仅是接送而已，而且行程中的服务并不令人满意，所以没有必要支付小费。旅行社的解释没有能够说服韩先生，最后只能退还部分小费。

纠纷防范与应对

随着出境旅游的兴起和发展,普通市民也加入到旅游者的行列中。由于境外旅游目的地法律法规和风俗习惯与我国境内不尽相同,这些差异需要得到合理的解释和引导,否则也容易引起旅游者的误解和矛盾。其中,出境旅游收取小费就经常得不到旅游者的理解,小费的收取和支付不科学、不透明,也成为投诉的热点之一。

一、小费的起源和含义

当前,世界各地特别是西方国家的服务行业较为通行的小费制度,源于18世纪英国伦敦。那时,当地酒店的餐桌上一般都摆着写有“To Insure Promptness”(保证服务迅速)的碗。顾客落座后,将少量零钱放入碗中,就会得到服务人员迅速而周到的服务。后来,这种做法演变成为感谢服务人员而付给的报酬。上面几个英文单词的首字母连起来,就成了“Tip”(小费)。

二、对旅游小费的管理

《导游人员管理条例》第15条规定:导游人员不得以明示或者暗示的方式向旅游者索要小费。只要发现导游人员向旅游者索要小费,一经查实,由旅游行政部门责令改正,处1000元以上3万元以下的罚款;有违法所得的,并处没收违法所得;情节严重的,由省、自治区、直辖市人民政府旅游行政部门吊销导游证并予以公告;对委派该导游人员的旅行社给予警告直至责令停业整顿。但此项规定仅仅针对国内游和入境游,对于出境游小费的管理处于空白。

三、出境旅游小费收取和支付遭质疑的焦点

根据国际惯例,国外旅游服务从业人员大多为自由职业者,没有固定收入,其主要收入之一是旅游者付给他们的小费。领队向出国旅游者收取一定数量的小费,就是代旅游者付给国外接待旅行社的导游员、司机、行李员,以示对他们辛勤劳动的感谢。经过旅行社和领队的解释,旅游者对于支付小费总体没有疑问,但旅游者经常提出的质疑是:

1. 旅游者对于小费收取的计算单位不认可。旅行社现在通行的做法是,以

旅游天数作为收取旅游小费的单位，从表面上看，旅行社的做法似乎没有什么问题，但旅游者的质疑是，旅游团晚上出发，清晨返回，旅游目的地的旅游服务人员并没有给旅游者提供服务，旅游者就不应当支付旅游小费。因而现在旅行社收取的小费超出了实际服务的范围。

2. 旅游者对于领队收取小费的时间不认可。小费是旅游者自愿对提供优质服务的服务人员事后表示谢意的一种通行方式，而现在旅行社通常的做法是事先收取全额小费，旅游者担忧，如果境外导游服务不令人满意，由于领队已经预收小费，领队照样要支付小费，小费的意义和作用就得不到体现。

3. 旅游者认为领队给付小费的方式欠佳。领队会在一站游程将结束时，用一个信封把小费交给导游员。这固然是一种方法，但旅游者有权怀疑，领队是否已将收取的小费足额付给导游员？领队是否克扣了小费？因为领队给付多少小费只有领队和导游员知道，旅游者并不知道。旅游者有理由怀疑，领队是否克扣小费据为己有。

四、出境旅游小费纠纷处理的基本原则

1. 旅行社和领队必须事先作充分地说明和解释。既然小费是出境旅游者一项必须支付的费用，而我国大部分公民没有支付小费的习惯，因此，在旅游者咨询报名阶段，旅行社就应当明确告知小费收取的方式和数量；领队在旅游途中收取小费时，也同样必须作耐心细致的解释工作。如果旅行社强行向旅游者收取小费，这和旅行社强迫收费没有本质的区别，只要旅游者能够举证，旅行社应当退还所收小费。

2. 领队应透明足额支付小费。小费是酬谢境外服务人员的费用，和领队的工作辛勤与否没有关系；领队在支付小费时，只是在行使代理旅游者感谢之情而已。因此，领队在付小费时，一定要注意方法和透明度，更不能克扣小费，据为己有，否则就应以不当得利论处。而事实上，许多领队的确将部分小费据为己有，以完成向公司交纳的人头费，同时为自己赢得收入，其根本原因，是领队的薪酬制度存在严重的缺陷，领队执业期间的生活保障基本没有，何来安心本职工作？

3. 旅游者自己直接支付小费应当得到尊重。由于旅游者对于领队的行为保持高度怀疑，只要地陪服务的确能够打动旅游者，少数旅游者仍然愿意支付小费。如果旅游者坚持自己直接向境外服务人员支付小费，领队既没有理由反对，也没有坚持由领队代收小费模式，更不能在旅游服务中歧视或者刁难这些旅游者。

32 特殊群体服务收费纠纷

案例导入

钱先生为了庆祝父亲70岁生日,准备带领全家参加东南亚旅游。当钱先生到旅行社咨询出游事宜时得知,他父亲超过60周岁,参加旅游团得要额外交纳1000元;他儿子15岁,未成年人参加旅游时必须交纳成人价格,但享受的服务必须打折扣,如旅行社不为他儿子安排床位,只能和父母同住。钱先生询问原因,旅行社称,由于老年旅游者和未成年旅游者在境外的购物和自费项目的消费能力较弱,旅行社接待这些旅游者会亏损。所以这些旅游者必须额外交费,以弥补旅行社经营成本的增加。这样的收费是境外旅行社的要求,而且所有旅行社都是如此操作。钱先生无法接受旅行社的解释,向旅游管理部门投诉。根据相关规定,旅游管理部门要求旅行社改正,并确保此类事件不再发生。

纠纷防范与应对

所谓旅游服务中的特殊群体服务收费,主要是指在组团服务中,旅行社针对某些群体,如老年人、未成年人等,收取旅游广告价格之外的特殊服务费用。老年人等事先对于这些特殊服务收费并不知晓,只有等他们报名参团时,旅行社才告知他们,如果不交纳这些服务费用,旅行社往往拒绝他们参团,老年人等旅游者难以接受。

一、有关特殊群体收费的法律规定

1.《旅行社条例实施细则》规定,同一旅游团队中,旅行社不得由于旅游者存在的年龄或者职业上的差异等因素,提出与其他旅游者不同的合同事项。但旅行社提供了与其他旅游者相比更多的服务,或者旅游者主动要求的除外。

2.《最高法审理旅游纠纷若干规定》中明确，旅游者要求旅游经营者返还下列费用的，人民法院应予支持：第一，因拒绝旅游经营者安排的购物活动或者另行付费的项目被增收的费用；第二，在同一旅游行程中，旅游经营者提供相同服务，因旅游者的年龄、职业等差异而增收的费用。

二、产生特殊群体收费现象的原因

有关特殊群体的收费情况，是近年来出现的怪现状，究其原因有三，

1. 低价竞争直接引发收费的不规范。随着旅行社竞争的加剧，新入门的旅行社在短时间内缺乏吸引旅游者的手段，降价销售成了他们争夺客源屡试不爽的法宝，于是业内所谓的“零团费”、“负团费”应运而生，而旅游者对于旅行社的低价团极为青睐。堤内损失堤外补，旅行社自然想方设法向所谓“无利润点”的群体收取额外团费。

2. 旅行社服务品牌尚未真正形成。低价竞争之所以能够成为旅行社行业重要的竞争手段，最为重要的原因是，旅行社的品牌效应并不明显，旅游者对旅行社的忠诚度和认可度并不高，一些规模较大的旅行社在经营中，也不得不随低价旅行社起舞，说明这些旅行社的社会认可度不高，品牌效应不明显，难以推出品质较优、价格适中的旅游线路。

3. 旅游者理性消费局面远未形成。现在有不少旅游者选择旅行社的唯一标准，就是看旅游线路的价格，他们在选择线路时，不关注服务的品质和档次，只关心服务价格；而在旅游服务过程中，他们又撇开价格，要求旅行社提供高品质的服务，稍有不如意就投诉。

总之，对于特殊群体额外收费，从表面上看是旅行社强迫收费行为，从本质上看是对特殊群体的歧视，是旅游团款不断走低的必然结果。

三、特殊群体收费类型

1. 老年费。旅行社相互达成默契，只要有老年旅游者来报名，旅行社就要求老年旅游者在广告价格之外，额外交纳数额不等的老年费。旅行社收费的理由是，老年旅游者购物能力较弱，不如此收费旅行社就要亏损，否则拒绝参团。

2. 教师费。同样，教师身份的旅游者来报名，旅行社也要求教师交纳额外的服务费，理由是教师过于精明，在旅行社指定的购物店普遍不消费，导致旅行社丧失了获得利润的机会，教师必须为此支付额外的成本。

3. 未成年人费。让人百思不得其解的是，旅行社按照成年人的标准收取未成年旅游者团款，但不给未成年旅游者提供床位。虽然旅行社没有收取额外费用，但其收费的不合理性不言而喻，而在旅行社看来，十六岁甚至是十八岁以下的自然人都为未成年旅游者，他们也缺乏消费能力。

4. 离团费。更令人匪夷所思的是还有离团费，即旅游者到达目的地后，不参加旅行社安排的旅游行程，最主要是不参加旅行社安排的购物和自费项目。旅行社认为，旅游者离开旅游团队，使得旅行社丧失了获得利润的机会，理所当然要给予补偿，离团费便应运而生。

四、特殊群体服务收费纠纷处理的基本原则

1. 旅行社收费必须明码标价，且在实际收取时不得高于广告价。明码标价是旅行社收费的基本原则。旅行社收取特殊群体的服务费用时，如高于旅行社广告价格，且旅游者事先并不知情，则旅行社违反了明码标价原则。

2. 旅行社收取的特殊群体服务费用必须退还。旅行社收取特殊群体服务费用，属于强迫或者变相强迫行为。尽管旅游者可以放弃参团重新选择，但事实上旅行社行业采取了相同的做法，旅游者已无自由选择权。

3. 旅行社的行为必须受到相应的行政处罚。《旅行社条例实施细则》第 54 条规定，对同一旅游团队的旅游者提出与其他旅游者不同合同事项的，由县级以上旅游行政管理部门责令改正，处 1 万元以下的罚款。

旅行社经营管理纠纷篇

旅行社经营管理是其企业文化的外在表现。相对于其他各篇，旅行社经营管理纠纷篇更多关注的是，旅行社宏观管理中存在的纠纷，从纠纷的产生和处理中窥视旅行社的企业文化。旅行社甩团、扣团，表面上看是旅行社之间的债权、债务纠纷外化，事实上反映的是组团旅行社和地接旅行社经营理念的矛盾。就组团旅行社而言，按照合同约定支付旅游团款天经地义，不按约支付旅游团款，就是诚信意识缺失的表现；就地接旅行社而言，不能因为旅行社之间的经济纠纷而殃及旅游者的权益。不论组团旅行社还是地接旅行社，其共同点是企业利益第一，均没有以旅游者利益为本的意识。组团旅行社在寻找服务供应商时，是品质为先，还是价格至上，同样考验组团旅行社的经营理念和智慧。旅游广告通常不属于要约范畴，对旅行社没有很大的约束力，旅行社在实际运作中可以不遵守广告内容，但虚假或者含糊其辞的旅游广告对于旅行社的伤害不言而喻，旅行社是否有清醒的认识成为关键。

33 旅游广告引发的纠纷

案例导入

某国内旅行社组团到某著名景点旅游，旅游广告宣称组团标准2晚3天，有豪华A等、豪华B等旅游团及普通等旅游团，每人的价格分别是1080元、860元和480元。旅游者尹女士根据自己的需要，选择了豪华B等旅游团，并交纳了旅游团款。旅游合同约定，旅游团全程由豪华空调大巴接送，住二星级饭店。但在实际履行合同中，旅游者得到的住宿服务是：第一个晚上住的饭店没有星级，另一个晚上住的客房没有窗户，尹女士乘坐的车辆均为当地景点提供的普通中巴车，并且没有座位。旅游者认为，旅行社提供的服务不仅不豪华，而且连合同约定的服务条件也远未达到。在和旅行社协商未果的情况下，旅游者向人民法院提起民事诉讼，要求旅行社退还全额旅游团款。法院认为，旅行社第一晚住宿有欺诈，判令双倍赔偿。

纠纷防范与应对

旅行社发布旅游广告，其目的就是向普通大众传递旅游信息，是旅行社销售旅游线路的重要手段之一，旅行社门市直接收客与旅游广告息息相关。与此相关的是，由于其内容的含糊甚至虚假，旅游广告也已成为旅游纠纷的热点话题，经常被旅游者投诉。

一、有关部门旅游广告的法律规定

1.《广告法》规定，广告应当真实、合法；不得含有虚假的内容，不得欺骗和误导消费者。

2.《旅行社条例》规定，旅行社向旅游者提供的旅游服务信息必须真实可靠,不得做虚假宣传。

二、旅游广告存在的主要问题

1. 旅游广告用语含混不清。旅行社为了突出旅游线路的独特性、实惠性和享受性,以便引起普通大众的注意,旅行社经常在旅游广告上使用一些语意并不十分确定的词汇,如“豪华游”、“超豪华游”、“贵族享受”等,其结果是在行前拉抬了旅游者的期望值,必然导致旅游者满意度的降低。当旅游者的实际享受与广告存在距离时,必然对旅游广告内容产生质疑。

2. 旅游广告内容与旅游行程不符。除了对于旅游线路做“豪华游”的描绘外,旅游广告会对具体内容作出承诺,如交通工具为正常航班,这对于许多旅游者,尤其是中老年旅游者有较大的吸引力,当旅游者前往报名时,旅行社业务员会告诉旅游者,航班事实上是红眼航班。旅游者认为旅行社不诚信,对此颇多怨言。

3. 旅游广告内容涉嫌欺诈。旅游广告与实际服务相差悬殊时,旅游者会指责旅游广告有欺诈内容。如旅游广告承诺全程住宿四星饭店,事实上所有饭店都没有星级;旅游广告承诺提供海鲜大餐,事实上没有品尝到任何海鲜;旅游广告承诺举办篝火晚会,事实上没有任何娱乐活动。旅游者要求旅行社按照欺诈的规定予以赔偿。

4. 旅游广告低价竞争问题突出。为了迎合部分旅游者的需求,一些旅行社纷纷以低价作为竞争手段。旅游广告的确能够帮助旅行社起到收客的作用,然而低价团队必然导致自费项目和购物的增加,甚至产生强迫消费的现象。旅游者参加这样的旅游团,其总体支出都高于广告价格,这和旅游者的期望相去甚远。

三、减少旅游广告纠纷的对策

1. 旅行社应树立规范服务意识。所谓规范服务,是指不论旅游服务价格的高低,旅行社都能按照已经作出的承诺,全面善意地履行旅游合同。旅行社既不强迫或者变相强迫旅游者消费,也不欺骗旅游者消费,更不降低服务档次和标准,能够及时化解旅游服务纠纷,承担违约责任,确保旅游者的权益不受损害。

2. 旅行社应树立诚信服务意识。旅行社服务应当以诚信为本,在旅游广告的发布中也应如此。按照《合同法》的相关规定,旅行社不一定非要兑现旅游广告内容,旅游者对此也不能进行追究,但旅游广告内容的不规范,必然损害旅行社的品牌和形象,影响旅行社的社会评价,对于旅行社来说绝对是得不偿失。

3. 旅游者应当树立理性消费意识。旅游广告纠纷之所以存在,固然与旅行社的不够诚信有关,但旅游者的非理性消费也起到了非常关键的作用。旅游者一味地贪图旅游价格的便宜,旅行社就用非常低价的广告吸引他们,先让旅游者踊跃报名,然后促使旅游者再次消费。比如对于666元游港澳的旅游广告,旅游者就应当有清醒的认识,但事实上并非如此。

四、旅游广告纠纷处理的基本原则

1. 从民事法律关系看,旅游广告仅仅是要约邀请,而不是要约,严格地说,旅游广告对于旅行社没有约束力,除非旅游广告内容符合要约的规定,或者旅行社明确广告为要约。换句话说,旅行社不必兑现在旅游广告上承诺,不必为旅游广告内容负法律责任。

2. 尽管旅游广告对于旅行社没有约束力,但是,如果旅行社的旅游广告对于旅游者的权益造成了直接的损害,旅行社仍然必须承担相应的法律责任。例如,旅游者对于某旅游线路有兴趣,前往报名时才得知线路已经调整,旅游者不愿意参加新的线路,旅行社就必须为旅游者的交通费用和时间损失承担赔偿责任。

3. 从行政法律关系看,旅行社发布的旅游广告内容不真实,或者有虚假成分,其行政违法性确定无疑。按照我国法律规定,违法的旅游广告应当由工商行政管理部门进行查处。民事上不违法并不能取代行政责任,这是旅行社从业人员必须具备的法律常识。

34 组团旅行社与服务供应商的纠纷

案例导入

某旅行社组织周先生等25人赴西北地区旅游,行前旅行社和周先生等签订了旅游合同,权利、义务得到了明确规定。由于是旅游旺季,地接旅行社已经超负荷接待,周先生等到达目的地后,没有得到旅游合同约定的各项服务:住宿由原来约定的三星级变为非星级饭店;25 人团变为 58 人团,导游员的讲解也听不清楚;空调旅游车的空调设施无法正常运转,周先生等热得苦不堪言。周先生等当即联系组团旅行社,组团旅行社几经交涉也无济于事。行程结束后,周先生等要求组团旅行社给予赔偿。组团旅行社也是抱怨不断,希望和周先生等一起,向地接旅行社所在地的旅游管理部门投诉,遭到了周先生等人的一致反对,旅行社只得先行承担赔偿责任。

纠纷防范与应对

当旅游者抱怨在维权过程中处于弱势群体地位时,组团旅行社也经常发出他们自己才是真正的弱势群体的感慨。在某些特殊时段和特殊场合,旅游者和旅行社的说法均有一定道理,形成组团旅行社所谓弱势的原因,在于组团旅行社与服务供应商之间存在的纠纷难以得到及时化解。

一、旅行社与供应商之间纠纷处理的法律规定

1.《合同法》规定,当事人一方因第三人的原因造成违约的,应当向对方承担违约责任。当事人一方和第三人之间的纠纷,依照法律规定或者按照约定解决。

2.《最高法审理旅游纠纷若干规定》中明确,因旅游辅助服务者的原因导致旅游经营者违约,旅游者仅起诉旅游经营者的,人民法院可以将旅游辅助服务者追加为第三人。

二、旅游产品特性影响纠纷的解决

1. 旅行社的关联性强对解决纠纷产生较多障碍。组团旅行社组合旅游产品,基本围绕旅游六要素展开,而旅游六要素分属不同部门、不同行业和不同地域,造就了旅行社对服务要素的高度依存。旅行社因此被描述为关联性极强的行业,实质上也就是旅行社的高依赖性。高依赖性意味着服务需要其他行业的协作,解决纠纷同样需要相关服务供应商的密切配合,否则纠纷的解决会久拖不决。

2. 旅行社和某些服务供应商之间缺乏实质意义的合同关系。有些旅游纠纷事实清楚，证据确凿，但解决起来仍然有困难，以航班延误最为典型。主要原因是航空公司清楚地知道，承运合同中的当事人是航空公司和旅游者，旅行社只是为旅游者购买机票而已，和航空公司没有承运合同关系，而且发生航班延误后，旅游者更多直接倾向于向旅行社索赔，航空公司倒成了局外人。

3. 旅游行业的恶性竞争降低了旅行社的竞争力。就单一旅行社而言，谁也不愿意把价格降得过低，但降价对于新入行的旅行社来说是竞争的利器，而且屡试不爽，当整个行业普遍采取降价的办法吸引旅游者时，客流量是增加了，旅行社的利润反而降低了，伴随着旅行社竞争力下降的同时，旅行社的赔偿能力也随之下降，纠纷解决的效率降低了。

4. 旅游行业自身缺乏诚信。一些旅行社及其服务供应商诚信缺失，既影响了整个旅游行业的形象，又阻碍了整个行业的发展。一方面，组团旅行社在签订合同时随意承诺，服务供应商不积极善意履行合同，发现问题不及时解决；另一方面，组团旅行社不按约把旅游团款支付给服务供应商，拖欠款损害了服务供应商的权益。

三、旅游服务的法律环境影响纠纷的解决

1. 组团旅行社与服务供应商缺乏终极的消费关系。旅行社销售的产品，仅仅是旅行社对各要素的组合，旅游者才是终极消费者。由于服务供应商的原因导致对旅游者服务品质降低，按照合同相对性原则，组团旅行社首先必须承担赔偿责任。组团旅行社可向服务供应商交涉，有些服务供应商就以他们之间没有消费合同为由，拒绝向旅行社作出赔偿，组团旅行社承受了巨大的压力。

2. 旅游纠纷诉讼的概率较低。虽然按照《最高法审理旅游纠纷若干规定》的规定，在旅游纠纷的诉讼阶段，旅行社可以要求法院传唤供应商，但在旅游纠纷处理的实践中，绝大多数纠纷均以调解为主要手段，而且是否通过诉讼渠道解决，还要依赖旅游者是否起诉旅行社，旅游者不起诉，《最高法审理旅游纠纷若干规定》的规定仍是一纸空文，仍然无法实现将供应商纳入诉讼的范畴中。

四、旅行社之间纠纷处理的基本原则

1. 组团旅行社应慎重选择服务供应商。组团旅行社向旅游者作出的承诺，绝大部分由服务供应商具体实施，从这个意义上说，选择了合适的服务供应商，旅游合同的履行就基本得到了保障。组团旅行社与其事后抱怨或提起诉讼,不如把对服务供应商的考察放在首位。

2. 组团旅行社应当与服务供应商约定违约责任。尽管旅行社起着组合产品的作用,实际消费者是旅游者,但旅行社掌握着采购服务要素的主动权,在采购服务要素时与服务供应商明确违约责任,甚至还可以与服务供应商约定民事纠纷诉讼法院。至于与垄断行业约定违约责任,可要求旅行社协会等组织共同参与。

3. 组团旅行社必须规范自身经营行为。首先,组团旅行社必须和旅游者签订详尽的旅游合同,事先明确各项约定;其次,组团旅行社按照合同相对性原则,积极主动承担违约责任;第三,组团旅行社应按约定向服务供应商支付旅游团款。

4. 如果发生旅游者权益受损害事件,且责任主体在服务供应商,组团旅行社难以承受其损失,旅行社应当引导旅游者提起诉讼,旅行社要求法院将服务供应商列为诉讼第三人,一揽子解决旅游纠纷。

35 旅行社经营理念偏差引起的纠纷

案例导入

春节前夕,导游员小何计划陪同全家16人去西南地区旅游,由于自己的职业是导游,所以自认为对于旅游行程和服务了如指掌,就到某旅行社报名参加了优惠团,随着另外11人组成一个旅游团前往旅游目的地。由于地陪服务不令人满意,全团旅游者要求地接旅行社更换导游,小何自告奋勇充当协调员,当地接旅行社知道小何身份时,就要小何仔细看注意事项。小何注意到其中有如下内容:“恕不接待以下群体:外国人、记者、导游员、旅游从业人员等,一经发现,后果自负。”“旅游途中不得离团,离团须付违约金,违约金以当地定价为准。”地接旅行社以此事先已有约定为由不愿继续接待小何。行程结束后,小何以旅游者身份投诉组团旅行社和地接旅行社。

纠纷防范与应对

旅游服务纠纷的产生，固然与旅游者的配合程度密不可分，更为重要的是，旅行社及其从业人员的服务理念，往往直接导致服务纠纷的产生，并影响服务纠纷处理的进程。

一、旅行社经营理念偏差产生的原因

1. 旅行社法律意识模糊。在日常经营中，部分旅行社法律意识较为淡薄，突出表现为：为旅游者提供我国法律不允许的服务项目，一旦被追究，总是以旅游者主动提出要求为由推卸责任；发生违约行为后，旅行社以各种理由拒绝承担责任；强迫或者变相强迫旅游者参加自费项目和购物的情况时有发生。

2. 旅行社行业意识浓厚。部分旅行社之所以法律意识较为淡漠，原因之一是这些旅行社行业意识较为浓厚。一些旅行社从业人员往往以行业的习惯为依据，而这些习惯有些违背法律规定，有些已经与现实脱节，旅行社从业人员仍然把这些习惯奉为圭臬，产生纠纷也就不足为奇了。

二、旅行社经营理念偏差的诸多表现

1. 不注重书面证据。旅行社对口头约定情有独钟，对于书面约定漠然置之，在合同变更、转让等各个环节都存在这个问题。除了完成任务似地签订合同外，其他事项更多地依赖口头告知或者约定。等到发生纠纷后，旅行社就强调已经向旅游者告知，但没有书面证据。一旦诉讼败诉，就指责旅游者不诚信。

2. 行规代替法规。旅行社经常说的一句话就是，我们旅行社行业都是这么做的，是行规。旅行社的观点本身没有错，只是行规不能代替法规，更不能与法律相抵触。比如，旅行社不安排导游员（领队）的住房，而要求导游员（领队）与旅游者拼房住宿，即使旅游者不愿意，也必须如此操作，理由就是行规。

3. 否认合同责任为严格责任。对于自身操作失误，旅行社一般较为爽快地予以赔偿，而对于地接社、地陪或者其他服务供应商的服务过失或者过错，部分旅行社总是能躲则躲、能拖则拖，不愿意承担责任，理由是自身没有过错。按照《合同法》的要求，组团旅行社必须为旅游合同负全责，不论该违约行为是旅行

社造成的，还是服务供应商品造成的。

4. 任意认定不可抗力。法律对不可抗力有严格的界定，只有自然因素如地震、洪水等和人为因素如罢工、游行等可以纳入不可抗力的范畴，其他因素均不属于不可抗力。部分旅行社则按照自己的意愿和想象，把供应商取消客房预订、交通工具的机械故障、交通拥堵等定位为不可抗力，试图免除自己的责任。

5. 自费项目设立最低消费标准。一方面，旅行社向旅游者承诺，自费项目的选择由旅游者根据需要和能力自行确定；另一方面，旅行社要求旅游者作出承诺，确保在旅游行程中，必须确定最低消费额度。这样操作的目的，就是为了规避法律规定，又能获得一定的利润。其实，旅行社的经营仍然不能摆脱变相强迫消费的嫌疑。

6. 不能确保旅游商品的质量。旅行社清楚地知道，在我国华南某些地区的旅游商场销售的商品均为假冒伪劣商品，而旅行社在行前说明会和领队服务过程中，均告知旅游者不要在此类商场购物。但常有旅游者禁不起诱惑，但购买了商品之后又投诉，而旅行社则认为自己不应承担责任，因为旅行社已有事先提醒。事实上，旅行社安排这样的购物，本身就是一个错误。要避免此类纠纷的发生，最为有效的方法，就是不安排去这样的商场购物。因此，旅行社的责任不容回避。

7. 合同转让不需要征得旅游者的同意。按照法律规定，旅行社把旅游者给其他旅行社，必须征得旅游者的书面同意。旅行社转让旅游者的实际情况是，旅行社在签订合同时没有告知；在转让后也没有通知旅游者；服务质量纠纷发生后，又把责任推给其他旅行社。

三、旅行社经营理念偏差引起纠纷处理的基本原则

1. 旅行社应当承担相应责任。只要旅行社经营存在理念偏差，不论是何种表现形式，必然导致旅游服务纠纷的产生。在处理此类纠纷时，首先根据旅游纠纷实际，明确判定旅行社责任的大小，结合旅游者遭受损失的程度，推导出旅行社责任与损害事实之间的因果关系，要求旅行社承担相应的民事责任。

2. 旅行社应当承担行政责任。在旅行社承担民事赔偿责任的同时，旅游管理部门必须主动介入，对服务纠纷进行调查核实。如果旅行社的经营存在违法违规行为，旅游管理部门必须按照《旅行社条例》的规定，对旅行社实施行政处罚。只有行政处罚实施到位，才能真正纠正旅行社业已存在的经营理念偏差，

从根源上规范旅行社的经营行为。

36 旅行社协作不当引起的纠纷

案例导入

应先生等2人参加了杭州某旅行社组织的10国15日欧洲旅游团，旅游团在某国入境时受阻。经多方共同努力，旅游团延后25小时才得以入境，使旅游团无法完成在该国的行程，在此后的行程中，服务也与旅行社事先的约定不符。旅游行程结束后，应先生等21名旅游者向旅游管理部门投诉，要求杭州某旅行社承担赔偿责任。经查，在这起旅行社服务质量纠纷中，杭州某旅行社未与应先生签订书面旅游合同，且擅自将应先生等人转给上海A旅行社，上海A旅行社又将应先生等人转给上海B旅行社，均未征得应先生的书面同意。旅游团入关受阻时，杭州某旅行社未能及时提供旅游团的住宿预订资料，导致入关时间进一步延误，损害了应先生等人的合法权益。旅游管理部门责成杭州某旅行社给予旅游者赔偿，并在行业内予以通报批评。

纠纷防范与应对

旅行社服务的跨地域性、综合性及依托性等特点，决定了其服务必须得到诸多环节的协作与配合，有时只要其中一个服务环节出现差错，就可能出现满盘皆输的后果，导致旅游者权益受到较大损失，旅行社为此将承担全部的赔偿责任。

一、旅行社协作的含义和范围

旅行社的协作，分为内部协作和外部协作。就组团旅行社而言，与其所辖的销售、计调、司机、导游员（领队）之间的协作，构成了内部协作；其与地接社、地陪、饭店、餐馆、景点、交通等之间的协作,则构成起外部协作。不论是内部协作还是外部协作,都不外乎服务协作和团款支付协作两大类。就旅游者而言,由于只和组团旅行社有合同关系,只关心旅游合同的履行,并不在意旅行社的服务协作关系,但服务供应商的服务直接关系到旅游者的权益。

二、旅行社协作不当类型

1. 服务协作不当。这类服务协作不当。包括:组团旅行社与服务供应商之间的协作不当、组团旅行社与转让旅行社之间的协作不当、销售与计调之间的协作不当、组团社计调和地接社计调之间的协作不当、导游员(领队)与计调之间的协作不当、导游员(领队)与导游员(领队)之间的协作不当。这些协作环环相扣,密不可分,只有所有协作当事人通力合作,才有可能保证合同义务的顺利履行。

2. 团款支付协作不及时。组团旅行社与地接旅行社经常为旅游团款的支付发生纠纷。本来,产生这样的纠纷是正常的,企业之间的纠纷完全可以通过正常的途径加以解决,但在旅行社服务中,这样的纠纷往往会殃及旅游者。地接社出于对组团旅行社的不信任,往往以“甩团”或者“扣团”为要挟,把旅游者作为解决纠纷的砝码,迫使组团旅行社支付团款,直接损害了旅游者的切身利益。

三、旅行社预防协作不当的对策

1. 组团旅行社充分发挥其监控作用。既然和旅游者签订了旅游合同,组团旅行社就必须发挥其组团社的作用。该作用主要体现在对于服务质量的实时且动态的监控,掌握旅游者的需求和动向,及时解决旅游者提出的问题,把矛盾和纠纷化解在萌芽状态。现在有些旅行社的作用好像仅仅是组团,甚至沦为地接社的收客点,把整团的旅游者交给地接社后不再过问,放任地接社的所作所为。

2. 组团旅行社认真履行管理职能。组团旅行社应严格管理本公司的从业人员,制定符合实际需求的服务流程,强化对从业人员的管理,从制度上提供切实的保障。许多服务纠纷产生的直接原因是,销售人员与计调人员之间衔接出现了纰漏,或者是导游人员与计调人员之间的合作存在问题,过失导致服务纠纷的产生。

3. 组团旅行社积极参与线路监管。按照传统旅行社的操作模式,组团旅行社虽然负责销售地接旅行社提供的旅游线路，但是该线路是否适合旅游者的需要，不仅仅是靠地接旅行社推荐，而是必须对推荐的线路有亲身的体验，对旅游线路的合理性和性价比作出评估，真正做到心里有数。而现在许多组团旅行社销售产品，完全依赖于地接旅行社的推荐，旅行社计调的任务就是把地接旅行社提供的线路转化为自己的线路而已。至于该线路是否合理，是否有竞争力，则是心中无数。

4. 组团旅行社与服务供应商明确约定违约责任。从理论上说，组团旅行社与服务供应商的合作中拥有主动权，为了防止服务供应商怠于履行合同、义务，组团旅行社完全可以和服务供应商约定违约责任，以约束服务供应商行为，甚至可以约定诉讼管辖的法院。当然，就目前我国的法律规定而言，组团旅行社还没有办法直接向民航等部门索要违约赔偿。

四、旅行社协作不当纠纷处理的基本原则

1. 组团旅行社负责制。组团旅行社应当明确一个概念，不论是旅行社的内部协作，还是旅行社的外部协作，仅仅是旅行社和服务供应商之间的协作，和旅游者没有直接的关系。任何服务协作环节出现有损旅游者权益事件，组团旅行社都必须首先向旅游者承担赔偿责任。因为，组团旅行社和旅游者签订了旅游合同，旅行社必须为此负责，这也是组团旅行社诚信经营的具体表现。

2. 组团旅行社追偿制。组团旅行社妥善处理纠纷后，应当明确造成纠纷的原因，根据纠纷性质和责任大小，追究相关当事人的责任。为了确保追偿机制得以迅速实施，组团旅行社可以通过违约责任的约定，或者通过计算实际损失的方式，要求当事人承担责任，以弥补组团旅行社的损失。

37 旅游赔偿举证责任引起的纠纷

案例导入

罗先生参加了旅行社组织的出境旅游，虽然事先对旅游目的地的基本情况作了充分的了解，并对出境旅游有一些心理准备，但让罗先生耿耿于怀的是自费项目。在旅游途中，每到一个国家，境外地陪都给旅游者分发一张自费项目表，要求每人都必须参加自费项目，而自费项目均以套餐形式出现，最低的价格也在800元以上。如果不参加自费项目，轻则给脸色看，重则以不提供服务相威胁。罗先生等向旅游管理部门投诉，要求旅行社退还被迫交纳的自费项目的费用。旅行社则强调，旅游者参加自费项目，是旅游合同的变更，是旅行社和旅游者协商一致的结果，旅行社没有强迫消费。按照相关规定，旅行社认为是合同变更，就应当承担举证责任。旅行社没有证据证明是合同变更，就应当退还自费项目的费用。

纠纷防范与应对

旅游服务纠纷发生后，不论是旅游投诉还是民事诉讼，旅行社和旅游者都必须各自为自己的诉求提供证据，以显示其诉求的合理性和正当性，双方提供证据的过程就是通常所说的举证。举证，对于快速解决纠纷、维护自身合法权益具有特别重要的意义。

一、旅游纠纷举证的法律规定

《最高人民法院关于民事诉讼证据的若干规定》规定，原告向人民法院起诉或者被告提出反诉，应当附有符合起诉条件的相应的证据材料。

当事人对自己提出的诉讼请求所依据的事实或者反驳对方诉讼请求所依据的事实，有责任提供证据加以证明。没有证据或者证据不足以证明当事人的事实主张的，由负有举证责任的当事人承担不利后果。

在合同纠纷案件中，主张合同关系成立并生效的一方当事人，对合同订立和生效的事实承担举证责任；主张合同关系变更、解除、终止、撤销的一方当事人，对引起合同关系变动的事实承担举证责任。对合同是否履行发生争议的，由负有履行义务的当事人承担举证责任。

二、旅游纠纷举证责任的分担原则

所谓旅游举证责任的分担，就是旅游服务纠纷发生后，旅游者或者旅行社为了挽回经济损失，向有关管理部门或者人民法院提起赔偿诉求，按照法律规定，提出赔偿的诉求者就必须承担提供相关证据的责任。旅游者或者旅行社不能提供相关证据，其赔偿诉求基本不能得到支持，就要承担败诉的风险。旅游服务纠纷中，合同是否成立、合同义务是否履行、旅游服务是否违约、合同变更是否成立、经济损失赔偿数额等，为举证焦点。

1. 旅游合同是否成立的举证责任。旅游者向旅行社交纳了部分费用，旅行社出具收据，如果旅游合同没有签订，旅游者由于自身原因不能参加旅游时，旅游者往往主张合同不成立，要求旅行社退还全额费用；旅行社则认为合同已经成立，要求旅游者承担已经产生的实际损失。在这种情况下，旅游合同是否成立的举证责任，应当由旅行社承担。根据旅游者和旅行社之间已经存在的交易事实，旅行社承担合同成立的举证责任应当不难。反之，旅行社不能组团，希望解除旅游合同，旅游者主张合同成立，要求继续旅游服务，或者旅行社承担违约责任，则合同成立的举证责任应当由旅游者承担。同样，在此情况下，旅游者可以根据交纳费用的票据等事实，举证旅游合同成立的难度也不大。

2. 旅游服务是否违约的举证责任。旅行社是否按照合同约定全面履行合同，为旅游者提供服务，只要旅游者提出异议，旅行社必须就是否按照约定提供景点、住宿、餐饮等服务承担举证责任。因为旅行社在出团前已经向旅游者作出了详细的承诺，承诺是否兑现，当然应当由旅行社来举证。

3. 合同变更是否成立的举证责任。不论是减少景点服务，还是增加购物商场，或者是参加自费项目，这些都属于旅游合同的变更范畴。如果旅行社主张这些变更行为得到了旅游者的同意，即该合同变更行为成立，应当由旅行社承担举证责任，旅行社应当出具双方协商一致的协议书等证据。

4. 合同义务是否履行的举证责任。当旅游者就服务质量提出异议时，旅行社就必须提供相应证据，证明已经按照合同约定全面履行了合同义务；如果旅行社不能提供证明，旅行社就必须承担违约责任。当旅行社与旅游者就旅游团款是否支付发生纠纷时，旅游者应当承担举证责任。

5. 经济损失赔偿数额的举证责任。旅行社认为旅游者解除合同等行为给旅行社造成经济损失，首先必须举证旅游合同关系的存在，然后就经济损失的数额进行举证；同样，旅游者认为旅行社违约或者侵权行为造成其权益的损害，旅游者在证明旅行社违约或者侵权行为的存在，并就损失数额进行举证。

三、旅游赔偿举证责任纠纷处理的基本原则

1. 举证责任方不能举证，就必须承担败诉的风险。根据上述举证责任的分担原则，服务纠纷发生时，旅行社或者旅游者必须为自己提出的主张承担举证责任，不能举证就不能得到有关部门的支持，其维护自身合法权益的愿望就不能实现。

2. 境外相关机构的证明的取舍。旅行社提供境外或者港澳台地区相关旅游组织或者机构出具的事实证明材料，应当可以采信，但这些机构表述的法规规定，或者观点是否采信，主要取决于是否和我国法律法规的规定相同。规定相同，就可以采信；规定不相同，就不采信。但如果旅行社提供的证据为境外企业或者与其有利害关系的，须经过境外公证方可采信。

38 旅行社事后处置不当引起的纠纷

案例导入

陈先生等 19 人参加了旅行社组织的云南七日游。按照旅行社事先和旅游者约定，旅行社不派全陪，但旅行社为旅游者安排了“当地优秀导游服务和旅行社责任险”。旅游途中发生了交通事故，所幸没有造成重大人员伤亡。由于当时旅游车上没有全陪，也没有地陪，在旅游车驾驶员的协助下，陈先生等旅游者乘坐另外一辆空车抵达饭店。地接社不但没有及时安抚旅游者，反而和陈先生等旅游者发生了争执，遭到旅游者的强烈抗议。当地交警部门对事故作出了认定：肇事摩托车负全部责任。旅游者返回时，旅行社专门派车到机场迎接旅游者，旅游者要求旅行社对于交通事故给予赔偿，旅行社表示在一周内给予答复。旅游者等待了一个月，也没有接到旅行社的答复，转而向旅游管理部门投诉。

纠纷防范与应对

在旅行社服务中，最为理想的状态是不发生损害旅游者人身财产权益事件，然而事实上旅行社时刻面临着这样或者那样的突发事件，这是每一个旅行社必须认真面对的现实。不论旅游团规模是大是小，旅行社或多或少都会遇到旅游者的投诉或抱怨。善于处理纠纷的旅行社，不仅能够安抚旅游者，甚至可以把投诉者转化为潜在的旅游者；而不善于处理纠纷的旅行社，其结果往往激化矛盾。

一、旅行社事后处置不当的类型

1. 旅行社对旅游者的投诉置之不理。少数旅行社想当然地认为，上门投诉的旅游者有意找碴，是刁民，而从不审视自身服务是否存在缺陷和不足。因此，对于旅游者的诉求经常采取不闻不问、漠然处之的方式；或者明确告诉旅游者，这是旅行社服务的行规，所有旅行社都是如此操作，旅行社不会向旅游者作出任何赔偿；更有甚者，旅行社不但不听取旅游者的抱怨，反而指责旅游者无理取闹，损坏了旅行社的形象。

2. 旅行社随意向旅游者作出承诺。与上述情况相反的是，有些旅行社在处理纠纷时，为了息事宁人，或者为了暂时平息旅游者的愤怒，在没有对纠纷事实进行认真核实、分清责任的前提下，随意向旅游者作出承诺。一旦旅行社的承诺难以兑现，立刻会激发旅游者新一轮的更为激烈的投诉，特别是投诉的旅游者人数较多时，旅行社的随意承诺会引发群体性事件。这既是旅行社所始料不及的后果，也是旅行社事后处置能力欠缺的表现。

3. 旅行社不给旅游者明确的答复。还有一些旅行社，面对旅游者的投诉，始终是含糊不清、模棱两可，既不明确服务纠纷中旅行社应当承担的责任，也不明确解决服务纠纷的时间，更不明确旅行社解决服务纠纷的结果，只是一味地告诉旅游者，旅行社对于旅游者的投诉十分重视，一定会给旅游者满意的答复。而事实上就是采取拖延战术，导致旅游者对旅行社整体评价的降低。

二、预防旅行社事后处置不当的对策

1. 旅行社必须完善各类管理制度。旅行社首先必须完善服务规范和流程，

强化旅行社服务的合理性和人性化，减少服务环节本身给旅游者带来的不便和影响，从源头上减少服务纠纷的产生；尤其要采取切实可行的措施，防止同类纠纷的重复出现。同时，应当建立内部奖惩制度，以提升员工的工作积极性和主动性。

2. 旅行社必须配备精干的客服人员。在旅行社的制度设计上，应当配备专职且精干的客服人员，有专人对旅行社服务质量进行跟踪，及时化解旅游者的投诉和抱怨。有些客服人员处理投诉，不仅不能化解矛盾，反而是激化矛盾，导致矛盾升级。服务纠纷处理的经验或教训都实实在在告诉我们，客服人员精干与否，通常决定了纠纷处理的效率和效果。

3. 旅行社必须明确客服人员的权限。客服人员处理服务纠纷，一方面取决于其自身素质和能力，另一方面也取决于旅行社给予客服人员的权限。只有手握处理权限，精干的客服人员才能发挥其应有的作用，才能及时妥善地处理服务纠纷。而目前客服人员较为欠缺的是管理层的支持，有些客服人员仅仅是听取旅游者的投诉，而没有处理赔偿的实质授权，这对于纠纷的处理十分不利。

三、旅行社事后处置不当纠纷处理的基本原则

1. 旅行社应具备法律意识。服务纠纷发生的原因多种多样，有的是旅行社的原因，有的是旅游者的原因，也有的是旅行社和旅游者共同的原因。妥善处理纠纷，旅行社应对纠纷事实进行核实，根据事件责任大小，主动承担相应责任。要承担这样的工作，客服人员就必须具备相关的法律知识。

2. 旅行社应具备诚信意识。除了应具备法律意识外，旅行社更需要具备诚信意识。不论是为旅游者提供服务，还是善后处置纠纷，旅行社都应当以诚信为本。特别是处理旅行社违约纠纷时，即使旅行社的违约行为没有给旅游者造成实质性损害时，尽管按照法律规定旅行社不需要赔偿，但旅行社也应当本着诚信原则，给予旅游者适当的补偿。

3. 旅行社应具备换位思考意识。服务纠纷发生后，不论旅行社是否应当承担责任，不论旅游者的要求是否合理，旅行社客服人员都应该更多地站在旅游者的角度，设身处地为旅游者考虑，最大化地保护旅游者的权益。因为旅行社是经营者，是旅游者参加旅游给旅行社创造了获得利润的机会。

4. 旅行社应具备抓大放小意识。只要旅行社的服务的确存在不足，哪怕这些不足也仅仅是较为轻微的，当旅游者提出赔偿要求时，只要该赔偿要求不是

非常过分，没有超越旅行社的承受底线，旅行社就应当爽快地赔偿，不能过于斤斤计较。

39 旅行社扣押证件引起的纠纷

案例导入

罗先生相约亲朋好友参加东南亚旅游，并交纳了一定数额的预付款，旅行社为罗先生等人办理了出国旅游手续。罗先生因为个人原因，不能随团前往旅游，要求取消旅游行程，并拿回办理手续的证件原件及护照。旅行社拒绝了罗先生的要求，同时提出两个解决方案，要么罗先生支付旅行社的损失费600元，归还所有证件及护照；要么把护照放在旅行社，等下次继续跟随该旅行社出游。罗先生认为旅游行程尚未开始，旅行社的服务也非常有限，旅行社无权扣押旅游者的证件。对于两个方案都不能接受，要求旅行社无条件退还所有证件及护照，如果旅行社要他赔偿损失，旅行社必须能够举证损失的存在。双方相持不下，经旅游管理部门协调，罗先生支付旅行社的损失费用300元，旅行社归还罗先生所有证件及护照。

纠纷防范与应对

旅游证件是旅游者旅游的必备证明，旅游者经常因为旅游证件与旅行社发生争执，原因就是旅行社扣押了旅游者的旅行证件。旅游者声称旅行社没有权利扣押证件，旅行社则要求旅游者支付经济损失，否则拒绝归还证件。双方协商未果，旅游者必将借助旅游管理部门的力量，要求旅行社立即返还证件，并承担相关法律责任。

一、有关证件管理的法律规定

1.《身份证法》第15条规定，任何组织或者个人不得扣押居民身份证。但是,公安机关依照《中华人民共和国刑事诉讼法》执行监视居住强制措施的情形除外。

2.《护照法》第 15 条规定,人民法院、人民检察院、公安机关、国家安全机关、行政监察机关因办理案件需要,可以依法扣押案件当事人的护照。

二、旅行社扣押证件的原因

1. 旅游者擅自解除旅游合同。扣押证件主要发生在出境旅游中。由于出境旅游服务的特殊性,旅游者与旅行社达成了出游的意向,旅游者支付了部分预付款,旅行社投入精力和财力开始操作。当旅游团队的操作接近尾声时,旅游者提出解除合同,由于旅行社的投入远远高于旅游者的预付款,在旅行社几经催促支付操作损失未果后,旅行社往往告诉旅游者,要想拿回自己的护照,旅游者必须支付旅行社的损失,否则旅行社就要扣押其护照。

2. 护照和旅行社有间接的利害关系。当前,大部分出境旅游都要通过旅行社组团才能出游,护照的办理由旅游者自己向当地公安部门申请。从理论上说,护照办理完毕后,旅游者就将护照交给旅行社业务员,进入旅行社代为办理签证程序。只要在签证办理阶段或者已经办理完毕,外国使领馆便已留有旅行社的办理记录。如果旅游者在此阶段解除合同,而且借助其他旅行社出境旅游,假如该旅游者滞留境外不归,便会损害办理签证旅行社的相关利益。正因为如此,旅行社不愿为办理签证期间的旅游者解除旅游合同。

3. 旅游者不配合旅行社工作。目前,出境游旅行社遭遇的困惑之一,就是某些国家要求旅游者回国后,还必须到使领馆当面消签。是否需要消签由使领馆决定,旅行社事先并不知道,旅游者更是无从知晓,前往使领馆消签对于每一个旅游者而言并不都十分方便。当旅游者以工作忙、路程远等理由予以拒绝时,旅行社为了迫使旅游者前往消签,也会采取扣押证件的手段,否则旅行社对于旅游者就没有任何制约。

三、旅行社预防扣押证件纠纷的对策

1. 旅行社应当调整思路。旅行社经常抱怨旅游者为刁民:随意解除合同,又不愿意承担赔偿责任,扣押旅游者证件实在是迫不得已。事实上,投诉旅游者中绝大部分还是通情达理的,只要旅行社事先履行法律法规规定的义务,服务流程规范合理,纠纷发生后,旅行社认真听取旅游者的意见,了解旅游者拒绝赔偿或者不愿消签的原因，勇于承认自身工作的不足，绝大多数旅游者能够配合旅行社的工作。同时，要认真查找服务过程中产生问题的原因，调整服务流程，杜绝服务瑕疵和漏洞，以防止同类纠纷的再度发生。

2. 旅行社的告知应明确。对于大多数旅游者而言，出境旅游较之国内旅游更为陌生。旅行社必须特别注意的是，在旅游者咨询和报名阶段，应当把出境旅游的特点全盘告诉旅游者，尤其是要告知旅游者关于出境旅游存在的各种风险和问题。旅行社应当告知旅游服务的特殊性、旅游服务的成本构成、旅游者擅自解除合同的后果、出境旅游返程后可能遇到的消签问题等。旅行社把服务流程中旅游者必须承担的后果，清楚明白地告知旅游者。假如旅游者有违上述情况，旅游者将承担相应的责任，并请旅游者作出书面承诺。

四、旅行社扣押证件纠纷处理的基本原则

1. 旅行社扣押旅游者证件行为违法。按照法律规定，旅游证件是旅游者个人旅行身份证明，只有司法机关才有扣押旅游者证件的权力。因此，旅行社作为服务企业，没有专属的执法权，没有扣押旅游证件的权力，不能以任何理由，如旅游者拒绝支付损失、拒绝配合前往使领馆消签等，扣押包括护照、身份证等在内的旅游者证件。

2. 旅游者必须为自己的行为承担责任。旅游者要强化诚信意识，为自己的过错行为承担责任，向旅行社赔偿损失；而不能因为法律规定，旅行社没有扣押旅游证的权力，就可以钻法律空子，逃避承担民事责任。因为扣押证件是行政法律关系，而旅行社要求旅游者承担赔偿责任是民事法律关系，两者不能混为一谈。当然，要求旅游者承担赔偿责任，旅行社必须举证其损失真实确凿。

40 旅行社甩团扣团引起的纠纷

案例导入

赵先生等参加某旅行社组织的旅游团，地陪上团后就告诉旅游者，由于组

团旅行社没有按照约定支付旅游费用，大家要有思想准备。第三天，地陪告诉赵先生等，由于组团旅行社还没有支付接待费用，地接旅行社已经没有能力为旅游者提供服务了，要么赵先生等为组团旅行社先垫付费用，返程后向组团旅行社索要；要么旅游者自由活动，直到组团旅行社付清费用。赵先生等声明，旅游费用已经按照组团旅行社的要求，出团前已经全额交纳，地接旅行社可以向组团旅行社交涉，旅游者没有义务再付旅游费用。行程结束时，地陪发出最后通牒，如果旅游者再不垫付费用，地接旅行社就只能要求旅游者留在宾馆，不得随便走动，请旅游者给组团旅行社打电话，要求组团旅行社赶快汇钱。在旅游管理部门的强力干预下，赵先生等得以顺利返回。

纠纷防范与应对

近年来，由于一些旅行社严重依赖低价竞争，导致旅游收费一路走低，其直接的结果就是，部分旅行社服务品质呈现下滑趋势。为了获得预期的利润，地接旅行社制约组团旅行社付款的手段之一，就是通过甩团和扣团的方式，迫使组团旅行社支付旅游团款。组团社和地接社之间的纠纷波及旅游者，损害了旅游者的合法权益。

一、有关限制人身自由的法律规定

限制人身自由是严厉的处罚手段，按照我国法律规定，限制人身自由的处罚均由司法机关实施，其他任何单位和个人都不得对他人的人身自由进行限制。

1.《治安管理处罚法》第 10 条规定，治安管理处罚的种类分为：(1)警告；(2)罚款；(3)行政拘留；(4)吊销公安机关发放的许可证。

2.《行政处罚法》第 16 条规定，国务院或者经国务院授权的省、自治区、直辖市人民政府可以决定一个行政机关行使有关行政机关的行政处罚权，但限制人身自由的行政处罚权只能由公安机关行使。

二、旅行社甩团扣团的实质

1. 旅行社甩团或扣团的表象，是旅行社之间的旅游团款支付纠纷。按照旅行社之间的约定，支付旅游团款有提前支付、现付、滞后支付等方式。不论是何种支付方式，都可能由于旅行社之间的合作诚信因素，造成旅游团款支付纠纷，殃及旅游者权利的实现。

2. 旅行社甩团或扣团的实质，是在一定程度上限制了旅游者的人身自由。尤其是扣团行为发生时，旅游者已经基本结束了旅游行程，等候按约返程，地接社告知旅游者，由于组团社没有支付团款，旅游者想返回就必须代为支付旅游团款，否则就限制其自由，旅游者因此成为最大最直接的受害者。

三、旅行社甩团扣团的原因及预防对策

1. 旅行社甩团扣团的原因有两个：第一，组团旅行社以地接旅行社服务质量有瑕疵，违反了合同约定为由，要求地接旅行社先作出赔偿，然后支付余款，地接旅行社认为服务品质没有问题，不同意组团旅行社的方案，组团旅行社拒绝按照约定支付旅游团款，地接旅行社采取了甩团或扣团的手段；第二，组团旅行社违反诚实信用原则，恶意拖欠，不按照合同约定支付团款，地接旅行社为了保护自己的利益不受损害，以旅游团队作为砝码，要求组团旅行社按约付款，否则也会采取甩团或者扣团方式，借助旅游者的权益保障迫使组团旅行社就范。

2. 预防甩团或扣团现象的发生有两个基本途径：第一，组团社要慎重选择地接社。出现甩团或扣团现象的直接原因，是组团社选错了合作伙伴，也是组团社经营风险之所在。同时，组团社应当诚信，按照合同约定支付团款。第二，要引导旅游者理性消费，不以价格作为唯一的参团理由，而是以旅游线路的综合指数作为评判标准，以旅游者的理性需求间接影响旅行社的服务定价和供给。

四、旅行社甩团扣团纠纷处理的基本原则

1. 组团旅行社先行赔偿原则。由于旅游者和组团旅行社签订了旅游服务合同，和地接旅行社没有直接的合同关系，甩团或扣团事件发生后，事发地的管理部门应当及时赶到，要求地接旅行社理顺思路，不能因为旅游团款纠纷影响旅游者的合法权益；但对旅游者合法权益负责的第一责任人是组团旅行社，承担向旅游者承担赔偿责任的也是组团旅行社。至于组团旅行社是否向地接旅行社追偿，则由组团旅行社自行决定。

2. 地接旅行社不可以甩团或扣团。组团社与地接社之间的团款纠纷，属于

企业之间的债务纠纷，即使组团旅行社没有按照约定支付旅游团款，都不应当也不可以成为甩团或扣团的理由。有一种观点认为，地接社的甩团或扣团行为，是企业行使法律赋予的抗辩权，地接社的行为情有可原。从理论上说，这种观点有一定的理论基础，但旅行社没有充分认识到甩团或扣团的严重后果，在实践中没有实际操作的可能性。

3. 地接旅行社及相关人员应当受到行政处罚。按照《旅行社条例》的规定，旅行社拒绝按照合同约定为旅游者提供服务，对旅行社，由旅游行政管理部门或者工商行政管理部门责令改正，处 10 万元以上 50 万元以下的罚款；对导游人员、领队人员，由旅游行政管理部门责令改正，处 1 万元以上 5 万元以下的罚款；情节严重的，吊销旅行社业务经营许可证、导游证或者领队证。

旅游者人为因素纠纷篇

成熟的旅游市场至少由三部分构成：管理部门对旅行社的有效监管，对旅游者的耐心引导；旅行社诚信经营、规范经营意识浓厚，成为旅行社的企业文化；旅游者文明旅游、理性消费、理性维权蔚然成风。目前，上述三者的表现均不令人满意。我国旅游者不够成熟的主要特征是，只知道行使权利，不愿意承担义务，甚至采取极端的手段维护自身权益，额外产生了一些服务纠纷，增加了纠纷妥善处理的难度；旅游者自我防范意识淡漠，会把旅游途中发生的所有损害归责于旅行社，要求旅行社承担赔偿责任，而很少自我反省；旅游者的协助义务较弱，时间观念不强，导致旅游团难以按时出团；由于自身原因不能参团，旅游者以没有接受旅行社服务为由，不愿意承担旅行社的实际损失，更不愿意承担违约责任；特别是旅行社有违约行为时，许多旅游者以此为要挟，强行要求承诺其提出的赔偿要求，否则就拒绝登机返程。如此种种，都给服务纠纷的处理增加许多不确定因素。

41 旅游者自身原因引起的纠纷

案例导入

孙先生夫妇刚刚结婚，参加旅行社组织的赴泰国旅游度蜜月。按照旅游合同约定，在泰国旅游期间，有一天自由活动时间。领队向每一位旅游者交代过注意事项后，孙先生和其他旅游者决定去逛街。大家约好集合时间后各自散开。到了集合时间，全团旅游者聚集在一起，讨论着一天的收获和感受，有旅游者要唱卡拉OK，并询问孙先生夫妇是否也去。孙先生的爱人说，“我又不是鸡，为什么要唱卡拉OK?”孙先生爱人的答复引起其他旅游者的不满，双方发生斗殴，在混乱中孙先生的鼻梁不知被谁打断，被紧急送往当地医院救治，花费5000多元。孙先生回到国内后，要求旅行社承担医疗费等相关费用，旅行社以没有过错为由予以拒绝，旅游管理部门也支持旅行社拒绝赔偿的理由。

纠纷防范与应对

旅游合同的顺利履行，一方面依赖旅行社的规范诚信经营，另一方面也依赖旅游者的理性消费和积极配合，两者缺一不可。即使有旅行社的主观努力，只要旅游者在履行合同中不予积极的配合，或者违反相关法律规定，势必给旅游合同的顺利履行造成障碍，旅行社和旅游者合法权益难免受损。

一、旅游者在旅游活动中的基本要求

1. 旅游者必须遵守旅游合同的约定。旅游合同固然是对旅行社行为的约束，同时也是对旅游者参加旅游活动的约束，我们通常强调得更多的是要求旅行社严格遵守合同约定，其实旅游者遵守合同约定具有同等的作用和意义。

2. 旅游者必须确保不损害他人的合法权益。旅游者在接受各项服务时,不能损害服务供应商提供的硬件设施;遵守旅游目的地风俗和法律,尊重旅行社及其从业人员的合法权益。

3. 旅游者不得滥用各项权利。旅游者参加旅游团,向旅行社主张的民事权利局限于旅游合同的约定,在旅游行程中不可以为所欲为,要求按照自己的要求提供服务,而完全不顾及其他旅游者的权益。

二、旅游者在旅游活动中存在的主要问题

1. 旅游者法律意识较为淡漠。首先,旅游者缺乏法律意识,把旅游活动仅仅当成"吃喝玩乐"行为。事实上,旅游消费是一种民事法律行为。其次,旅游者缺乏合同意识,在出团前不愿意签订旅游合同,或者把签订旅游合同看成是履行手续;在旅游过程中,只是一味要求权利,而不是积极地履行配合等相关义务。再次,旅游者缺乏遵守合同的意识。最为突出的表现是,一些旅游者缺乏团队意识,有较大的随意性和自主性,完全按照自己的意愿,要求旅行社增加或者更换服务项目,导致合同的正常履行受阻。

2. 旅游者缺乏旅游常识。旅游者缺乏旅游常识,最为典型的是将贵重物品、有价证券等夹带在行李中托运;贵重物品丢失后,把所有的责任都推给旅行社,要求旅行社给予赔偿。旅游者缺乏旅游常识的另一个表现,是对旅游服务单位的设施不当使用,导致了旅游者人身财产损害事件的发生,较为典型的是旅游者在洗澡时不慎滑倒,旅游者不反思自己的疏忽,而要求旅行社负全额的赔偿责任。

3. 旅游者维权手段值得商榷。当旅游者违反合同约定,如由于自己的原因,不能参加旅游团时,又不肯承担违约责任。相反,当旅行社违约后,往往提出不切实际的赔偿请求,希望从旅行社的赔偿中获利;或者不仅没有积极采取妥善措施,防止损失的扩大,而是人为扩大损失,如旅行社的交通工具出现机械故障,旅游者就拒绝登机(车、船),导致损失进一步扩大。

三、处理旅游者自身原因引起的纠纷的基本原则

为了避免由于旅游者自身原因,造成旅游者、旅行社权益受损的情况发生,固然依赖于旅游者的积极协助,但在旅游者出团前和行程中,旅行社向旅游者履行各种告知和警示义务缺一不可,避免由于旅游者不了解情况而造成冲突。

1. 旅游者违反合同约定，擅自取消旅游行程，如果其行为已经给旅行社造成损失，旅行社不仅可以要求旅游者承担实际损失，还可以要求旅游者承担违约金，这也是义务与责任对等原则的具体体现。旅行社要求旅游者承担损失时，其损失数额必须有据可查。

2. 旅游者放弃某些旅游权利，如果旅行社事先许可，如旅游者在旅游途中去探望朋友，旅行社应当就是否退还费用作出约定；如果旅行社对于旅游者放弃权利事先并不知晓，且该费用没有办法退还，旅行社可以拒绝退还相应费用，如旅游者由于自己的原因没有享用中餐，旅游者要求退还餐费的请求不应当得到支持。在旅游途中产生的由于旅游者人为扩大的损失，也应由旅游者承担。

3. 参团旅游者的侵权行为，应当由旅游者自己承担。由于旅游者自身的故意或者过失，对他人的权益造成损失时，旅游者应当为此承担责任。如旅游者和其他旅游者发生肢体冲突，医疗等费用由侵权旅游者承担。当然，旅行社应当事先履行告知义务，否则将就未履行告知义务而承担补充责任。

4. 由于旅游者自身违约，不论发生何种纠纷，即使旅行社没有任何过错，在旅游者没有完成旅游行程前，旅行社都有组织和救助的义务，为旅游者提供力所能及的服务，妥善安排旅游者返程，减少旅游者的损失。因为旅行社是旅游活动的组织者，有保障全体旅游者人身财产安全的义务。

42 旅游者人为扩大损失引起的纠纷

案例导入

林女士夫妇参加了杭州某旅行社组织的东南亚10日游。就在出团前领队分发护照时发现，由于发证机关的疏忽，林女士护照上的照片并非本人。旅行社立即要求林女士留下，并承诺给予林女士赔偿。林女士坚持前往上海机场，被边检阻止出境，林女士丈夫也拒绝继续参团。旅行社为他们购买了回杭州的车票，但林女士和丈夫却自己租赁了出租车，直接从上海返回杭州家中。回到杭州后，林女士立即要求旅行社承担其出租车费，并要求旅行社做出承诺，下次安排同样的旅游行程，供他们夫妇旅游。旅游管理部门介入后，首先认为旅行社的违约行为造成林女士不能出游，旅行社应当承担林女士本人的所有损失，但出租车费用的产生、林女士丈夫取消行程费用的产生，是人为扩大的损失，应当由他们自己承担。旅行社经不起林女士的死缠烂打，最后还是向林女士一家屈服。

纠纷防范与应对

在旅行社服务中，由于各种综合因素的影响，旅行社的服务没有达到合同约定的标准，旅游者和旅行社协商赔偿难以达成一致时，一些旅游者有时会采取非理性的行为，迫使旅行社承诺赔偿要求；如旅行社不答应旅游者的要求，旅游者就会采取拒绝登机等方式，导致旅游者滞留在旅游目的地，给旅游者和旅行社带来意想不到的后果。

在上述案例中，林女士护照照片出错，和发证机关有关，但为旅游者办理合格的护照，是旅行社的合同义务，旅行社有核查的责任，所以护照照片出错旅行社自然有违约责任。

不过虽然旅行社有过错，旅行者应当积极予以配合。如果旅游者不予以配合，而导致本来可以避免的损失扩大，这种人为扩大的损失应由旅游者自己承担。

一、人为扩大损失承担的法律规定

《合同法》第119条规定，当事人一方违约后，对方应当采取适当措施防止损失的扩大；没有采取适当措施致使损失扩大的，不得就扩大的损失要求赔偿。当事人因防止损失扩大而支出的合理费用，由违约方承担。

二、旅游者人为扩大损失的含义

所谓旅游者人为扩大损失，就是指在旅游服务过程中，旅行社违约行为导致旅游者权益受到损害，旅游者不仅没有履行积极协助义务，反而采取较为极端的行为，导致旅游行程中实际费用被人为扩大的现象。

在人为扩大损失行为中，较为典型的有：旅行社的确存在违约，旅游者的赔偿请求得不到满足，就拒绝返程，人为扩大了旅游交通费用、住宿费用、餐饮费用的支出;或者旅游者以旅行社预订的客房太差拒绝入住,自行到其他饭店住宿,要求旅行社承担住宿费用等情况。这样的纠纷在所有纠纷中占有一定的比例,其原因就是旅游者理性维权的大环境尚未形成。

三、旅游者人为扩大损失的原因

一般来说,只要旅行社以善意、积极和诚信的方式履行合同,严格按照合同约定提供服务,旅游者在行程中也会积极配合旅行社导游员(领队)的工作,合同履行较为顺利;反之,只要旅行社有违约行为,则有可能导致人为扩大损失结果的产生。旅游者人为扩大损失的原因主要有:

1. 旅行社有违约行为在先。这是致使旅游者采取人为扩大损失行为的根本原因,如果旅行社没有违约在先,如降低了服务档次,擅自增加或者减少服务项目等,即使个别所谓十分挑剔的旅游者想要挑起事端,也难以得到全体旅游者的响应。只要旅行社规范经营,严格按照旅游合同为旅游者提供服务,人为扩大损失的纠纷的比例会大幅下降。

2. 旅行社后续的补救、安抚工作不到位。这是旅游者采取人为扩大损失行为的直接原因。旅行社服务存在违约行为,并不必然导致旅游者发生滞留等人为扩大损失结果的发生,同样的违约行为,有些旅游团出现了滞留不归现象,而绝大多数旅游团仍然如期返回,根本的原因在于旅行社的善后补救工作是否到位。

3. 旅游者担心权益得不到保障。旅行社违约后,旅游者担心受损权益的维护难以得到保障,这一方面可能是旅游者的主观猜测,低估了旅行社的赔偿能力和诚意;同时不可否认的是,的确存在少数不够诚信的旅行社对旅游者权益漠不关心,即使有违约行为,对旅游者的赔偿请求也置之不理。旅游者认为只有采取极端的手段,才能迫使旅行社就范,在行程结束前拿到赔偿金。

4. 旅游者不够理性。不可否认的是,在广大旅游者群体中,的确存在个别不够理性的旅游者,甚至还有极个别非善意的旅游者,只要旅行社有违约,就漫天要价,旅行社不答应,就鼓动其他旅游者,共同参与到拒绝返程的行列中,甚至到当地政府静坐,要求旅行社满足他们的要求。

四、人为扩大损失纠纷处理的基本原则

尽管有法律规定非常明确,但当旅行社违约,没有采取积极的补救措施,旅游者人为扩大损失的行为还是不时发生。在处理此类纠纷中，应当遵循以下原则：

1. 旅行社必须承担违约责任。人为扩大损失的情况发生后，旅行社首先应当主动承认违约行为，并按照合同约定或者旅游者的实际损失，向旅游者承担违约责任。不能因为旅游者人为扩大损失，旅行社就拒绝承担自己的责任。

2. 人为扩大损失应当由旅游者自己承担。从法律规定看，即使是旅行社违约在先，旅游者人为扩大的损失也应当由旅游者全额承担。但在我国目前消费环境中，法律规定和实际操作有较大的距离，尽管旅行社不愿意，但仍然不可避免地要与旅游者共同承担这些扩大了的损失，如由旅游者承担返程交通费用、餐费，而旅行社承担滞留期间的房费等相关费用。

3. 如果旅游者拒绝返程，旅游管理部门必须做好协调工作，并督促组团旅行社加强和旅游者、地接社的联系，尽快让旅游者返回，积极消除社会影响。

43 旅游者协助义务引起的纠纷

案例导入

某旅行社向旅游管理部门抱怨，姜先生夫妇参加了他们组织的贵州旅游，在旅游目的地，遭遇了冰雪天气的严重困扰，致使旅游行程多次改变：首先，由于高速公路受冻雨的影响，取消了著名景点黄果树的游览项目；其次，调整后的住宿降低了档次：由于黄果树景点的取消，只能在贵阳再住1个晚上，临时调整的饭店不尽如人意；再次，由于航班被临时取消，行程比原计划延后1天。对于上述变化和调整，姜先生认为贵州之行几乎没有意义。因此，在整个行程中，姜先生夫妇极不配合，不论旅行社如何耐心解释，姜先生夫妇要么坚持按照合同约定完成行程，要么就是要求旅行社给予赔偿，否则就要投诉。旅行社感到十分委屈，认为自己在这个事件中没有过错，完全是不可抗力因素造成的，自己也是受害者，但最终却很难得到姜先生夫妇的理解。

纠纷防范与应对

向旅行社支付旅游团款，是旅游者最为主要的合同义务，也是旅游者的普遍共识。除此以外，大部分旅游者认为在旅游活动中，只需要享受旅行社提供的服务，而不再认为还要承担其他义务。事实上，为了确保旅游活动顺利开展，旅游者除了履行交纳旅游团款的义务外，还必须履行许多协助义务，否则旅游合同仍然无法顺利实施。

一、旅游者协助义务的法律规定

1.《合同法》规定，当事人应当按照约定全面履行自己的义务。当事人应当遵循诚实信用原则，根据合同的性质、目的和交易习惯履行通知、协助、保密等义务。

2.《合同法》规定，当事人一方违约后，对方应当采取适当措施防止损失的扩大；没有采取适当措施致使损失扩大的，不得就扩大的损失要求赔偿。当事人因防止损失扩大而支出的合理费用，由违约方承担。

二、旅游者履行协助义务具体体现

虽然相关法律法规对于旅游者的协助义务的规定并不多，但旅游者的协助义务至关重要，离开了旅游者的积极协助，旅游合同的实施就会遭遇难题。当然，旅游者的协助义务不能一概而论，而要根据签订旅游合同、履行旅游合同的不同阶段的不同需求来确定，旅游者的协助义务呈现不同的特点。

1. 旅游合同签订前后的协助义务。参加旅行社组织的旅游活动，旅游者首先必须向旅行社如实提供旅游所必需的个人信息，按时提交相关证明文件，确保旅行社能够向交通等部门预订服务。同时旅游者必须按照约定，及时向旅行社支付旅游团款。旅游者也必须确保其身体状况适应旅游活动的要求，不得隐瞒不适合长途旅游的疾病，以免造成其人身伤害。

2. 合同履行中的协助义务。旅游者的协助义务，主要体现在旅游合同履行过程中。旅游者参加了旅游团，虽然履行了合同的主要义务，仍然不可以为所欲为。在旅游行程中，首先，旅游者必须遵守旅游合同约定的旅游行程安排，并准时参加各项活动。按照旅游服务规则，导游员（领队）在每次服务安排前，都会将出发时间和集合时间告诉旅游者，旅游者必须按照规定时间参加活动。其次，旅游者必须遵守旅游目的地的法律、风俗习惯。旅游目的地有其特有的民族风俗或法律规定，如果旅游者不遵守这些法律规定和风俗习惯，可能会引起旅游纠纷，给旅游者造成不必要的麻烦和损失，这在出境旅游和到民族地区旅游表现得尤其明显。再次，旅游者必须妥善保管随身物品。虽然旅行社有保障旅游者人身财产安全的义务，但旅游者作为完全民事行为能力人，在旅游行程中履行注意义务，妥善保管随身携带的行李物品就是协助义务。随身携带行李物品的丢失，旅游者不能不问青红皂白，一律要求旅行社承担所有的损失。最后，即使旅行社违约在先，旅游者也不能以此为要挟，随意扩大损失，而应当协助旅行社，按约完成旅游行程，然后向旅行社索赔。

3. 行程结束后的协助义务。旅游行程结束，并不必然意味着旅游者的义务完全消亡。有些出境旅游国家要求我国旅游者行程结束后，必须前往使领馆进行销签，如果被要求销签，旅游者有前往使领馆进行销签的协助义务。

4. 不可抗力、突发公共事件或者其他危急情形发生后，旅游者同样必须积极履行协助义务，与旅行社共同协商，采取改变旅游行程，缩短或者延长旅游线路等方式，确保旅游者人身财产安全，并降低双方当事人的损失。

5. 遵守旅游合同的各项约定义务。旅游合同是双方当事人权利与义务的凭证，只要旅行社按照合同约定为旅游者提供服务，说明旅行社履行了合同义务；至于旅游者提出的超出合同范围的其他要求，旅行社可视情况而定是否提供。

三、旅游者协助义务纠纷处理的基本原则

1. 旅行社负有引导和培育旅游消费的义务。旅行社作为旅游活动的专业组织者，对于旅游团队活动的性质和特点了如指掌，对旅游目的地的情况心知肚明，对于旅游途中可能发生的各种状况一清二楚，为了使得旅游行程顺利，旅行社有义务引导和培育消费。如果旅行社没有履行这些义务，导致旅游者没有履行协助义务，旅行社要承担相应的责任。

2. 旅游者没有履行协助义务，由此给旅游者自身造成人身财产损害，旅行社不承担赔偿责任。如旅游者提供的个人信息不真实，被民航部门拒绝登机，旅游行程受阻，不能按时接受旅行社提供的服务，旅游者不能要求旅行社退还旅游团款。如果旅游者没有履行协助义务，给其他旅游者造成人身财产损失，

就必须承担相应的责任。

44 旅游者放弃权利引起的纠纷

案例导入

杨先生夫妇参团赴港澳地区旅游。按照合同约定,杨先生等应当参加海洋公园的游览活动,就在旅游团准备前往海洋公园前,杨先生在香港的朋友要来拜访他,于是向领队请假要求离团,领队叮嘱注意事项后,让杨先生夫妇离团会客。由于当时走得匆忙,未提及门票处理等事宜,行程结束后,杨先生希望旅行社退还海洋公园的门票、交通及晚餐费用。旅行社以杨先生自行放弃权利为由,拒绝退还任何费用,双方要求旅游管理部门予以解决。经过调查核实,旅游管理部门要求旅行社退还海洋公园门票,但交通费用和晚餐费用不退,理由是:虽然杨先生夫妇交纳的团款中包含了此次目的交通和晚餐的费用,杨先生夫妇也没有参加此项游览活动,但这项活动费用无法从团队运作中单独列支和剥离。杨先生表示接受。

纠纷防范与应对

在旅游行程中,旅游者可能向旅行社提出,希望不参加旅游合同已经约定的某项活动,这就是所谓的旅游者放弃合同权利。面对旅游者的要求,旅行社有时欣然同意,有时则要求旅游者必须继续行程。究其原因,旅行社对于旅游者的放弃权利心情复杂,处理不当,也可能引起服务纠纷。

一、旅游者放弃权利的法律原理

1. 旅游者的主合同权利分析。在旅游服务合同中,旅游者有多种合同义务,包括旅游者的协助义务或者辅助义务,但最为重要的主合同义务,就是按照合同约定向旅行社交纳旅游团款。与主合同义务相对应的，旅游者的主合同权利，就是得到旅游合同约定的各项权利，即得到旅游六要素的服务权利。

2.“权利可以放弃”。“权利可以放弃，义务必须履行”是民事法律关系的基本原理，奠定了旅游者放弃权利的基础。该原理体现了民事关系中，民事主体在处理民事事务中的自由处分权。旅游者参加旅游，接受旅行社的服务是合同赋予的权利，旅游者可以根据自己的需要，决定是否参加旅游活动，有权决定是否放弃旅游合同约定的旅游权利。

二、旅游者放弃权利的分类

1. 旅游者由于自身原因放弃权利。在旅游行程中，旅游者有时由于自身的原因，告知旅行社将放弃某项服务项目，如旅游者身体不适，或者是要看望在旅游目的地的朋友，他们会放弃某一次游览或者餐饮服务。这是较为常见的旅游者放弃权利的情形。

2. 旅行社违约后旅游者放弃权利。由于旅行社在提供服务时出现违约，旅游者要求旅行社立即纠正违约行为，而旅行社认为没有违约，旅游者以权益受损为由，拒绝接受旅行社服务。在这种情形下，虽然旅游者的行为并非出于自愿，但拒绝接受旅行社服务的行为仍然应当视为放弃权利。如旅行社约定住三星级饭店，但没有约定住宿饭店名称，事实上住宿安排在该市郊区，旅游者就拒绝前往入住，自行住宿在市中心四星级饭店，旅游者的行为既放弃了入住郊区三星级饭店的权利，同时人为扩大了损失，旅游者将为此承担责任。在此类纠纷中，旅行社的行为的确违反合同约定，应当承担违约责任，但这和旅游者放弃权利行为没有必然联系，除非旅行社的违约行为非常严重，导致旅游合同目的不能实现，即安排的饭店不能满足旅游者基本需求，旅游者可以自行选择同标准的饭店住宿，费用则由旅行社承担。

3. 旅游者认为服务没有达到自己理想的标准放弃权利。旅游者经常以自己的主观想象作为标准，即使旅行社提供的服务合乎旅游合同的约定，他们有时也拒绝接受服务，在旅游目的地自行消费，行程结束后要求旅行社承担相关费用。如旅行社派出 18 座的旅游车，去机场接 16 人的旅游团，旅游者以车辆太小为由，自己乘坐出租车返回；旅游者认为旅游目的地的三星级饭店不理想，虽然合同上明确约定就是该饭店，旅游者也拒绝入住，自己在其他饭店住宿，要旅行社承担该住宿费用。

三、旅游者放弃权利纠纷处理的基本原则

1. 旅游者放弃权利不需征得旅行社的同意。由于旅游者的放弃权利，既没有增加旅行社的负担，也没有损害旅行社任何权益，是旅游者意思自治的具体体现。在这个过程中，只要事先告知旅行社即可，而不需要征得旅行社的同意。当然，现在有些旅行社不允许旅游者放弃参加随团旅游的权利，否则就要求旅游者交纳所谓的“离团费”，因为旅游者不参加随团旅游活动，就意味着旅游者不参加旅行社指定的购物，旅行社就会失去了相应的利润。旅行社这样做是违法的。

2. 旅行社不得为旅游者放弃权利设置前提。既然旅游者放弃权利的行为，对旅行社的利益没有任何影响，只要旅游者告知旅行社，旅行社就应当无条件同意。由于旅游价格竞争异常激烈，旅游者放弃权利时，就会影响旅行社的利益，旅行社就要求旅游者支付所谓的“离团费”，旅行社的行为违法。

3. 旅游者放弃权利的举证责任在旅行社。旅游者对于放弃权利是否出于自愿提出异议时，承担举证责任的是旅行社。因为旅游者放弃旅游的权利，其实质仍然是旅游合同的变更，而主张旅游合同变更的旅行社要承担举证责任。旅行社最为有效的证据证明，就是旅行社和旅游者之间就权利放弃所达成的书面协议。

4. 旅游者放弃权利后剩余费用的处理。旅游者放弃权利后，如果事先有约定，剩余费用按照约定处理；如果事先没有约定，可以单列的剩余费用应当退还旅游者；如果旅游者放弃权利的同时，人为扩大了损失，旅游者必须自行承担扩大的损失，不得要求旅行社承担这部分费用。

45 旅游者退团引起的纠纷

案例导入

杭州徐女士和她丈夫与杭州某出境游组团旅行社签订合同，将赴澳大利亚、新西兰旅游。合同签订后，徐女士和旅行社都进行了必要的准备工作，就在

出团前3天,由于身体不适,徐女士向旅行社提出,临时取消行程,并提供了医院的证明。旅行社建议其最好能够随团出游,但徐女士的身体状况的确难以成行,不得不取消了旅游行程。由于旅行社已经为徐女士购买了旅游团队机票,无法办理退票手续,实际发生的费用包括签证费、杭州至香港、澳大利亚、新西兰的双程机票等,将近14000元。团队结束后,徐女士向旅行社交涉,要求退还旅游团款,当旅行社提出按照实际发生费用扣除旅游团款,徐女士认为自己尚未成行就要被扣除高昂的费用,而且也不是自己的主观原因导致行程被取消,觉得十分冤枉,不愿意接受旅行社的扣款方案。为了迫使旅行社作出让步,徐女士先后向有关管理投诉,要求旅行社退还绝大部分旅游团款。

纠纷防范与应对

旅游合同签订后,由于主客观原因,导致旅游者无法按时出团,旅游者要求取消旅游行程,而旅行社以旅游行程已经安排妥当为由予以拒绝。如果双方协商不能达成一致,其结果必然是旅游合同的解除。纠纷也由此而起,即旅游者要求退还全额团款,旅行社要求扣除相关损失费用,双方相持不下。

一、旅游者退团的性质

按照合同约定,参加旅游团旅游,既是旅游者的权利,也是旅游者的义务,互为表里,相辅相成,离开了旅游者直接参与,旅游合同赋予旅行社和旅游者的权利与义务就无法实现。虽然旅游者事先已经向旅行社交纳了旅游团款,履行了合同的主要义务,但为了旅游合同目的的如期实现,旅游者必须按约参加旅游团。如果旅游者不能按期参团旅游,其退团行为的实质就是违反合同约定。

二、旅游者退团的原因

通常情况下,旅游者到旅行社报名参加旅游团,的确出于其真实且善意的动机,不能按时出团,实在是有迫不得已的原因。此类纠纷产生的原因,大致可以归纳为:

1. 出团前本人或者家人突然身体不适。此类原因最为常见。虽然此类原因非旅游者主观可以控制,但不属于不可抗力;同时,旅游者又没有在合同中和旅行社有免除责任的约定,只要旅游者不参加旅游,旅行社必然要求旅游者承担已经发生的费用,旅行社的要求符合法律规定。除非旅游者事先和旅行社约定,身体不适可以解除旅游合同,且免除违约责任。

2. 出团前本人事务尚未处理完毕。按照旅游者的设想,合同约定的时间可以参加旅游,但由于本人或者公司事务没有处理完毕,或者有紧急事务必须处理,旅游者不能再按约定实际出游,必须放弃旅游行程,其结果当然也是旅游者必须承担已经发生的费用。

三、旅行社必须告知旅行社业务操作的特殊性

旅游团队操作的特殊性在于,只要旅游者与旅行社达成参团旅游意向,旅行社就开始了相关的操作,业务费用也随之发生。同时,旅游者参加旅游团费用较之自助游更便宜,主要原因是旅行社通过批量作业,可以获得较为优惠的折扣,而获得折扣的前提是,预订之后难以退票。尤其是在旅游旺季,旅行社为了确保行程得到落实,往往会按照服务供应商的要求,事先支付相关款项。作为旅行社从业人员,对于这样的特点固然非常清楚,旅游者退团,的确将产生较大的经济损失;然而,普通旅游者对于这样的操作模式事先并不知晓,旅游者会认为,行程尚未开始,旅行社也没有提供多少服务,损失不至于这么大,纠纷的产生也在情理之中。

因此,为了减少此类纠纷的发生,在旅游者交纳旅游团款,或者签订旅游合同时,基于诚实信用原则,旅行社就有义务将旅行社业务操作的特殊性告知旅游者,对于旅游者退团的后果做明确的告知。旅行社在谈论旅游行规时,总是强调旅游行业的特殊性,既然如此,就不能只谈对自己有利的特殊性,而避谈或者疏忽了对于旅游者可能存在的风险。

四、旅游者退团纠纷处理的基本原则

1. 旅游者应承担违约责任。除了发生不可抗力,否则旅游者不能如期参团旅游而导致旅游合同解除,旅游者的行为就构成了违约,应当承担违约责任。如果旅游者的违约行为没有产生实际损失,按照诚实信用原则,旅行社应当全额退还旅游费用。即便如此,假如旅游合同中有违约金的约定,旅行社可以向旅游者收取违约金。

2. 旅行社可以扣除已经产生的实际费用。旅游者违约后产生的所有损失，包括飞机票、旅行社已经支出的预付款、旅行社的通信联系费用等。这些费用的产生，均是由于旅游者的违约行为所产生，旅游者必须为此承担责任，因此，旅行社可以从旅游者交纳的团款中扣除。

3. 旅行社必须提供相关凭证。旅行社在扣除旅游者团款时，必须能够举证其损失的存在。旅行社扣除旅游者的损失，要提供相关真实可信的凭证，而不是仅仅凭借自己的主观想象，想扣除多少就扣除多少。如果旅行社不能提供凭证，旅游者可以拒绝支付。

4. 旅行社是否可以扣除利润。旅行社除了扣除实际损失外，是否可以扣除部分团款抵作旅行社的利润，法律并没有禁止，从理论上说旅行社这么做也不违法，但从实践操作中看，以不扣除利润为好，毕竟旅游者不参团不存在主观故意，也是不得已而为之，而且已经承受了较大的损失。

46 旅游者未履行注意义务引起的纠纷

案例导入

金先生在北京参加了旅行社组织的赴内蒙古6日游。按照合同约定，旅行社为金先生等人安排了观赏蒙古摔跤表演的节目。金先生初中阶段在业余体校学习过摔跤，看到专业演员的表演，一时兴起，想要上台一展技艺。得知金先生的想法后，导游员及时劝阻金先生放弃，同团的其他旅游者也劝说金先生，但金先生仍然坚持上台，一定要和专业演员一较高低。演员得知情况后，也是好言相劝，希望金先生打消念头，但金先生就是坚持要和专业演员比试。结果，金先生第一回合就被摔在表演台上，膝盖骨被摔碎，身受重伤。旅行社及时把金先生送到医院治疗，金先生为此支付了2万多元的治疗费，在家休息半年。金先生要求旅行社赔偿3万，理由是他是在旅游期间受到的伤害。旅游管理部门了解情况后，认为金先生应当为自己的行为负责，旅行社不需要承担赔偿责任。

纠纷防范与应对

通常情况，旅游服务纠纷产生，归根到底来源于四个方面，即旅行社没有履行合理限度范围内的注意义务、旅游者没有履行合理限度范围内的注意义务、服务供应商没有履行合理限度范围内的注意义务、不可抗力或者意外事件。在处理服务纠纷过程中，由于旅游者缺乏理性的认识，往往将其自身故意或者过失引起的人身伤害或财产损害也归结于旅行社，要求旅行社承担赔偿责任，旅行社觉得不公平且难以承受。

一、旅游者履行注意义务的法律规定

《民法通则》规定公民从出生时起到死亡时止，具有民事权利能力，依法享有民事权利，承担民事义务。十八周岁以上的公民是成年人，具有完全民事行为能力，可以独立进行民事活动，是完全民事行为能力人。

二、旅游者注意义务的含义

所谓旅游者注意义务，就是法律赋予旅游者的一种义务，即旅游者作为完全民事行为能力人，在签订合同和履行合同过程中，应当确保他的作为或者不作为，不损害自己和他人的合法权益，并对其作为或者不作为的后果有预见，否则就将承担相应的责任。从此可以得出结论，旅游期间旅游者所遭受的人身财产损害，并不能简单地一概归咎于旅行社，要就损害的具体情况作具体分析，才能确定责任的承担者。

三、旅游者未履行注意义务引起的纠纷类型

1. 旅游者人身伤害纠纷。在旅游过程中，有些旅游者由于过于自信而参加了一些不适宜于其自身条件的旅游活动，如上述案例中的金先生，就是由于对自己的业余摔跤水平盲目自信才导致了其人身受到伤害。还有些被医生诊断为不宜长途旅行的旅游者却要执意报名远赴欧洲旅游，旅行社也没有理由阻止其参团，其结果是旅游者在旅游途中突患疾病。也有的时候是由于旅游者疏忽，才发生了本来可以避免的伤害，如旅游者在旅游景点游览过程中，由于自己

没有注意台阶而摔倒受伤。

2. 旅游者财产损失纠纷。旅游者未履行注意义务，导致其财产损失。最为典型的案例就是，旅游者自己保管的随身携带行李的丢失。在这种情况下，大多数旅游者也会认为应当由旅行社承担赔偿责任。理由是自己参加了旅游团，在旅游期间旅游者任何损失，不论是非曲直，不论生老病死，都应当由旅行社来承担旅游者的损失。而事实上，按照我国相关法律法规的规定在，作为完全民事行为能力人，旅游者是其随身携带行李的第一保管人，随身携带行李的丢失或者毁损，旅行社不应当承担赔偿责任。

3. 旅游者未履行协助义务引起的纠纷。旅游行程的顺利推进，前提之一是旅游者积极协助导游员（领队）的安排，旅游者必须按照导游员（领队）宣布的时间，抵达出发地点，不能经常迟到，让其他旅游者等候；发生不可抗力或者意外事件时，不能一意孤行，而要与导游员（领队）合作，尽可能降低损失，而不能人为扩大损失，或者导致行程难以完成。

四、旅游者未履行注意义务引起的纠纷处理的基本原则

1. 旅游者要为自己的行为负责。作为完全民事行为能力人，旅游者对于自己的所作所为，应当有一定的预见能力，必须为自身行为负责。如果旅游者人身财产损害和旅行社有关，旅行社只应在其故意和过失的范围内承担责任，而不是说旅游者只要有损害或者损失，旅行社就必须无条件地承担赔偿责任。在纠纷的实际处理过程中，旅游者往往回避这个话题，而把所有责任推给旅行社。

2. 由于旅游者未能尽到合理限度范围内注意义务，引起的旅游者人身伤害和财产损害，责任由旅游者自己承担；旅游者没有履行积极的协助义务，导致损害或者损失扩大，旅游者就扩大部分承担责任；旅游者隐瞒自己的既往病史，在旅游途中加重病情，导致旅游者人身损害，旅行社不承担责任。

3. 旅行社必须履行协助义务。旅行社没有履行注意义务，造成旅游者人身财产损害，毫无疑问旅行社必须承担全部责任。当旅游者未履行注意义务，人身财产损害发生后，虽然旅行社不需要承担赔偿责任，但旅行社必须履行协助义务，比如送旅游者到医院就医，协助旅游者补办遗失的证件等，而不能以没有责任而拒绝协助。

4. 相关费用应当由旅游者自己承担。虽然道理非常简单,但实际操作往往并非如此。实际情况是,当旅游者人身伤害发生后,旅游者及其家属以经济困难为由,旅行社不得不为旅游者垫付医疗费用,有些旅游者不愿意偿还,旅行社也难以索要。这是一个长期困扰旅行社的难题,到目前为止也没有得到切实的解决。

责任承担纠纷篇

旅游服务纠纷发生后，不论是经过旅游者和旅行社的自行协商、借助旅游管理部门的协调、通过仲裁委员会的仲裁或者是人民法院的诉讼，最后的结果基本一致，即确定旅行社是否应当承担责任、应当如何承担责任、应当承担多大的责任。如果是旅游合同纠纷，按照合同相对性原理，旅行社应当为其合同义务不履行而承担责任，即使损失是由地接旅行社等服务供应商（公共交通等因素除外）造成的，组团旅行社照样不能逃避责任。如果是旅游侵权纠纷，只要组团旅行社履行了相关的注意义务，旅游者的侵权损失由侵权人独自承担，要求组团旅行社承担责任的说法难以得到支持。精神损害是旅游者最为热衷的赔偿请求，如果在旅游合同纠纷中，如旅行社漏游了旅游景点，或者是降低了服务标准，旅游者要求旅行社承担精神损害赔偿，按照最高人民法院司法解释的规定，除非旅游者改合同纠纷为侵权纠纷，否则该赔偿请求会被人民法院驳回。

47 支付违约金引起的纠纷

案例导入

黄金周前夕，某国际旅行社和张先生、李先生两家共12人签订了去云南的旅游合同。旅游合同签订后，旅行社开始其业务操作，旅游者也为旅游做好了准备工作。就在出团前两天，张先生家发生了车祸，死亡1人，受伤3人。张先生要求取消行程，解除旅游合同，并愿意按约承担违约责任。考虑到张先生家的不幸，旅行社没有收取张先生一家的违约金，全额返还旅游团款。由于张先生一家已经放弃了旅游行程，导致旅游团队人数不足，于是通知李先生他们取消旅游行程，同时还希望李先生也不追究旅行社的违约责任。李先生则坚持旅行社承担违约责任，向李先生一家赔偿共计2600元的违约金。旅游管理部门认为，旅行社可以放弃追究张先生的违约责任，但这并不意味着李先生追究旅行社违约责任的丧失，旅行社应当向李先生承担违约责任。

纠纷防范与应对

旅行社和旅游者签订旅游合同后，双方当事人应当严格按照合同约定，履行合同义务，实现合同权利。在旅游实务中，往往由于旅行社或者旅游者主观和客观原因，旅行社无法组团成行，或者不能按照合同约定提供服务，导致旅游合同不能履行或者不能完全履行现象的发生；旅游者也可能向旅行社提出终止旅游合同的要求，而旅行社不愿意旅游者终止合同。按照法律规定，旅行社和旅游者的上述行为，均属于擅自违反合同约定，其后果必然是承担违约责任，支付违约金就是承担违约责任的方式之一。

一、违约金的概念

违约金制定是指合同双方当事人为了防止合同履行过程中违约行为的发

生,事先设定对违约行为的惩罚制度。由于违约金是由旅行社和旅游者协商约定的,并不必然和经济损失联系在一起,不管违约行为是否给守约方造成直接经济损失,违约金都可以单独支付。

二、有关违约金的法律规定

《合同法》第 114 条规定,当事人可以约定一方违约时应当根据违约情况向对方支付一定数额的违约金,也可以约定因违约产生的损失赔偿额的计算方法。约定的违约金低于造成的损失的,当事人可以请求人民法院或者仲裁机构予以增加;约定的违约金过分高于造成的损失的,当事人可以请求人民法院或者仲裁机构予以适当减少。

三、违约金支付存在的问题

1. 旅游者不愿意支付违约金。旅行社违约,旅游者追究其违约责任较容易,旅行社也愿意承担。与此相反的是,假如旅游者违约,不论是否给旅行社造成损失,也应当支付相应的违约金。尽管旅游合同有明确的约定,但旅游者违反了合同约定,却往往拒绝支付违约金,造成旅行社实际难以向旅游者收取违约金。这也是旅行社经常感叹旅行社是弱势群体的原因之一。

2. 约定不明给支付违约金造成困难。由于违约金应当在旅游合同中事先约定,违约行为发生后,守约方才可以向对方收取违约金。但由于双方签订的旅游合同有时对违约条款的约定并不明,不论是旅行社违约,还是旅游者违约,只要发生了旅游合同违约纠纷,双方为违约金的支付存在较大的争议。

3. 还有个别旅游者缺乏保护意识,在签订旅游合同时没有和旅行社约定违约金,当旅行社违约行为发生后,要求旅行社支付违约金,这有违法律规定。当然,按照《旅行社条例》规定,如果旅游合同没有明确"违反合同的纠纷解决机制及应当承担的责任",旅行社将受到行政处罚,但这样处罚的作用和性质与民事赔偿不同。

四、违约金支付纠纷处理的基本原则

1. 违约金由旅游者与旅行社双方协商确定。由于违约金并不以一方当事人的违约行为给对方造成直接经济损失为前提,违约金数量的多少很大程度上取决于旅行社和旅游者双方的协商。根据合同自由原则，只要旅行社和旅游者双方协商，双方约定的违约金数量就应当得到遵守。当然确定违约金的目的，并不是为了获得违约金，而是通过违约金机制，引起旅游合同双方当事人的重视，确保旅游合同更加顺利地履行。

2. 违约金的数额事先予以确定。在旅游团队出团前，旅行社应当与旅游者签订书面旅游合同，对违约金的具体约定应当成为旅游合同的重要内容之一；而且，由于旅游服务要素构成的多样性和复杂性，旅游合同应当就各个服务要素进行约定。违约金的数额在旅游合同履行前已经确认，有利于旅行社和旅游者双方共同遵守旅游合同的约定。

3. 违约金生效的前提是发生了违约行为。虽然有违约金约定在先，但在旅游合同履行中，并不必然导致支付违约金现象的产生。假如合同当事人没有违反合同约定，并全面履行了合同，则任何一方都不必支付违约金。只有当旅行社或者旅游者产生了违约行为，违约金才自动发挥制裁作用，保护合同守约方的合法权益。但只要旅游合同顺利履行，旅行社和旅游者都没有违约行为，就不需要向任何一方支付违约金。

4. 国家对过低或者过高违约金的干预。当旅行社和旅游者约定的违约金出现过高或者过低的情况，根据法律规定，约定的违约金低于造成的损失的，当事人可以请求人民法院或者仲裁机构予以增加；约定的违约金过分高于造成的损失的，当事人可以请求人民法院或者仲裁机构予以适当减少。

48 旅行社赔偿范围引起的纠纷

案例导入

张先生参加旅行社组织的出境旅游活动，由于旅游景点人气很旺，排队时间很长，为了能够尽快参与景点的活动，张先生不经领队的劝阻，想直接插队进入景点，和正在排队的其他旅游者发生了争吵，进而发生了肢体冲突，导致张先生手指受伤，经当地医院治疗，花费300人民币元。张先生回国后,要求旅行社承担医疗费,并赔偿未能游览景点的费用。旅行社认为,纠纷发生的原因是张先生没有遵守排队游览秩序,而且领队事先已经进行劝阻,张先生手指受伤,责任完全在其自身,旅行社不能承担赔偿责任。旅游管理部门了解情况之后,也认为旅行社已经尽到了相关义务,不必为此承担赔偿责任。在管理部门耐心劝导说服下,张先生勉强放弃要求旅行社赔偿的要求。

纠纷防范与应对

不论旅游者发生了人身还是财产损害,也不论发生损害事件的原因是旅行社的过错还是旅游者的疏忽,旅游者总是非常自然地认定,旅行社应当向旅游者承担赔偿责任。他们的理由十分简单,因为旅行社是旅游活动的组织者,既然损害发生了,旅行社理应赔偿。旅行社为此总感委屈,有时也是无可奈何,只好违心承担赔偿责任。

一、旅行社承担赔偿责任的法律规定

1.《合同法》规定,当事人一方不履行合同义务或者履行合同义务不符合约定,给对方造成损失的,损失赔偿额应当相当于因违约所造成的损失,包括合同履行后可以获得的利益,但不得超过违反合同一方订立合同时预见到或者应当预见到的因违反合同可能造成的损失。

2.《侵权责任法》规定,行为人因过错侵害他人民事权益,应当承担侵权责任。根据法律规定推定行为人有过错,行为人不能证明自己没有过错的,应当承担侵权责任。行为人损害他人民事权益,不论行为人有无过错,法律规定应当承担侵权责任的,依法律规定承担相应的侵权责任。

3.《侵权责任法》规定,宾馆、商场、银行、车站、娱乐场所等公共场所的管理人或者群众性活动的组织者,未尽到安全保障义务,造成他人损害的,应当承担侵权责任。因第三方的行为造成他人损害的,由第三方承担侵权责任;管理人或者组织者未尽到安全保障义务的,承担相应的补充责任。

二、旅行社承担的义务及赔偿范围

1. 旅行社按照合同约定提供服务义务。按照合同约定提供服务，是旅行社承担的最普通最重要的义务。只要旅行社提供了合同约定的服务，合同的履行义务基本完成。就旅游合同而言，旅行社的赔偿范围局限于合同约定的范围内，而不是承担无限责任的赔偿。

2. 旅行社承担保护旅游者人身财产安全义务。旅行社要确保旅游产品和服务的安全性，旅行社必须履行安全保障的告知和警示义务，旅游安全事故发生后，要采取积极妥当的措施，防止损害的扩大。由于第三方的侵权行为给旅游者造成人身或者财产损害，假如旅行社履行安全保障义务不完全，如旅游者在自由活动时受到伤害，旅行社没有事先告知或者事后没有积极施救，旅行社也必须就安全保障义务不足部分承担赔偿责任。

3. 自费项目应当被纳入旅行社的服务义务。自费项目仅仅是旅行社向旅游者推荐结果，是否参加由旅游者自行决定，在旅行社看来除了推荐行为本身外，旅行社不需要承担更多责任，而旅游者的看法恰恰相反。其实，自费项目本质上属于合同变更，既然旅游者承诺参加自费项目，旅行社对于自费项目承担的义务，等同于合同约定的其他项目，既要确保旅游者能够参加自费项目，而且要确保自费项目的质量和安全，否则旅行社仍然要承担相应的赔偿责任。

三、旅行社不需要赔偿的损害

1. 旅游者自身过错导致的损害。不论是旅游者的故意，如旅游者在旅游途中自杀，还是旅游者的过失，如旅游者擅自前往大河游泳溺水，其损害后果的发生与旅行社的服务没有直接的因果关系，旅行社不需要为此承担赔偿责任。当然，旅行社作为旅游专业人士，事先给予旅游者的告知、说明和警示仍然不可少。

2. 第三方的侵权行为导致的损害，但旅行社已经履行安全保障义务。第三方实施的侵权行为导致旅游者人身财产损害的发生，当然是由第三方为其侵权行为承担责任，但如果旅行社没有履行安全保障义务，如旅行社租用的旅游车驾驶员不具备合法资格，即使是第三方侵权导致旅游者受到伤害，旅行社还要承担相应的赔偿责任。

3. 不可抗力导致的损害。不可抗力是法定的免责条件，由于不可抗力发生导致的旅游者人身财产损害，旅行社不承担赔偿责任，但要积极协助，妥善处理，把旅游者的损失降低到最低限度。

四、旅行社赔偿范围纠纷处理的基本原则

1. 确定旅游服务纠纷性质。旅游服务纠纷责任，大致可以分为违约责任和侵权责任。不论是旅游者管理部门，还是旅行社都必须分析旅游者提供的证据和赔偿请求，应确定服务纠纷属于违约责任纠纷还是侵权责任纠纷，这是妥善处理旅游纠纷的首要条件。

2. 根据服务纠纷性质确定赔偿范围。根据已经确定的服务纠纷性质，明确告知旅游者违约责任和侵权责任不同的赔偿范围和责任承担主体，要求旅游者对于纠纷中存在的责任竞合作出明确的选择，确定旅行社的赔偿范围，最后按照违约责任或者侵权责任的法律规定，确定是否给予旅游者赔偿以及赔偿的数额。

49 旅行社违约责任赔偿引起的纠纷

案例导入

谢先生参加了杭州某旅行社的赴昆明－大理－丽江6日游。行程结束后，谢先生想做的第一件事就是向旅游管理部门投诉。在旅游行程中，导游员似乎只对推荐谢先生等人参加自费项目和购物游有兴趣，在景点的讲解上却是犹如蜻蜓点水，惜字如金。结果，谢先生购物还花了2000元。最令谢先生等旅游者难以接受的是，在大理旅游时还是如此，以至于游览大理三塔时已是晚上8点，只隐隐约约看到了三个塔的影子。谢先生等人向导游员表示不满，导游员满不在乎地告诉谢先生等人，反正没有漏游景点，服务质量没有问题，投诉也没有用。旅游管理部门要求旅行社赔礼道歉，并给予谢先生等人适当的补偿，谢先生表示接受。

纠纷防范与应对

在所有旅游服务纠纷中，大致可以分为违约责任和侵权责任，而违约责任纠纷占据旅游服务纠纷的绝对多数。我们通常所谓的旅游质量服务纠纷，大多属于违约责任纠纷。

一、有关旅行社违约责任承担的法律规定

《合同法》规定，当事人一方不履行合同义务或者履行合同义务不符合约定的，应当承担继续履行、采取补救措施或者赔偿损失等违约责任。

二、旅行社违约类型

1. 旅行社降低服务档次和标准。这是旅行社违约行为最主要的形式。在旅行社提供服务时，虽然服务是提供了，但服务档次和标准有所降低，如约定的是三星级饭店，而旅行社实际提供的饭店只有二星级标准，或者是所谓三星级标准饭店；旅行社承诺的交通工具是火车，但真正提供的是汽车服务。如此等等，不一而足。

2. 旅行社不履行合同约定的服务。最为典型的是漏游景点。总体来说，在旅游者维权意识日益增强的情况下，一般地说旅行社不会（或者说不敢）不履行合同约定的服务，因为旅行社清楚地知道不履行合同的后果。但这并不是说漏游景点的现象已经绝迹，仍然有少数旅行社的导游员（领队），为了能够增加自费项目、延长购物时间，还是会怀着侥幸心理，漏游一些非著名景点。

3. 安排旅游的时间不符合约定。由于少数导游员（领队）过于注重增加自己的收入，在自费项目和购物上费尽心思，想方设法让旅游者多消费，就可能导致旅游时间非常匆忙，但又担忧漏游旅游景点的严重后果，所以在晚上 7 点游览大理三塔、凌晨两点游览莫斯科红场，旅游者自然无法接受。

4. 旅行社违约的特殊形式。按照《合同法》的一般规定，如果合同义务方不能提供合同约定的商品或服务，可以用同类更高档次的商品或服务替代，合同义务方的行为不能认定为违约，合同另一方当事人也乐意接受。而在旅游服务

中,即使旅行社用高档次的服务替代,旅游者仍难以接受,这种特殊违约形式为旅游合同所特有。

三、旅行社违约损害责任赔偿争论焦点

1. 旅游者和旅行社对赔偿标准分歧很大。旅行社坚持按照《合同法》的相关规定,按合同约定的违约金或者旅游者的实际损失进行赔偿;旅游者要求更高的赔偿,理由是按照旅行社的赔偿,假如旅游者下次再去游览,旅游者的付出远远高于旅行社的赔偿。已有司法案例对旅行社的赔偿方式作出了重大调整,表明人民法院已经注意到该现象,2010 年底颁布的《最高法审理旅游纠纷若干规定》对此已经有了明确的规定。

2. 旅行社违约责任赔偿是否包含精神损害。赞同者竭力主张应当包含精神损害,理由是旅游服务包含精神享受,既然旅行社违约,按照补偿性的原则,旅行社就应当赔偿精神损害;反对方认为,《合同法》没有将精神损害纳入违约责任赔偿范围内。从目前的司法实践看,有少量的违约责任赔偿被判承担精神损害,《最高法审理旅游纠纷若干规定》已经有了统一的规定。

3. 违约责任赔偿是否仅仅局限于经济赔偿。按照《合同法》的规定,违约责任发生后,违约方"应当承担继续履行、采取补救措施或者赔偿损失等违约责任",赔偿损失仅仅是违约责任承担的一种形式。当违约行为发生时,旅行社要在第一时间继续履行或者采取补救措施。如果不能采取继续履行、采取补救措施,或者虽然采取了继续履行、采取补救措施,仍然给旅游者造成损失,旅行社才应当赔偿旅游者损失。

四、旅行社违约责任赔偿纠纷处理的基本原则

1. 组团旅行社必须对旅游合同负责。组团旅行社签订了旅游合同,就必须为合同约定的所有服务项目负责任,不论是否为组团旅行社的过错或疏忽,只要旅游者得到的服务与合同约定不符,组团旅行社就应当承担全部责任,而不能以非组团旅行社自身过错为由,拒绝承担责任。当然,组团旅行社也可以把服务供应商一并纳入诉讼过程中。

2. 只要和合同约定不符均应认定为违约。不论旅行社的行为是否给旅游者造成直接经济损失,但只要旅行社的服务与合同约定不符,旅行社的行为都应当被认定为违约。旅行社有些行为并不直接损害旅游者的权益,如擅自调整

上午和下午的行程，但这样的调整并不能改变其违约的性质。

3. 违约责任适用补偿性原则。尽管有些司法判例已经突破了《合同法》关于补偿性的相关原则，但就目前法律规定看，补偿性赔偿原则仍然占据主导地位。为了更能平衡旅行社和旅游者之间的权益，较为理想的办法是，由旅游管理部门制定旅游合同文本，明确违约责任，有利于旅游者的维权。

50 旅行社违约赔偿方式引起的纠纷

案例导入

司马先生参加某旅行社组织的西北地区6日游。由于组团旅行社和服务供应商的原因，导致司马先生的旅游行程严重不符合约定，漏游了最为著名的旅游景点，住宿由三星级饭店降低为农民家庭旅馆，旅游车也是破旧不堪，接连几次抛锚，使司马先生等旅游者饱受其苦。最令人难以忍受的是，导游员对此竟然习以为常，以当地地接条件差为由，希望旅游者能够适应。司马先生返回后，要求旅行社给予双倍赔偿，或者是重新组织旅游，否则就要到媒体曝光，损坏旅行社的形象。经过旅游管理部门的多次协调，旅行社考虑到旅游者的实际损失，给予司马先生一半团款的赔偿，司马先生满意而归，纠纷得到及时化解。

纠纷防范与应对

旅行社违反合同约定造成旅游者合法权益受损，是旅行社服务纠纷最为常见的类型。在此类纠纷中，由于造成旅游者权益受损的直接违约行为来源于不同的主体，旅行社经常为如何承担违约责任而与旅游者争论不休，直至被旅游者投诉或者告上法庭。

一、有关旅行社违约赔偿方式的法律规定

1.《合同法》规定，当事人一方不履行合同义务或者履行合同义务不符合约定的，应当承担继续履行、采取补救措施或者赔偿损失等违约责任。

2.《最高法审理旅游纠纷若干规定》中明确，旅游经营者违反合同约定，有擅自改变旅游行程、遗漏旅游景点、减少旅游服务项目、降低旅游服务标准等行为，旅游者请求旅游经营者赔偿未完成约定旅游服务项目等合理费用的，人民法院应予支持。旅游经营者提供服务时有欺诈行为，旅游者请求旅游经营者双倍赔偿其遭受的损失的，人民法院应予支持。

二、产生旅行社违约行为的原因

由于旅行社服务具有关联性强的特点，服务提供的主体除了组团社之外，还有地接社、交通、餐饮、景点、宾馆等相关服务主体，同时还要依赖旅游者的积极协助，任何一个环节的服务不到位，均可能产生违约现象。产生违约行为的原因，大致有以下四类：

1. 组团旅行社自己违约造成旅游者权益损失。组团旅行社掌控着旅游服务全行程，由于组团旅行社自身原因，导致旅游服务档次和标准的降低。在此类纠纷中，较为典型的是组团旅行社擅自调整行程、全陪（领队）擅自增减服务项目，降低旅游服务标准，损害旅游者的合法权益。

2. 相关服务供应商违约造成旅游者权益损失。旅行社和相关服务供应商签订合同，供应商应当按照合同约定，为旅游者提供相关服务；但相关服务供应商由于自身的原因违约，不能为旅游者提供约定的服务。较为典型的案例是：地接社安排的服务不达标；由于民航自身原因，导致飞机延误；宾馆提供的服务违反国家标准，或者餐厅的服务违反食品卫生标准，损害旅游者的合法权益。

3. 组团旅行社擅自转让旅游者，受让旅行社违约造成旅游者权益损失。在旅行社实际操作中，由于组团旅行社的原因，不能按照合同约定为旅游者提供服务，往往擅自将旅游者转给其他旅行社，受让旅行社及其委托服务供应商违约，造成旅游者的权益受损。

4. 旅行社及其供应商缺乏诚信。和上述原因相比，旅行社及其服务供应商诚信的缺失，是造成旅行社违约最为主要的原因之一，旅游者最为痛恨旅行社的主要原因也在于此。有些旅行社从旅游广告的发布、旅游团款的收取、旅游合同的变更、旅游购物的安排，直至旅游纠纷的处理，几乎都采取能骗则骗，能蒙则蒙的手法，一次又一次地损害旅游者的权益，导致旅行社社会评价的降低。

5. 旅游者违约造成其他旅游者权益损失。参加旅游团的所有旅游者必须遵循的原则之一，就是必须具备团队精神。有时个别旅游者不能按照约定的时间上车，导致旅游团不能按时出发，缩短了其他旅游者的游览时间，守约的旅游者认为导游员（领队）的掌控能力低，把责任全部推给旅行社，要求旅行社承担责任。

三、旅行社违约赔偿方式纠纷处理的基本原则

1. 组团旅行社必须承担全部责任。旅游者享受的服务不符合合同约定，组团旅行社先行承担，这是处理旅行社违约的基本原则。违约责任是严格责任，违约责任的承担并不在乎旅行社是否对违约行为的产生有无主观过错，而是强调履行合同的结果。组团旅行社自身违约，毫无疑问，组团旅行社应承担全部责任。即使违约的实际主体并不是组团旅行社，而是服务供应商，组团社不能以自身没有过错为由，拒绝承担违约责任。

2. 违约责任仅限于财产损失的赔偿。第一，违约金的赔偿。只要旅游者与旅行社在旅游合同中约定了违约责任，如果旅行社发生违约行为，不论是否有实际损失，旅行社必须按照合同约定支付违约金。第二，实际损失的赔偿。双方事先没有约定违约金，旅游者举证实际损失，旅行社予以赔偿。违约金的约定必须在旅游合同签订时，而不在违约行为发生后。如果旅行社有违约行为发生，而事先没有约定违约金，旅游者不能要求旅行社支付违约金。

3. 旅游者其他赔偿方式的处理。第一，旅游者要求旅行社给予旅游团款的双倍赔偿。这样的赔偿方式必须由旅游者举证，证明旅行社有欺诈行为，而且该欺诈贯穿于全过程，否则即使有欺诈，只能就事论事地双倍赔偿。第二，旅游者要求全额返还旅游团款或者重新旅游。这样的要求不符合《合同法》补偿性赔偿原则，旅行社应当就违约行为给予全额赔偿，但全额赔偿损失不等同于全额旅游团款的返还，更不同于重新旅游。

51 旅行社侵权责任赔偿引起的纠纷

案例导入

黄金周期间，韩小姐与王小姐结伴参加旅行社组织的某大峡谷旅游，为了避开客流高峰，旅行社安排清晨5点到达大峡谷景区，在导游员的带领下开始了游览活动。该景区纵深有1500米，当旅游团行进到1200米处，导游员准备折回，理由是里面的景色和外面一样，提前结束是为了赶赴下一个景区。韩小姐和王小姐提出，她们要游玩全程，希望导游员放慢速度等她们。导游员带领大部分旅游者往回走，一个小时以后还不见韩小姐她们，导游员沿路寻找，结果在1400米处，发现韩小姐和王小姐已经漂浮在路边的水潭中，生命迹象早已消失。旅游管理部门及时介入协调，死者家属要求旅行社和景区共同承担赔偿责任，旅行社和景区都坚持自己没有责任。最后，死者家属将旅行社和景区告上法院。

纠纷防范与应对

相比违约责任纠纷，侵权责任纠纷在旅游服务纠纷所占比例很低，但危害性较之违约责任较高。旅行社的违约责任，往往停留在服务质量上；而侵权责任可能带来的后果是，对旅游者人身或财产的损害，对旅游者权益的损害较严重，纠纷处理的难度也较大，有时是通过民事诉讼加以解决。

一、有关旅行社侵权责任的法律规定

1.《侵权责任法》规定，行为人因过错侵害他人民事权益，应当承担侵权责任。

2.《最高法审理旅游纠纷若干规定》中明确，旅游经营者、旅游辅助服务者未尽到安全保障义务，造成旅游者人身损害、财产损失，旅游者请求旅游经营

者、旅游辅助服务者承担责任的，人民法院应予支持。

3.《最高法审理旅游纠纷若干规定》中明确，因旅游辅助服务者的原因造成旅游者人身损害、财产损失，旅游者选择请求旅游辅助服务者承担侵权责任的，人民法院应予支持。旅游经营者对旅游辅助服务者未尽谨慎选择义务，旅游者请求旅游经营者承担相应补充责任的，人民法院应予支持。

二、旅行社侵权行为的形式

1. 组团旅行社的侵权行为。组团旅行社的侵权行为，主要是指由于组团旅行社及其业务人员工作疏忽和失误，导致旅游者人身财产损害事件的发生。组团旅行社向旅游者提供的旅游线路不安全，全陪（领队）在旅游行程中没有履行告知义务，没有及时发现旅游服务中的安全隐患，且没有采取积极的补救和防止危害发生的措施。只要组团旅行社的行为对旅游者权益造成损害，均属于组团旅行社的侵权行为。

2. 旅游服务供应商的侵权行为。旅游服务顺利完成，依赖于旅游服务供应商的协作和配合。特别是长线旅游，由于服务供应商的疏忽和失误造成旅游者权益受损的情况更为普遍。饭店设施不符合安全标准引起旅游者的摔伤、餐馆卫生不达标引起旅游者的食物中毒、旅游车辆驾驶员不按规定行使造成旅游者受伤或者死亡，都是服务供应商的侵权行为。

3. 第三方的侵权行为。旅游者在旅游期间，受到组团旅行社和服务供应商以外的第三方侵权损害，是旅游者权益受损的又一种现象。旅游者在正常行走时，被机动车辆撞伤、旅游者在旅游目的地与他人发生肢体冲突而受伤等，属于第三方的侵权行为范畴。

三、旅游者追究侵权责任利弊所在

1. 侵权责任允许旅游者提起精神损害。违约责任不能向违约人提起精神损害赔偿。和违约责任赔偿不同的是，在侵权责任赔偿中，旅游者可以向侵权人提起精神损害赔偿，侵权人的侵权行为导致人身重大伤害时，旅游者提出的精神损害请求一般都会得到人民法院的认可。这是主张侵权责任赔偿，有利的一面。

2. 侵权责任追究会提高旅游者的维权成本。由于旅游目的地在异地，旅游需要跨越空间，而且侵权人在异地，如旅游目的地的饭店或旅游车公司，旅游者返回后，不论是调解还是诉讼，其维权成本都较高。根据法律规定，旅游者要追究侵权人的责任，就必须到侵权人所在地进行诉讼，旅游者因此要支付交通、住宿等费用。这是旅游者主张侵权责任赔偿，不利的一面。

四、旅行社侵权责任赔偿纠纷处理的基本原则

1. 侵权人独立承担责任。在违约责任的承担中，由于组团旅行社和旅游者签订了合同，组团旅行社必须为合同约定的服务负责任，这是合同相对性原则的要求。与此相反，按照法律规定，侵权人必须就自身的过错独立承担侵权责任后果。也就是说，旅游者向侵权人主张赔偿时，如果侵权人是组团旅行社，组团旅行社必须承担责任；而当侵权人是服务供应商时，责任承担者是服务供应商，而不是组团旅行社。

2. 旅游者可以选择维护权益的途径。根据《合同法》规定，因当事人一方的违约行为，侵害对方人身、财产权益的，受损害方有权选择依照《合同法》要求其承担责任或者依照其他法律要求其承担侵权责任。这就是所谓责任竞合，旅游者可以根据实际情况，选择违约责任或者侵权责任追究责任人的赔偿责任。如果旅游者选择违约责任赔偿，组团旅行社承担相应责任；选择侵权责任赔偿，侵权人承担责任。

3. 第三方侵权责任的承担。因为对于旅游者实施的侵权行为，和旅行社及其服务供应商没有任何的直接关系，旅游者只能通过直接向侵权方主张赔偿责任，不能把第三方侵权强加于组团旅行社或者服务供应商，旅行社或服务供应商没有赔偿义务，但有积极协助旅游者处理纠纷的义务。

52 旅游者精神损害赔偿引起的纠纷

案例导入

王女士异常激动地向记者抱怨：结婚前 2 个月，王女士夫妇就开始筹划蜜月度假，咨询了许多旅行社，最后才敲定参加某旅行社的巴厘岛 8 日游，与旅行社签订了旅行合同，并缴纳了两人的团费12360元以及办理护照的费用。王女士说，经办人当时说护照等相关手续由旅行社一手负责，王女士夫妇只要直接前往机场即可。按照旅行社的要求，王女士夫妇早晨8：55乘车来到机场。登机前，领队才发现忘带了他们两人的护照，直到下午5点护照都没有送到。王女士夫妇的蜜月之旅彻底泡汤了。王女士夫妇当即向旅行社提出了赔偿要求。旅行社向王女士夫妇提出了赔偿处理意见，退还团费，按照旅游合同规定支付旅游费用总额20%的违约金及来回机场的交通费用。王女士夫妇认为，除了经济赔偿外，还应该给他们精神损害赔偿。

纠纷防范与应对

精神损害赔偿是旅游者经常提起的要求，也是旅行社颇为挠头的问题。只要旅游服务出现违约现象，旅游者往往要旅行社承担违约责任的同时，还要向旅游者支付精神损害赔偿。旅游者提出的赔偿要求是否合理，是一个值得探讨的课题。

一、有关精神损害赔偿的法律规定

1.《民法通则》规定：公民姓名权、肖像权、名誉权、荣誉权受到侵害的，有权要求停止侵害，恢复名誉，消除影响，赔礼道歉，并可以要求赔偿损失。

2.《侵权责任法》规定，侵害他人人身权益，造成他人严重精神损害的，被侵权人可以请求精神损害赔偿。

3.《最高法审理旅游纠纷若干规定》中明确，旅游者提起违约之诉，主张精神损害赔偿的，人民法院应告知其变更为侵权之诉；旅游者仍坚持提起违约之诉的，对于其精神损害赔偿的主张，人民法院不予支持。

二、人民法院处理精神损害赔偿请求的方式

按照我国目前法律的规定，对于精神损害赔偿有较为严格的界定，即使被认为旅游者遭受了精神损害，也根据旅游者遭受精神损害程度，决定采取何种方式予以弥补，而不是说只有精神损害赔偿一种方式。也就是说，消除精神损害后果有多种方式，精神损害赔偿仅仅是方式之一。

1. 精神损失后果尚不严重的处理方式。因侵权致人精神损害，但未造成严重后果，受害人请求赔偿精神损害的，一般不予支持。人民法院可以根据情形判令侵权人停止侵害、恢复名誉、消除影响、赔礼道歉。

2. 精神损失后果严重的处理方式。因侵权致人精神损害，造成严重后果的，人民法院除判令侵权人承担停止侵害、恢复名誉、消除影响、赔礼道歉等民事责任外，可以根据受害人一方的请求判令其赔偿相应的精神损害抚慰金。

三、违约责任赔偿是否包含精神损害赔偿

1. 违约责任赔偿不包含精神损害赔偿方式。从上述法律规定看，在我国法律中，对于精神损害赔偿的规定，仅仅局限于侵权责任损害中，而在违约损害赔偿中，《最高法审理旅游纠纷若干规定》第一次明确指出，违约责任的法律后果不包括精神损害。根据《合同法》的规定，违约责任的承担方式包括“承担继续履行、采取补救措施或者赔偿损失”等方式。法律规定非常明确，旅行社及服务供应商的违约行为赔偿不包含精神损害赔偿。

2. 旅游者获得精神损害赔偿的方式。假如旅行社或者服务供应商的服务给旅游者带来较为严重的人身伤害，给旅游者造成了精神损害，旅游者可以通过违约责任和侵权责任竞合的手段，要求直接侵权的旅行社或者服务供应商在承担医疗等损害赔偿外，再向他们主张承担精神损害赔偿。当然，由于侵权责任和违约责任归责原则不同，旅游者向旅行社和服务供应商主张直接损失和精神损害赔偿时，可能会付出较高的维权成本。

四、旅游者精神损害赔偿纠纷处理的基本原则

1. 精神损害的认定较为严格。旅游者接受旅游服务，其期望值较高，而且每一个旅游者由于自身原因，需求差异也较大；旅游服务环节多，且环环相扣，稍不留神就可能造成履行合同不完全，降低服务标准，必然给旅游者带来不愉快，旅游者以自己在旅途中是否愉快，作为判断有无精神损害并不科学。因为旅游者愉悦与否和精神损害不能画等号，通常的违约造成的不愉悦基本不能纳入精神损害的范畴。

2. 目前法律规定违约责任损害赔偿不包括精神损害。按照此项规定，旅行社在履行合同过程中，即使发生违反合同约定的行为，只要不给旅游者人身造成较大损失，旅行社的违约责任承担基本限制在直接经济损失范围内。这并不

意味着旅行社可以放松内部管理和对供应商的监管,相反,为了增加旅游者的愉悦程度,旅行社的管理只能进一步强化。

3. 精神损害与精神损害赔偿并不必然画等号。即使旅行社的行为被认定为给旅游者造成了精神损害,但也并不必然意味着旅游者可以获得精神损害赔偿抚慰金,因为只有当旅游者精神遭受严重损害时,才可以获得经济赔偿。虽然法律如此规定,但在实际处理纠纷中,旅行社应当考虑其严重的违约行为,给旅游者造成直接经济损失的同时,严重困扰旅游者的身心愉悦的事实,应当给予旅游者一定的经济补偿,促使纠纷的快速解决。

服务安全纠纷篇

旅游安全纠纷大致可以分为两类，即旅游者人身安全纠纷和旅游者财产安全纠纷。造成旅游者安全事故的原因较为复杂，给旅游者造成的损害也较大，特别是发生旅游者重大人身安全事故发生后，给旅游者造成的损失也许是永远难以弥补的，对其纠纷协调成功的概率也较低。因此，作为企业经营者的旅行社，必须牢固树立安全第一的意识，建立健全各项规章制度，强化对从业人员，特别是导游人员、领队、驾驶员的安全培训，确保为旅游者提供的旅游线路和服务安全，从根源上杜绝旅游安全事故的发生；在旅游者出团前和旅游途中履行相关的安全告知义务，让每一位旅游者明白旅途中可能存在的安全隐患，提高旅游者自我防范意识；同时，一旦发生旅游安全事故，必须采取果断的措施，防止损害的进一步扩大。只有这样，旅游者人身和财产安全才能得到最大限度的保障，旅游安全纠纷发生的概率也会降到最低限度，旅行社的权益也随之得到保护。

53 旅游者人身伤害纠纷

案例导入

肖女士在泰国参加降落伞活动时，由于现场操作人员的操作不当，致使其小腿部受伤。当时立即送医院进行了一个小手术，2000多元医疗费用由游船公司支付，经肖女士本人及其单位负责人、领队、地陪、游船公司多方协商，达成了一次性赔偿3000元的协议。肖女士回国后，重新向旅行社提出赔偿要求，理由是小腿部必须“美容”，否则夏天穿裙子时伤疤暴露在外有损形象。她向有关医疗机构已经咨询，“美容”费用大概在5000元左右。她认为，旅行社应当承担这笔费用。旅行社拒绝承担，理由是双方已经在境外达成了一次性赔偿协议，肖女士不能出尔反尔。旅游管理部门认为，如果肖女士小腿确需做进一步的治疗，即使之前达成了一次性赔偿协议，旅行社也仍然要承担责任，但肖女士提出的小腿要做美容的要求缺乏正当性和必要性。

纠纷防范与应对

旅游者人身伤害事件，在旅游服务纠纷中占据的比例较低；但只要发生了旅游者人身伤害事件，往往对旅游者造成较大的伤害，旅行社也可能承担较大的赔偿责任，旅游管理部门也要承受较大的压力，协调的难度很大，很多纠纷最后都是通过司法途径得以解决。

一、有关人身伤害赔偿的法律规定

《侵权责任法》规定，行为人因过错侵害他人民事权益，应当承担侵权责任。侵害他人造成人身损害的，应当赔偿医疗费、护理费、交通费等为治疗和康复支出的合理费用，以及因误工减少的收入。

二、造成旅游者人身伤害的原因

1. 旅行社及其相关企业的过错。主要表现为旅行社等旅游企业所提供的服务本身就不安全，存在安全隐患，导致旅游安全事故的发生。比如，旅行社提供的旅游车辆存在机械故障隐患，结果在旅游途中发生了翻车事故。

2. 旅游者自身的过错或者疏忽。由于旅游者主观和客观因素，旅游者有些人身安全的损害是由旅游者自身的原因造成的，诸如旅游者法制观念的淡漠，不遵守交通秩序，闯红灯发生车祸；旅游者的身体健康状况不理想，却要参加高风险、强刺激的活动，疾病的突发就在所难免。

3. 外来第三方对旅游者的损害。旅游者的在旅游过程中，可能发生被其他交通工具撞伤、参加惊险娱乐活动受伤等事件。这类旅游安全事故，更大程度上属于侵权行为，旅游者出于维权的便捷和低成本，往往把旅行社作为投诉对象。

4. 上述因素的综合损害。在此类旅游者安全纠纷中，较为典型的是旅游者之间的打架斗殴，旅行社导游人员没有及时劝阻和报警，旅游者一方或者双方人身财产遭受损失。在此类事件中，相互斗殴的旅游者承担主要责任，旅行社要承担补充责任。

三、旅行社必须履行的安全保障义务

1. 旅行社必须确保旅游产品和服务安全。旅游产品和服务的安全，是确保旅游者人身、财产安全的基础，也是旅游合同得以顺利履行的保证。旅游产品和服务的安全，不外乎旅行社自身服务安全可行，服务供应商的服务安全规范。如果旅游产品和服务存在安全隐患，说明旅行社没有履行安全保障义务，旅游安全事故发生概率就很高。

2. 旅行社及其从业人员必须认真履行告知义务。履行告知义务是法律赋予旅行社的法定义务，告知义务的实质，就是把旅途中所有注意事项详细告诉旅游者。只要旅行社不履行告知义务，或者履行告知义务不完全，造成旅游者人身或者财产的损害，旅行社都要承担相应的法律责任。履行告知义务必须落实在签订旅游合同和履行旅游合同全过程。

3. 旅行社及其从业人员必须采取有效的预防和处置措施。旅行社应制作切实可行的应急预案，从制度上保障预防和处置旅游安全事故。发生人身安全事故后，旅行社要及时报告，保存好事故证据，协助有关部门进行抢救、侦察，相关负责人及时赶赴现场处理善后事宜。

四、旅游者人身伤害纠纷处理的基本原则

1. 对于旅行社及其相关服务供应商过错造成旅游者的人身伤害，如果旅游者以违约责任追究为由，向旅行社提出赔偿请求，旅行社应当承担全部赔偿责任。如果旅游者以侵权责任追究为由，要求旅行社承担全额赔偿责任，只要侵权责任人是旅行社，毫无疑问，旅行社应当全额承担；如果侵权人是服务供应商，旅游者应当直接向服务供应商提出赔偿要求，旅行社要履行协助义务。

2. 对于旅游者自身原因或者第三方责任造成旅游者的人身伤害，其伤害应当由旅游者自己或者第三方承担，旅行社不承担赔偿责任，因为对于旅游者人身伤害的发生没有任何过错，但必须积极协助，把旅游者送往医院治疗，通知旅游者家属前来照料，协助办理返程交通手续等。

3. 由于综合因素造成旅游者的人身伤害，由于造成旅游者伤害的原因复杂，主次责任较难划分，应当报请事发地有关部门进行责任认定，根据责任大小来确定责任分担的比例。如果旅行社也负有部分责任，就必须对此部分责任承担赔偿责任。

4. 不论是何种原因造成旅游者的人身伤害，旅行社都应及时向有关部门报告，确定旅游人身伤害事故的原因和责任。不论旅行社是否应当承担赔偿责任，旅行社及从业人员都要收集有关证据，协助处理善后事宜，为旅游者向保险公司索赔提供帮助。

54 旅游者财产损失纠纷

案例导入

朱先生参加了旅行社组织的东南亚旅游团。朱先生准备了数量不菲的现金，计划到境外购买一些玉石首饰。由于携带现金出境有限额，他就把大部分现金放在行李内托运。到了目的地的机场发现，行李箱已经破损，现金早已不翼而飞。朱先生认为，旅行社没有提醒他，使他遭受了较大的经济损失，旅行社应当赔偿。领队认为，不应当由旅行社承担，理由是领队在行前会上特别告诉大家，不要带过多的现金，在境外使用信用卡为好。朱先生接到过开行前会的通知，但没有参加行前会。在机场，领队再次告诉大家，不要把现金放在行李箱内托运，朱先生说没有听到。领队的话得到了许多同团旅游者的证实，旅游管理部门认为旅行社不需要承担赔偿责任，但有义务协助朱先生妥善处理善后事宜。

纠纷防范与应对

在旅游途中，旅游者经常会因为行李物品遗失或者被盗，而与旅行社起纠纷。和旅游者人身伤害纠纷一样，由于双方对造成财产损失的责任、财产损失数量的多少存在较大分歧，纠纷的解决有一定的难度。

一、有关财产损失的法律规定

《最高法审理旅游纠纷若干规定》中明确，旅游经营者或者旅游辅助服务者为旅游者代管的行李物品损毁、灭失，旅游者请求赔偿损失的，人民法院应予支持，但下列情形除外：(1)损失是由于旅游者未听从旅游经营者或者旅游辅助服务者的事先声明或者提示，未将现金、有价证券、贵重物品由其随身携带而造成的；(2)损失是由于不可抗力、意外事件造成的；(3)损失是由于旅游者的过错造成的；(4)损失是由于物品的自然属性造成的。

二、旅游者财产损失的分类

1. 旅游者随身携带的行李物品的遗失或者被盗。除了交付交通部门托运的行李物品外，旅游者随身携带的行李物品也经常发生遗失或者被盗现象。行李物品的遗失基本属于民事行为，而被盗则属于社会治安事件。

2. 旅游者托运行李物品的遗失或者被盗。此类财产损失，主要是由交通部门在运输行李物品过程中的过失和过错造成的，较为典型的是行李物品在托运过程中遗失或者被盗，如旅游者在行李中夹带的现金等贵重物品被盗。

3. 旅游者交付保管的行李物品的遗失或者被盗。旅游者将行李物品交给旅行社或者饭店保管，旅行社或者饭店在保管期间，没有妥善保管行李物品，导致行李物品的损坏或者灭失。

三、旅游者财产损失纠纷处理存在的问题

1. 财产损失责任较难认定。旅游者财产损失发生后，如果旅游者希望得到旅行社或者相关服务供应商的赔偿，旅行社或者相关服务供应商希望不赔偿，首先要解决的问题是，旅游者财产损失的发生究竟应当由谁承担责任，而责任认定有时并不能轻而易举实现。

2. 财产损失数量较难认定。即使有关部门确定了财产损失纠纷的责任，旅游者还面临着另外一个实质性的难题：旅游者必须为其损失承担举证责任。这是旅游者的法定义务，如果旅游者不能举证其具体损失，如旅游者必须提供损失物品的购买凭证，同时证明该物品的确已经损失，旅游者仍然难以获得赔偿。

3. 旅游活动的特点给处理纠纷带来了难度。旅游活动往往是具有跨区域的特点，旅游者在目的地逗留时间不长，而财产损失纠纷的处理通常需要一定的时间，旅游的空间距离与时间短促之间的矛盾进一步加剧。特别是损失较大的纠纷，很难在短时间内解决，最后只能通过司法途径加以解决。

四、旅游者财产损失纠纷处理的基本原则

1. 旅游者随身携带的行李物品的遗失或者被盗。按照《民法通则》等法律规定，作为完全民事行为能力人，旅游者有责任看护好自己的随身携带行李物品。在旅游途中对自己的财产没有妥善管理和照看，很大程度上说明旅游者没有尽到管理义务。这类行李物品的丢失和旅行社没有关系，只要尽到告知和提醒等义务，旅行社没有赔偿的义务。

2. 旅游者托运行李物品的遗失或者被盗。按照《最高法审理旅游纠纷若干规定》的规定，旅行社仅仅为其代为保管的行李物品灭失或者毁损负责；托运的行李物品灭失或毁损，旅行社有义务积极协助旅游者向交通运输部门索赔。同时，如果旅游者把贵重物品夹带在行李中遗失，按照《中国民用航空旅客、行李国内运输规则》的规定，重要资料和贵重物品其他需要专人照管的物品，不得夹入行李内托运。导游人员（领队）有必要进行提醒。

3. 旅游者交付保管的行李物品的遗失或者被盗。此类纠纷的定性较为简单，按照《合同法》有关保管合同的规定可以认定，作为保管人的旅行社或者饭店，应当承担全部责任，旅行社或者饭店必须全额赔偿旅游者的损失。虽然法律有明确规定，但旅游者要获得全额赔偿，事实上仍然存在较大的难度，特别是旅游者要求旅行社或者饭店承担较大数额的赔偿时，旅行社或者饭店必定会要求旅游者举证其损失的客观存在。

4. 对于上述旅游者财产损失，即使旅行社和导游人员（领队）不承担赔偿责任，但旅行社应当承担协助义务，即旅行社和导游人员（领队）有义务帮助旅游者追究责任人赔偿责任。组团旅行社应当和地接社联络，督促当地有关部门尽快解决纠纷，维护旅游者权益；假如对方当事人愿意和旅游者协商解决，旅行社就必须积极予以配合，促成纠纷的妥善解决。

55 旅行社履行告知义务引起的纠纷

案例导入

林先生准备参加旅行社组织的赴港澳旅游团。旅行社业务员告诉林先生：为了保障旅游者的权益，旅行社都将按照规定办理保险，林先生可以放心；旅游行程安排合理，节奏缓慢，特别考虑到像林先生这样的老年旅游者的需要。林先生交纳了旅游团款，随领队赴港澳旅游。由于是第一次到境外旅游，林先生十分不适应靠左行的交通习惯，在横穿马路时不慎绊倒，导致左脚扭伤，花费6000多元。林先生要求旅行社为其向保险公司索赔，但旅行社则说林先生的损害属于意外，旅行社没有过错，不能纳入履行责任保险的赔偿范畴。林先生认为业务员事先告诉他已经为他办理了保险，但并没有告诉责任保险和意外保险的区别，更没有向他推荐意外保险，旅行社工作有疏忽，必须为此承担相应责任。

纠纷防范与应对

告知义务是法律赋予旅行社的法定义务，是旅行社在组团和服务时必须履行的义务。告知义务履行得是否全面和适当，往往和旅游者人身、财产的保护密切相关，由于旅行社没有履行告知义务，导致旅游者人身、财产损害事故的案例时有发生，值得旅行社的高度重视。

一、旅行社履行告知义务法律规定

1.《消费者权益保护法》规定，经营者对可能危及人身、财物安全的商品和服务，应当向消费者作出真实的说明和明确的警示。

2.《旅行社条例》规定，旅行社对可能危及旅游者人身、财产安全的事项，应当向旅游者作出真实的说明和明确的警示。

3.《最高法审理旅游纠纷若干规定》中明确，旅游经营者、旅游辅助服务者对可能危及旅游者人身、财产安全的旅游项目未履行告知、警示义务，造成旅游者人身损害、财产损失，旅游者请求旅游经营者、旅游辅助服务者承担责任的，人民法院应予支持。

二、旅行社履行告知义务范围

1. 告知的期限范围。从旅游者向旅行社咨询开始，到旅游合同履行完毕为止，都是旅行社履行告知义务的阶段，告知义务的履行必须贯穿于旅游服务的全过程。在签订旅游合同阶段，旅行社必须将旅游目的地固有情况告知旅游者，由旅游者决定是否参加旅游；在旅游合同的履行阶段，导游人员（领队）在服务的每一个环节上都要告知旅游者注意事项，确保旅游者人身财产安全。

2. 告知的内容范围。由于旅游活动通常要跨越一定的区域，旅游者将置身于陌生的环境中，旅行社所必须履行的告知内容应包含，大至旅游目的地的法律法规、民情风俗，小到气候变化、餐饮特色，特别是旅游目的地和旅游者所在地不同的情况必须介绍清楚。告知义务应做到事无巨细，详尽周全。其目的就是让旅游者事先知道旅游目的地的相关情况，为顺利开展旅游活动做好准备。

三、旅行社如何履行告知义务

1. 履行告知义务内容必须具体明确。告知的内容必须非常具体，不能流于形式，让旅游者听了就能明白，体现实用性。现在有些旅行社在履行告知义务时非常简单，仅仅告知旅游者注意安全，但没有告知旅游者如何注意安全，这样的告知和未履行告知义务没有本质的区别，一旦旅游者人身、财产受到损害，旅行社仍然不能摆脱承担责任的命运。

2. 履行告知义务必须看具体对象，即针对旅游者不同的文化背景、身体状况、生活环境，履行相关的告知义务，如旅游者来自农村，导游人员（领队）在履行告知义务时，要非常详尽地介绍旅游目的地的情况，甚至是要告诉旅游者如何横穿马路、交通红绿灯代表的意思，旅行社不能以生活常识为由逃避责任。

3. 履行告知义务必须针对不同的产品，常规线路有常规线路的提示和说明，非常规线路有非常规线路警示和提醒，不能千篇一律。现在有些旅行社也有告知说明，但告知内容适用于所有旅游线路，似乎所有的产品和线路服务完全一样，这是旅行社没有领会告知义务含义的表现。

4. 履行告知义务以书面形式为好。旅行社在诉讼中败诉的原因之一，就是在法庭不能举证在旅游服务过程中已经履行了告知义务。许多旅行社履行告知义务，主要依赖导游人员（领队）的口头告知，而且导游人员（领队）的确履行了相应的告知义务，但在法庭上却不能出示相关证据，败诉也在情理之中。

四、旅行社履行告知义务纠纷处理的基本原则

1. 履行告知义务是旅行社的法定义务，旅行社在服务过程中必须认真履行合同，只要旅行社不履行告知义务，或者履行告知义务不完全，造成旅游者人身或者财产的损害，旅行社都要承担相应的法律责任。这里强调的相应的责任，意味着有些责任应由旅行社负全责，有些事故的责任不在旅行社，旅行社并不需要为此承担责任。

2. 在赔偿时应考虑旅游者个人的行为能力。旅游者大多数具备完全民事行为能力，旅游者的人身财产损害的发生，必须与旅游目的地不同法律法规或者民情风俗具有因果关系，且旅行社或者导游人员（领队）没有作任何提醒和警示，这样损害的发生，旅行社才应当承担全部责任。如果旅行社的告知不完全，

和旅游者人身、财产损害有关联,旅行社应当承担补充责任;如果旅游者发生的人身、财产损害和旅行社的服务没有关联,损害发生的原因是旅游者的个人疏忽,旅行社无须承担赔偿责任。

56 旅行社是否采取了预防和救助措施引起的纠纷

案例导入

郑先生利用小长假参团赴周边旅游,顺利完成旅游行程后返程。在距离郑先生家还有3公里的行驶途中,郑先生等旅游者闻到车内汽油味道很浓,立刻提醒驾驶员注意车辆是否漏油。但驾驶员自信地说没有关系,并且马上就要到了,继续驾车前行。就在旅游车距离郑先生家1公里时,旅游车突然起火,驾驶员停车后车门打不开,郑先生等砸开窗玻璃跳下,导致郑先生右腿骨折,经治疗后留下跛脚的后遗症。郑先生将旅行社诉至法院,要求旅行社承担赔偿责任。法院认定,旅行社提供的旅游车不符合安全保障要求,驾驶员在出车前没有认真检查旅游车的设施是否完好,在明知旅游车漏油的情况下,盲目自信,没有采取积极措施,仍继续驾驶旅游车辆前行,导致旅游车起火。因此,旅行社应当对郑先生人身伤害负全部责任,判令赔偿郑先生共计3万余元。

纠纷防范与应对

在旅游者人身财产损害纠纷中,旅游者经常指责旅行社在旅游者人身、财产损害事故发生前,旅行社没有采取相关预防措施,导致旅游安全事故的发生;在旅游者人身、财产损害事故发生后,旅行社没有采取积极的救助措施,导致损害的进一步扩大,旅行社应当承担旅游者损害事故的全部责任。旅行社则强调,已经尽到相关的注意义务,不应当承担赔偿责任。

一、关于旅行社必须采取预防和救助措施的法律规定

1.《消费者权益保护法》规定，经营者应当保证其提供的商品或者服务符合保障人身、财产安全的要求，并说明和标明正确使用商品或者接受服务的方法以及防止危害发生的方法。

2.《旅行社条例》(本节下文中简称《条例》)规定，发生危及旅游者人身安全的情形的，旅行社及其委派的导游人员、领队人员应当采取必要的处置措施并及时报告旅游行政管理部门；在境外发生的，还应当及时报告中华人民共和国驻该国使领馆或相关驻外机构、当地警方。

二、旅行社必须采取的预防措施

1. 旅行社必须有强有力的安全保障制度。首先，旅行社应制定切实可行的安全保障应急预案，从制度上保障预防和处置旅游安全事故落实到位。预案必须具备科学性、实用性和及时性，不能为了制定预案而制定预案。其次，旅行社的应急预案必须贯彻落实到旅行社全体从业人员日常工作中，牢固树立“没有安全就没有旅游”的意识，确保安全保障意识化为从业人员的自觉行动。

2. 组团旅行社强化对服务供应商和从业人员的管理。首先，组团旅行社与服务供应商签订书面协议，确保旅游产品和服务安全，明确违约责任和侵权责任的赔偿主体，监督服务供应商认真履行合同义务。其次，旅行社应要求导游人员(领队)把履行告知义务作为首要工作，时刻提醒旅游者安全注意事项，尽量避免发生旅游安全事故。第三，旅行社应要求导游人员(领队)养成收集和保存相关票据的良好习惯，一旦发生安全事故，导游人员(领队)要在第一时间收集有同团旅游者签名的事故说明，为将来可能发生的诉讼提供证据。

3. 旅行社必须办理责任保险，并推荐意外保险。旅行社应按照《条例》的规定，办理旅行社责任保险，同时“应当要”而不仅仅是“可以”向旅游者推荐意外保险。尽管《旅行社条例实施细则》只是规定旅行社可以向旅游者推荐意外保险，减轻了旅行社推荐义务，但从人身、财产损害的纠纷看，大多数旅游者人身、财产安全事故都属于意外事故，为了有利于纠纷的快速解决，旅行社应竭力向旅游者推荐意外保险。

三、旅行社必须采取的处置措施

1. 在特定情况下，旅行社必须采取果断措施，防止旅游者人身、财产损害事故的发生。所谓的特定情况，主要是指在旅游目的地即将发生或者已经发生了不可抗力，可能危及旅游者人身财产安全，旅行社所采取的措施是，停止旅游团队的操作。

2. 及时送发病或受伤的旅游者到当地医院治疗是旅行社必须采取的重要措施。即使表面上是轻微的人身伤害事故，导游人员（领队）也要劝说旅游者到医院就诊。因为一旦轻微伤害演变为较大伤害时，旅游者肯定将责任推给旅行社，除非旅游者坚决拒绝医院诊疗。不论责任是否在旅行社，在紧急抢救阶段，旅行社有事先垫付医疗费用的义务，同时联系旅游者家属，要求他们前来照料。

3. 人身事故发生后，导游人员（领队）应及时报告组团旅行社和接团旅行社，向相关部门求救，保存好事故证据，协助有关部门进行抢救、侦察；财产被盗等损害事故发生后，即使旅游者没有要求报警，导游人员（领队）也一定要向当地警署报告，这是旅行社的法定义务。旅行社应及时详细地向旅游管理部门报告，相关负责人应及时赶赴现场处理善后事宜。如果旅游安全事故发生在境外，领队还应当及时将情况报告给我国的使领馆。

四、旅行社是否采取了预防和救助措施引起的纠纷处理的基本原则

1. 旅行社没有采取预防措施的责任。旅行社没有采取预防措施，并不必然意味着旅游者人身财产损害事件的发生，但一旦人身、财产事件发生，只要旅行社没有采取预防措施，旅行社就应当承担相应的责任。

2. 旅行社没有采取救助措施的责任。人身、财产损害事件已经发生，旅行社不采取积极的救治等措施，放任损害的进一步扩大，旅行社必须就救助不力而承担责任。

3. 旅行社采取了适当的预防和救助措施。旅行社能够适当地履行预防和救助法定义务，即使发生了人身、财产损害安全事故，旅行社所要承担的责任也因此而减少。

57 旅游者食物中毒赔偿引起的纠纷

案例导入

某单位组织职工家属与旅行社签订了赴某海滨3日游的旅游合同，其中餐饮自理。当天行程结束后，单位负责人要求地陪在市中心帮助找一家档次高一点的、海鲜丰富一点的餐馆。就餐点菜时，酒店服务员恐怕内地人肠胃不适，便提醒旅游者少点一些贝壳类海鲜，旅游者却点了许多包括贝壳类在内的海鲜。第二天凌晨，相继有22名游客先出现腹痛、腹泻、恶心、呕吐等症状，经当地医院治疗后症状得到控制，治疗费用由酒店承担，酒店还派车帮助旅游者返程。当日组团社、地接社、酒店方都看望了旅游者，并奉送部分慰问金。经当地卫生监督部门监测，食物中毒事件得到确认。行程结束后，旅行社主动和旅游者单位负责人联系，愿意承担旅游者的实际损失，但旅游者向旅行社提出3万元的赔偿方案，否则就在旅游团款中扣除。最后，旅行社无奈作出了很大让步，投诉得到了解决。

纠纷防范与应对

所谓旅游者食物中毒，就是旅游者在就餐中，食用了有毒、变质食品，导致旅游者出现不适症状、甚至死亡的旅游安全事故。在夏季或者在沿海地区旅游，食物中毒事件屡有发生。旅行社、服务供应商与旅游者之间，往往为食物中毒事件争执不已。

一、旅游者食物中毒纠纷处理的难点所在

1. 旅游者身体抵抗力下降。由于舟车劳顿、体力消耗过大，导致旅游者对外界致病细菌抵抗力的下降；同时，由于旅游者水土不服，或者对旅游目的地食物不适应，特别是内地旅游者赴东南沿海旅游，对当地的海鲜等食物不适应，产生肠胃不适症状后，出现了疑似食物中毒症状，除非有卫生监督部门出具的权

威结论，否则不能随便认定是食物中毒。

2. 食物中毒的食物来源难以确定。即使是被认定为食物中毒事件，但由于旅游者的食物来源较多，有时也难以确定有毒食物究竟来源何处。有毒食物可能来源于旅行社安排的餐厅提供的食物；另一个来源，可能是旅游者在旅游途中自己购买的食物。由于食物中毒的发生一般在饭后几个小时以后，甚至更长的时间，到底是旅游餐厅食物有毒或变质，还是旅游者在其他地方购买的食物有毒或变质引起的食物中毒，是一种很难清晰认定的情况。

二、旅行社防止食物中毒事件发生的措施

1. 针对不同的旅游群体控制旅游节奏。许多所谓的食物中毒，实质上就是旅游者的肠胃不适造成的，究其根源，是旅游线路安排过于紧张，导致旅游者身体抵抗力下降，出现上吐下泻症状。旅行社在安排线路时，特别是老年旅游团，一定要降低旅游节奏，体现“旅速游缓”的特点，让旅游者保存较为充沛的体力。

2. 对特殊线路予以特别关注。特别在夏季，旅行社组织海岛旅游时，要特别重视对餐饮的安排，一定要事先做好防范工作，在菜单的安排上，要剔除不适应旅游者食用的食物，防止出现食物中毒现象，如小贝壳类海鲜产品，旅游目的地的市民能够食用，而旅游者食用会导致肠胃不适，旅行社就不应为旅游者提供此类食物；同时，导游人员（领队）要特别告知旅游者食用海鲜的注意事项，避免食物中毒事故的发生。

3. 选择合法正规、卫生环境较好的餐馆。旅游餐馆是否规范、卫生环境的好坏，某种程度上决定了食物中毒事件发生的概率。旅行社应事先对旅游餐馆作实地考察，以普通旅游者的身份体验餐饮质量和服务环境，确保旅游餐饮的美味和食物卫生安全，而不仅仅是以便宜的价格作为选择服务供应商的唯一标准。

4. 在旅游菜单中应谢绝安排某些菜肴。旅行社安排旅游菜单时，应剔除某些食物进入旅游者餐饮安排中，如土豆、刀豆等食物最好不进入菜单，这些食物存放不当，或者烹饪不当，就容易产生毒素，旅游者食用后很容易引起食物中毒，旅行社完全可以用其他菜肴替代它们。

三、疑似食物中毒事件发生时采取的措施

1. 导游人员（领队）要及时把旅游者送往医院。只要疑似食物中毒事件发

生，导游人员（领队）要在第一时间协助把旅游者送往医院救治，防止旅游者病情恶化。

2. 导游人员（领队）要在第一时间取证。导游人员（领队）上团前必须做好充分准备，疑似食物中毒事件发生后，导游人员（领队）要协助旅游者收集其呕吐物、排泄物的样本，以便向卫生监督部门提供，用于检测是否属于食物中毒。

3. 导游人员（领队）要及时报告。导游人员（领队），首先要向卫生监督管理部门报告，请求他们前来取样鉴定；同时，还要向旅行社负责人报告，获得处理的意见和方案。如果旅游者在境外，还要向我国驻该国的使领馆报告。

四、旅游者食物中毒纠纷处理的基本原则

1. 必须确定旅游者是一般的肠胃不适还是食物中毒。医疗部门的治疗诊断不能作为食物中毒的依据，检测报告应当由卫生监督部门出具。

2. 必须确定旅游者食物中毒的食物来源。食物来源关系到旅行社和餐馆是否承担赔偿责任，因此明确食物来源至关重要。如果食物来源不能明确，旅行社承担责任就难以避免。

3. 如果旅游者所食中毒食物来源于旅行社提供的餐馆，旅游者既可以以侵权为由向餐馆索要赔偿，也可以按违约为由向组团旅行社索要赔偿，由旅游者作出选择。如果证明食物不是来源于旅行社提供的餐馆，旅行社不承担赔偿责任，旅游者的损失要么由旅游者自己承担，要么要求提供食物的商家承担。

58 旅行社产品安全和服务安全引起的纠纷

案例导入

某旅行社组织了一个以老年人为主的夕阳红旅游专列，为了给旅游者营造

出一个快乐的旅游氛围，旅行社组织了一个以旅游者为主的临时艺术团。57岁的刘先生看到旅行社的广告后，报名参加了该临时艺术团。在专列出发之前，旅行社搞了一个庆祝仪式，临时艺术团参与了演出。当演出完毕下台时，意外发生了，因旅行社临时搭建的舞台过于简陋，刘先生脚踏的木板突然坠落，当即跌下舞台，致使其右脚跟骨折，共花去医疗费720元，旅游行程也被迫取消。出院后，刘某将旅行社告上法庭，要求旅行社退还所交团款，并赔偿医疗费等损失共计1.3万元，其中精神损失费5000元，其他损失3000元。法院支持刘先生要求退还团款以及赔偿医疗费、护理费的诉讼请求，但不支持精神损害和其他损失，最后判决旅行社退还团款1500元，赔偿医疗费720元，护理费1150元，共计3370元。

纠纷防范与应对

旅行社产品安全和服务安全，是确保旅游者人身、财产安全的基本保障，旅游者人身财产损害事件的发生，除了旅游者自身的疏忽外，很大程度上和旅行社的产品和服务有直接的关系。

一、旅行社产品和服务安全的法律规定

1.《消费者权益保护法》规定：经营者应当保证其提供的商品或者服务符合保障人身、财产安全的要求。

2.《最高法审理旅游纠纷若干规定》中明确：旅游经营者、旅游辅助服务者未尽到安全保障义务，造成旅游者人身损害、财产损失，旅游者请求旅游经营者、旅游辅助服务者承担责任的，人民法院应予支持。因第三人的行为造成旅游者人身损害、财产损失，由第三人承担责任；旅游经营者、旅游辅助服务者未尽安全保障义务，旅游者请求其承担相应补充责任的，人民法院应予支持。

二、旅行社产品安全和服务安全的基本要求

旅游服务安全主要是包括硬件服务安全和软件服务安全，组团旅行社和旅游者签订旅游合同后，其合同约定的各项服务基本上均由交通、地接社、饭店、景点、餐馆等相关“六要素”供应商提供，这些供应商的服务构成了旅行社服务

的主体。

1. 旅行社必须牢固树立安全意识。旅行社的安全意识,不能停留在口头上,而应当落实到旅游服务的方方面面,既要求旅行社建立健全安全保障制度,又要求旅行社对旅游全过程服务安全实施监控。只有当旅行社的安全意识得到切切实实的落实,旅游者人身、财产损害事件的发生将降到最低,旅行社自身权益也才能随之得到保障。

2. 旅行社采购的产品和服务必须安全。旅游服务的安全,取决于组团旅行社对相关服务的采购是否规范。旅游服务的采购,通过组团旅行社传统意义上的"踩线"得以实现,旅行社管理层和计调等一线操作人员,以旅游者的视角实地考察和体验旅游服务全过程,重点对旅游车辆的安全及保险、餐饮卫生条件、饭店住宿条件、景点的可进入性等详加考察,从中发现服务质量和安全隐患,提出改进方案和意见。

3. 旅行社开发线路应把安全放在首位。旅游线路的开发设计,必须以安全为首要条件,即使开发的是所谓探险旅游线路,也必须在确保旅游者人身财产安全的同时,满足旅游者求新求变心理,而不能不顾旅游者的安全,只求线路的新奇刺激。

三、旅行社产品安全和服务安全存在的问题

1. 旅游车辆安全隐患较多。旅游车辆安全事故是旅行社面临最大威胁,有些中小旅行社采购旅游产品,特别是旅游车时,唯一的标准是车价低,对驾驶员的资质、素养及是否有营运证等情况知之甚少,特别是在旅游旺季尤其突出。而许多旅游车驾驶员是挂靠在旅游车队,旅行社又是与驾驶员个人单线联系,安全隐患较大。一旦发生人身财产损害事件,旅行社对车辆驾驶员无法掌控,索赔过程也是异常曲折艰难。

2. 旅行社对旅游线路安全性了解不多。组团旅行社采购旅游产品,大多数依赖地接旅行社的推荐,传统意义上"踩线"等行之有效的采购方式正在被弱化,组团旅行社的计调在安排线路时,对旅游服务质量和安全事实上心中无数。

3. 注重求新求变而对新产品的安全性关注不足。为了满足旅游者追究刺激的旅游心理,旅行社经常会开发新的旅游产品,诸如孤岛训练营、野外生存班等产品应运而生,但这些产品没有经过产品安全的科学评估,完全是由旅行社

自己操作、评价，安全隐患必然存在其中。

4. 少数旅行社过分追求经济效益。追求经济效益的最大化，本来就应当是旅游企业的经营目标，但是有些旅行社只顾组团发团，对与外界发生的突发事件充耳不闻，即使旅游目的地发生不可抗力，也会怀着侥幸的心理继续发团，结果不仅不能顺利完成旅游行程，有时还酿成安全事故。

四、旅行社产品安全和服务安全纠纷处理的基本原则

1. 旅行社必须确保合同约定的服务项目安全。旅行社在确保按约提供服务的同时，必须确保服务项目安全可靠。如果旅游产品本身就不安全，旅行社所采取的事先告知和事后采取措施都于事无补。

2. 旅游产品和服务是否安全应由旅行社举证。当旅游者质疑旅游产品和服务是否安全时，应当由旅行社完成举证责任任务，旅行社不能举证，就可以推定旅游产品和服务有安全隐患。

3. 旅行社不承担旅游者自身过失或疏忽承担责任。旅游者要为自身过错或者疏忽承担责任，不能把所有损害事件的后果转嫁给旅行社。

59 旅游保险赔偿引起的纠纷

案例导入

徐先生参加了旅行社组织的团队旅游。在签订旅游合同前，业务员告知徐先生，旅行社将购买责任保险，并告知责任保险与意外保险的区别，提醒徐先生是否需要购买旅游意外保险，徐先生表示不购买，并签名确认。在旅游景点游览时，徐先生手握相机到处拍照，在一个台阶处不慎摔倒，被及时送往医院救治，花费医疗费4500元，请假休息20天。徐先生要求旅行社承担部分医疗费用，理由是随团旅游，旅行社应当负责。旅行社认为是徐先生自己不小心导致摔倒，属于意外事故，旅行社没有任何责任，而且已经提醒过徐先生购买意外保险，是徐先生自己放弃购买保险的，损失只能由他自己承担。旅游管理部门也赞同旅行社的处理方案，徐先生也不再纠缠。

纠纷防范与应对

不论是何种原因，旅游者只要在旅游期间发生人身、财产损害，第一反应是要求旅行社给予赔偿；旅行社的第一反应自然也是向保险公司报案和求助，要求保险公司向旅游者作出赔偿。在旅游保险的理赔过程中，由于各种因素的存在，旅游保险赔偿纠纷时常困扰着旅行社和旅游者。

一、旅游保险种类

1. 旅行社责任保险。按照《旅行社条例》及其相关规定，目前旅行社服务保险主要有旅行社责任保险和旅游意外保险。旅行社责任保险，投保人为旅行社，受益人是旅行社；旅行社责任保险要解决的问题是，承担由于旅行社过错或者过失造成的旅游者人身、财产损害的赔偿责任。

2. 旅游意外保险。旅游意外保险投保人为旅游者自己，受益人也是旅游者。旅游意外保险要解决的问题，是承担由于意外事件给旅游者人身、财产造成损害的赔偿责任。意外保险应由旅游者自愿投保，犹如购买航空保险一样。

3. 旅游综合险。旅游责任险和旅游意外险，属于两种不同性质的保险，前者由旅行社投保，后者由旅游者投保，为了解决旅游服务中出现的所有保险纠纷，目前国家旅游局正在推行综合险。

二、关于旅游保险的法律规定

1.《旅行社条例》第 38 条规定，旅行社应当投保旅行社责任险。《实施细则》第 40 条进一步规定，为减少自然灾害等意外风险给旅游者带来的损害，旅行社在招徕、接待旅游者时，可以提示旅游者购买旅游意外保险。

2.《旅行社责任保险管理办法》规定，旅行社责任保险的保险责任，应当包括旅行社在组织旅游活动中依法对旅游者的人身伤亡、财产损失承担的赔偿责任和依法对受旅行社委派并为旅游者提供服务的导游人员或者领队人员的人身伤亡承担的赔偿责任。责任保险赔偿责任要点有三：(1)因旅行社疏忽或过失应当承担赔偿责任的。(2)因发生意外事故旅行社应当承担赔偿责任的。(3)国家旅游局会同中国保险监督管理委员会规定的其他情形。

三、旅游保险存在的问题

1.旅行社责任保险投保不足额。由于投保责任保险是旅行社法定义务,不投保责任保险,意味着旅行社要承担行政处罚的后果。因此,一般来说,旅行社都会投保责任保险。但是,一些旅行社为了减轻企业的经济支出,通常通过降低责任保险保费的手法实现,旅行社如此操作,必然带来责任保险赔偿额度不足的结果。与此同时,由于责任保险保费过低,保险公司将人身伤残的赔偿额度降低到最低,不能充分发挥责任保险的作用。

2.旅行社没有告知保险种类及其赔偿范围。旅行社在促销时,有时虽然告知旅行社投保了责任保险,但没有向旅游者解释责任保险的意义和作用;有些旅行社销售人员仅仅是告诉旅游者,旅行社已经办理保险,至于办理的是何种保险、在什么情况下可以为旅游者挽回经济损失,一概不向旅游者解释清楚。只有等旅游者人身、财产损害事件发生后,旅游者才知道了责任保险和意外保险的区别。

3.“可以提示”旅游意外保险是双刃剑。《旅行社条例实施细则》规定,旅行社对于旅游者是否办理意外保险仅仅是“可以提示”。这样的规定,从表面看,旅行社的义务是降低了,但对于旅行社不利的一面是,由于多数旅游损害均属于意外事故,赔偿只能通过意外保险渠道获得。旅行社没有认真推荐意外保险,可能会给旅行社带来意想不到的麻烦。

四、旅游保险赔偿纠纷处理的基本原则

1.旅行社按照法律规定办理保险。这既是旅行社的法定义务,也是解决保险纠纷的关键所在。旅行社在办理责任保险时,必须按时、足额投保,不能仅仅为了避免行政处罚而“完成保险任务”;在签订责任保险时,要和保险公司就保险范围、赔偿额度和比例等作出明确约定,确保责任保险发挥应有的作用。

2.旅行社应当慎用责任保险。人身、财产纠纷发生后,由于旅游者没有投保意外保险,有些旅行社本能地希望通过责任保险来解决纠纷。旅行社这种想

法是否可行值得探讨，即使保险公司同意旅行社的做法，也可能给旅行社带来无穷后患。

3. 旅行社必须为旅游责任事故负责。发生旅游意外事故，旅行社的职责是协助旅游者向保险公司索赔；发生旅行社责任事故，旅行社应当向旅游者承担全额赔偿责任。如果责任保险赔偿额不足以赔偿旅游者的损失，不足部分的损失应当由旅行社承担。从这个意义上说，责任保险仅仅是部分转嫁旅行社的风险，而不能彻底排除旅行社责任事故的风险。

60 旅游者一般人身伤害赔偿引起的纠纷

案例导入

黄金周期间，康先生参加了旅行社组织的旅游团，不仅没有享受到应有的服务，反而直接导致了康先生身体残疾的后果。由于是旅游旺季，旅游车驾驶员张师傅处于超负荷工作状态中，在接待康先生这个旅游团的前一天晚上，张师傅刚刚结束了上一个汽车团的行程，旅行社又通知他继续接待，张师傅表示需要休息，但旅行社要求他接待完这个团再休息，张师傅勉强上路，结果在一个转弯处旅游车发生了车祸，造成旅游团1死3重伤，康先生属于伤者之一。当地公安部门认定，张师傅负全责。虽然经过当地医院的全力救治，但康先生永远失去了三个手指，旅行社给予的赔偿远远低于康先生提出的要求，旅游管理部门的调解不成，康先生将旅行社告上法院。

纠纷防范与应对

从理论上说，旅游者人身伤害纠纷不属于旅游管理部门处理范畴，但出于各种因素的考虑，旅游者会把向旅游管理部门投诉作为解决问题的途径之一。旅游者人身伤害较轻、且可以治愈、也没有留下后遗症者，此类纠纷有时可以通过调解得以处理;但发生残疾甚至死亡的安全事故时,旅游者和旅行社之间的分歧往往较大,最后只能通过诉讼渠道解决纠纷。

一、旅游者人身伤害赔偿的法律规定

1.《消费者权益保护法》规定,经营者提供商品或者服务,造成消费者或者其他受害人人身伤害的,应当支付医疗费、治疗期间的护理费、因误工减少的收入等费用。

2.《侵权责任法》规定,侵害他人造成人身损害的,应当赔偿医疗费、护理费、交通费等为治疗和康复支出的合理费用,以及因误工减少的收入。造成残疾的,还应当赔偿残疾生活辅助费和残疾赔偿金。造成死亡的,还应当赔偿丧葬费和死亡赔偿金。

3.《最高法审理旅游纠纷若干规定》中明确规定,旅游经营者、旅游辅助服务者未尽到安全保障义务,造成旅游者人身损害、财产损失,旅游者请求旅游经营者、旅游辅助服务者承担责任的,人民法院应予支持。

二、旅游者遭受人身损害的计算方法

旅游者人身伤害导致的致残和死亡的赔偿,协调较难开展,尤其是旅游者残疾或者死亡事件,旅游管理部门调解成功的概率较低。当旅游者人身伤害没有导致残疾或者死亡,只要旅游管理部门掌握一定的法律基础知识,在确定责任大小的前提下,仍然可以根据相关规定,召集双方当事人进行调解。旅游者遭受一般人身伤害的,旅行社必须对支付给旅游者的赔偿计算方法作简要说明,前提是旅行社为旅行社承担全部责任。如果旅游者在人身伤害事件中也有过错,旅行社就承担相对应的赔偿责任。

1. 医疗费。旅游者遭受人身伤害后,接受医学检查、治疗与康复训练所必须支出的费用,包括挂号费、检查费、治疗费、医药费、住院费及其他医疗费用。

2. 护理费。护理费根据护理人员的收入状况和护理人数、护理期限确定。护理人员有收入的,参照误工费的规定计算;护理人员没有收入或者雇用护工的,参照当地护工从事同等级别护理的劳务报酬标准计算。护理人员原则上为一人,但医疗机构或者鉴定机构有明确意见的,可以参照确定护理人员人数。

3. 误工费。由于旅游者的人身伤害,导致其不能正常上班或者工作能力下降,由此产生的经济损失。旅游者有固定收入的,误工费按照实际减少的收入计算。旅游者无固定收入的,按照其最近三年的平均收入计算;旅游者不能举证证明其最近三年的平均收入状况的,可以参照受诉法院所在地相同或者相近行业上一年度职工的平均工资计算。

4. 交通费。交通费,根据旅游者及其必要的陪护人员因就医或者转院治疗实际发生的费用计算。交通费应当以正式票据为凭;有关凭据应当与就医地点、时间、人数、次数相符合。

5. 住宿费。旅游者确有必要到外地治疗,因客观原因不能住院,旅游者本人及其陪护人员实际发生的住宿费和伙食费,其合理部分应予赔偿。

6. 住院伙食补助费。住院伙食补助费,可以参照当地国家机关一般工作人员的出差伙食补助标准予以确定。

7. 必要的营养费。营养费,根据旅游者伤残情况参照医疗机构的意见确定。

三、旅游者人身伤害赔偿纠纷处理的基本原则

1. 根据过错程度确定赔偿与否及赔偿额度。第一,旅游者自身过错造成的人身伤害,旅行社不承担赔偿责任,仅仅需要履行相关的协助义务,比如及时报警、送旅游者去医院、联系航空公司等。第二,旅行社的过错造成旅游者人身伤害事件,根据旅游者受伤害程度,承担旅游者的相关损失。如果对旅游者人身造成严重伤害,旅行社可能还要承担精神损害赔偿。第三,旅游者人身伤害事件的发生,是由旅行社和旅游者或者第三人共同过错造成的,按照责任大小由相关当事人各自承担。

2. 旅游者和旅行社各自承担举证责任。第一,旅游者首先就旅行社的过错、损害事实、违法行为以及过错与损害事实之间的因果关系承担举证责任,即证明伤害责任来源于旅行社。第二,旅游者就损害费用的合理性和关联性负举证责任,即需要旅行社承担的所有费用是合理的,且与伤害有直接的关联性,应当由旅行社承担赔偿责任。第三,如果旅行社对旅游者的损害事实、因果关系、损害费用有异议的,应当能够提出反证,否则仍然要承担赔偿责任。

附录篇

附录1　旅游合同签订规范指南

2009年5月1日,新修订的《旅行社条例》开始实施,在各级旅游管理部门、旅行社和旅游者的共同努力下,旅游合同的推广和应用取得了明显的成效。尽管如此,旅行社在与旅游者签订旅游合同时,仍然存在不少亟待解决的问题,这些问题不解决,不仅影响旅游服务品质的提升,而且也影响旅游经营的市场秩序。因此,不论是各级旅游管理部门、旅行社,还是旅游者,在旅游合同的监管和使用过程中,都应当全面了解旅游合同的内涵,全面把握旅游合同的精髓,全面签订并贯彻旅游合同,全面善意履行旅游合同,切实维护旅游合同当事人的合法权益。

一、关于旅游合同文本

1. 旅游合同文本的类型。按照目前旅行社实际使用的旅游合同文本,大致可以分为自制旅游合同文本和推荐旅游合同文本。自制旅游合同文本,是指格式文本由旅行社事先制作,经与旅游者协商,双方共同认可的旅游合同文本。或者是旅行社与旅游者共同制作并使用的旅游合同文本。推荐旅游合同文本,是指旅游合同的文本由有关管理部门事先制作,推荐给旅行社与旅游者使用的文本。对于自制旅游合同文本和推荐旅游合同文本的优劣,很难下简单的结论,通常情况下,只要充分考虑旅行社和旅游者双方的利益,这两种旅游合同文本都具有法律效力,也都可以保护旅行社和旅游者的合法权益。

2. 旅游合同文本的选择。按照《合同法》规定的合同自愿原则,旅游合同的形式并不是最重要的,选用何种文本的旅游合同,应当属于旅行社和旅游者双方协商一致的范畴,法律也没有明确规定必须选用何种旅游合同文本。目前有关部门要求使用的旅游合同版本,仅仅是推荐性示范文本,而不是强制性文本,这也就意味着旅行社和旅游者可以根据实际需要,既可以选择使用自制旅游合同文本,也可以选择使用推荐旅游合同文本,而不是必须无条件使用推荐旅游合同文本。当然,不论使用何种旅游合同文本,都必须全面涵盖《旅行社条例》规定的必备要素,具体的权利、义务则由双方协商确定。

3. 旅行社使用推荐旅游合同文本为上佳的选择。从旅行社使用旅游合同文本情况看,不少旅行社愿意使用自制的旅游合同文本,尽管旅行社的做法没有被法律所禁止,但经大多数旅行社仍然认为使用推荐旅游合同文本为最佳选择。因为推荐旅游合同文本由相关管理部门制作,既可以全面涵盖旅游合同诸要素,又可以客观平衡旅行社与旅游者之间的权利、义务。而旅行社使用自制旅游合同文本,不仅普遍存在旅游合同要素缺项问题,而且有意无意会扩张旅行社的合同权利,加重旅游者的合同义务,损害旅游者的合法权益。一旦发生旅游诉讼,此类旅游合同文本涉及权利、义务的条款会被认定为无效。旅行社事实上也难以获得其欲想的权益。

二、关于旅游合同文本的构成

1. 旅游合同文本至少应由三部分构成。就全国范围看,旅游合同文本的构成尚未有统一的规定。我们认为,按照相关的法律规定,一份完整的旅游合同文本,大体上应当由三个部分构成,这也是旅行社必须履行的法律义务。至于这三个部分体现在一份旅游合同文本中,还是分为三个相对独立的文本,旅行社可以按照各自的需求进行设计。当然,由于旅行社业务操作的特殊性,在签订旅游合同时,旅游六要素尚处于旅行社的预订和确认过程中,无法给旅游者明确的答复,旅游行程滞后提供给旅游者的可能性较大。因此,目前在实际操作过程中,旅行社往往采用三部分文本相对独立的做法,即第一部分是旅游合同文本,第二部分是旅游行程,第三部分是注意事项。

2. 旅游合同三部分文本的主要内容。从目前旅游合同文本的使用情况看,不论是使用推荐的旅游合同文本还是自制的旅游合同文本,都属于第一部分的内容。该部分主要解决旅游合同中相对固定的程序性或者技术性的问题,如旅游合同的主体、旅行社的背景信息、违约责任、旅游保险等。第二部分,更多的是实体性内容,以旅游行程中旅行社和旅游者之间的权利、义务为主,涉及旅游服务全过程的服务档次和标准,如旅游者住宿、游览、交通、购物、餐饮等六要素的服务等级。这部分是旅游合同最为重要的组成部分。第三部分是注意事项部分。本质上就是旅行社履行安全告知义务,旅行社把旅游行程全过程中的安全注意事项,通过书面的形式告诉旅游者。这样,一方面可以提高旅游者的自我保护意识;另一方面,如果发生了民事诉讼,旅行社的举证也较为方便。

3. 必须确保旅游合同文本的完整性。虽然我们认为旅游合同文本由三部分构成为好,但这并意味着,只要有三部分文本,旅行社就万事大吉了。旅行社仍然必须确保旅游合同文本的完整性,否则即使有三个文本,旅行社的权益保障依然存在隐患,这就需要解决一些技术层面的问题。首先,旅游合同文本的填写必须规范和完整。填写不规范、不完整是目前旅行社业务人员最容易犯的错误,旅行社管理层最容易疏忽的部分。其次,每份文本都应当有旅行社和旅游者的签名。虽然许多旅行社会和旅游者签订了书面旅游合同,但是旅游行程和注意事项部分(文本)都是由旅行社分发的,没有旅游者的签名。再次,相对独立的三份文本应当盖上作为一个整体的骑缝章。大部分旅行社还没有加盖骑缝章的意识。上述问题不解决,旅游服务纠纷发生后,旅行社都会面临举证难的局面。

三、关于旅游合同的形式

1. 旅游合同必须是书面形式。按照《合同法》的一般规定,合同可以采取口头形式、书面形式或者其他形式,更多地体现了合同自愿原则,即旅行社和旅游者可以就合同的形式等要素进行协商,但《旅行社条例》根据旅行社服务的特点和现状,对旅游合同的形式作出了较为严格的规定,旅游合同必须是书面形式,而此前的旅行社行业的管理规定较为宽松:要么没有规定旅游合同形式,要么规定了旅游合同的形式,对于没有签订书面旅游合同的行为未作出处罚规定。在《旅行社条例》颁布实施前,旅游合同的形式基本处于自然状态。从旅行社的服务实践看,旅行社和旅游者经常为服务纠纷的解决各执一词,对于旅行社的规范经营、旅游者合法权益的保护都极为不利。因此,旅行社组织旅游者参团旅游,必须与旅游者签订书面旅游合同,这是行政法规赋予旅行社的法定义务,否则旅行社将受到旅游管理部门的行政处罚。有些旅行社经常抱怨,旅行社提出签订旅游合同后,但旅游者不愿签订。如果出现这样的情况,就应当由旅行社来举证,旅行社要求旅游者签订书面旅游合同,的确是旅游者拒绝签订,否则旅行社仍然要承担相应责任。

2. 旅游合同填写必须完整详尽。书面旅游合同的签订固然十分重要,但这仅仅是保护旅游者合法权益的起点。从某种意义上说,旅游合同填写完整才是签订旅游合同的目的所在,旅行社必须把旅游服务各个环节的档次和标准填写完整且详尽,如旅游合同必须明确住宿标准、交通标准、游览时间、购物时间、地接社详细信息等,必须在旅游合同中予以确认。和以前旅行社相关管理规定相比,这些规定既是《旅行社条例》较为引人注目的部分,也是促进旅行社规范经营、提升服务品质的重要手段,更是转变旅行社服务理念的助推器和催化剂。旅行社签订旅游合同不完整不详尽,使用含糊不清、模棱两可的语言,就构成了旅游合同形式的重大瑕疵,是旅行社服务工作不到位的具体表现,将受到旅游管理部门的行政处罚。

3. 旅游合同不规范的行政处罚。在《旅行社条例》颁布实施前,虽然有些管理规定也强调,旅行社应当与旅游者签订书面旅游合同,但缺少与之呼应的行政处罚。也就是说,即使旅行社没有按照规定签订旅游合同,旅游管理部门对此也没有强有力的管理措施,这样的规定有还不如没有。《旅行社条例》颁布实施后,对于旅行社没有与旅游者签订书面旅游合同,或者签订的书面旅游合同缺项,作出了明确的处罚规定。《旅行社条例》第55条规定:旅行社有下列情形之一的,由旅游行政管理部门责令改正,处2万元以上10万元以下的罚款;情节严重的,责令停业整顿1个月至3个月:(1)未与旅游者签订旅游合同;(2)与旅游者签订的旅游合同未载明本条例第二十八条规定的事项。

四、关于旅游合同内容

按照《旅行社条例》的规定,与旅游者合法权益直接相关的,且必须在旅游合同中明确的合同内容,主要和《旅行社条例》的第28条和36条有关。虽然《旅行社条例》实施的时间已经不短,但对于这两个法条,时至今日,仍然有少数旅行社颇有怨言,认为《条例》对于旅行社的经营规范,包括旅游合同的规定过于超前和细致,处罚条款过于严格和苛刻,与时下的经营环境及旅行社的操作习惯不相吻合,限制了旅行社发展步伐。而笔者的观点恰恰相反,旅行社服务纠纷居高不下,原因之一就是旅游合同的签订不规范,旅游者在出团前不知道服务标准和档次,只要出现不符合期望值的服务,投诉不可避免地产生。《条例》有关旅游合同形式和内容的规定,恰恰击中了旅行社服务品质徘徊不前的要害,对于规范旅行社实际操作,实现明明白白消费的目标具有重要意义。笔者在此对旅游合同内容作详尽的分析。

1. 关于旅行社的基本信息。《旅行社条例》第28条第1款规定,旅游合同必须载明“旅行社的名称及其经营范围、地址、联系电话和旅行社业务经营许可证编号”。

(1)旅行社基本信息必须填写。《旅行社条例》规定的旅行社必须填写的这些信息,都是和旅游者合法权益息息相关的基本信息。旅游者到旅行社报名参团,首先必须了解旅行社的主体合法性及其经营范围。现在社会上打着经营旅游旗号的单位和个人不在少数,旅游者受骗上当的案例也时有发生;即使到合法旅行社报名,也必须留意旅行社的经营范围,特别是参加出国旅游和赴台湾旅游时,都必须查看旅行社的经营范围。至于旅游合同中必须具备旅行社的名称、地址等信息,那更是作为民事主体的旅行社在旅游合同中必不可少的信息,否则该旅游合同缺少合同主体,既不能向旅游者行使权利,也无法向旅游者履行义务。

(2)如何更好地填写旅行社信息。有旅行社抱怨,旅行社信息过于繁琐,填写起来非常复杂、费时。要消除旅行社的抱怨,首先,必须调整旅行社经营人员的理念。许多旅行社十分重视销售,只要有一分希望,就会付出百分努力,而在签订旅游合同等具体服务中,似乎总愿意打折扣,能省则省。只有旅行社真正意识到服务的重要性,这些抱怨才会消失,更何况填写这些信息是旅行社的法定义务。其次,从技术层面说,旅行社既可以通过把这些信息印刷在合同文本的方法加以解决,也可以通过加盖含有旅行社基本信息图章的办法加以解决。只要旅行社调整服务理念,信息过于繁琐、不便填写的借口就不攻自破了。

2. 关于旅行社经办人员的信息。《旅行社条例》第 28 条第 2 款规定,旅游合同必须载明"旅行社经办人的姓名、联系电话"。

旅游合同签订后,旅游者仍然可能就旅途中相关事宜向旅行社咨询,或者遇到突发事件不能成行时,自然会就向旅行社报告,要求解除旅游合同等,旅游者都会和经办人取得联系,希望经办人为其排忧解难。特别是签订委托合同或者自由行合同出行后,旅行社既没有委派全陪,也没有地陪服务,在旅游途中遇到一时无法解决的问题,旅游者第一时间会和旅行社联系,寻求帮助,旅游合同的经办人就成了问题解决的关键人物。服务纠纷中,就有旅游者批评旅行社,出团前或者在旅游途中,旅游者需要组团旅行社的帮助或者咨询时,往往找不到可以给予帮助的人,被咨询的人总是推说不知道。可见,旅行社经办人的联系信息并非可有可无,而是必须得到详尽体现的服务内容。

3. 关于旅游合同签订的信息。《旅行社条例》第 28 条第 3 款规定,旅游合同必须载明"签约地点和日期"。

一般而言,旅游合同的签订地点与服务品质没有直接的关系,旅游合同的签订日期和服务品质也没有直接的关系,《旅行社条例》之所以如此规定,主要是考虑日后民事纠纷的处理。按照我国《民事诉讼法》的规定,人民法院对于民事诉讼的管辖,与旅游合同的签订地点有关,旅游合同签订地的人民法院具备管辖权;同时,人民法院是否同意旅游合同诉讼立案,与旅游合同签订日期直接相关。我国《民法通则》规定,原告向人民法院请求保护民事权利的诉讼时效期间为二年,如果旅游者认为旅行社损害其权益,在二年内不向人民法院提起诉讼,其诉讼权将彻底丧失。同样,旅游者的投诉权在一定期限内也会丧失,这样客观上可以促使旅游者在最短的时间内,通过协商、投诉、仲裁或者诉讼维护自己的合法权益。

4. 关于旅游合同行程的信息。《旅行社条例》第 28 条第 4 款规定,旅游合同必须载明"旅游行程的出发地、途经地和目的地"。

从表面上看,在旅游合同中载明旅游行程的出发点和目的地,仅仅是想说明旅游行程的具体内容,如旅游行程从何处开始,旅游目的地在哪里等,其实,这样的规定还有更为深层的含义。旅游者和旅行社签订了旅游合同,按照合同约定,旅游者将在旅行社指定的地点集合,登上旅行社安排的交通工具前往旅游目的地。从此刻开始,旅游者开始实现旅游权利,旅行社开始履行合同义务,如果在此之前旅游者发生权益受损事件,旅行社不需要承担任何责任,而在这之后,旅游者权益受损事件的发生,旅行社承担责任的风险就较大。因此,旅行社在填写旅游行程的出发地时,应当特别注意,要把出发地写得较为详细,如出发地仅仅填写杭州不妥,而应写明出发地为杭州萧山国际机场 2 号楼。只有这样才可能最大限度地降低经营风险。如果单单约定出发地为杭州,就意味着,旅游者出团当日前往旅游目的地的途中发生的任何损害事件,旅行社也都存在承担责任的可能。进而言之,虽然《旅行社条例》没有对旅游行程的结束地做出规定,但建议旅行社还是应当在旅游合同中增加内容,明示旅游行程的结束地,且该结束地不是泛化的城市,而是明确的地点;如结束地不能约定为上海、北京等,而是应当约定为上海南站、北京首都机场等。旅游者从上海南站返回家里的途中发生的损害,旅行社也不需要承担责任,最多提供一些协助性的服务和帮助。

5. 关于旅游交通的信息。《旅行社条例》第 28 条第 5 款规定,旅游合同必须载明"旅游行程中交通服务安排及其标准。"

到目前为止,关于旅游交通尚缺乏统一的服务标准。旅行社按照自己的理解,对于旅游交通的描述也是千姿百态。这些描述主要存在的问题是,旅行社为了吸引旅游者的眼球,总是喜欢用夸张的语汇来描述交通工具,如豪华空调大巴等,而实际提供的却是设施陈旧老化、不能满足旅游者基本需求的普通旅游车;或者承诺旅游者豪华飞机,实际提供的就是普通飞机而已;或者承诺旅游者乘坐皇家豪华邮轮,实际提供的客货混装邮轮,令旅游者大为不满。

(1)关于汽车服务安排和标准:通常可以描述为空调旅游车。旅行社必须保证旅游车车况良好,如当旅游者需要时,空调设施必须能够正常运行。有些旅行社为了表明自己的诚信,会把旅游汽车约定为“40 座金龙空调旅游车”,还会在旅游行程上约定旅游汽车的行车时间。旅行社的做法并不是法规的要求,如此操作是再好不过了,固然值得肯定,但也可能因此给旅行社带来意想不到的麻烦。比如,出于某种原因旅行社提供了其他型号的旅游车,即使没有降低服务标准,甚至还超过了原来约定的服务标准,旅行社的行为仍然属于违约范畴。行车时间的约定也是如此,如果旅游车行车时间超出了约定的时间,除非发生了不可抗力,旅行社也将承担违约责任。

(2)关于飞机服务安排和标准。通常只需要注明航班号及起飞时间,不必特别说明乘坐的是经济舱,因为航班中除了商务舱外,基本都属于经济舱的范畴。少数旅行社别出心裁地承诺旅游者将乘坐“豪华飞机”。“豪华”是一个主观性很强的词汇,是消费者个人感受和体验,而且民航业中也没有对飞机进行“豪华”等级划分,旅行社无法对其承诺履行举证责任。该承诺的危害性在于,大大提升了旅游者的期望值,而在服务品质确定的前提下,旅游者的期望值越大,旅游者的满意度会相应降低。当旅游者觉得其乘坐的飞机并不是其想象中的“豪华飞机”,旅游者的投诉也在情理之中了。

(3)关于火车服务安排和标准。通常需要注明车次和发车时间,同时说明旅游者乘坐的是硬座、硬卧还是软卧,如果乘坐的是动车或者高铁也一并注明。

(4)关于轮船服务安排和标准。通常需要注明轮船的名称,旅游者住宿的是几等舱,或几人房。如果轮船有星级,也可以同时说明。如果是邮轮,除了上述内容外,还要注明游轮的名称,是否为海景舱等。

6. 关于旅游住宿的信息。《旅行社条例》第 28 条第 5 款规定,旅游合同必须载明“旅游行程中住宿服务安排及其标准”。

就全球范围来说,旅游饭店的服务标准最为权威。从理论上说,旅行社与旅游者签订旅游合同时最为容易,然而事实上,对于旅行社而言,旅游住宿服务安排和标准最为棘手。首先,在我国实行饭店星级评定制度,这个制度也是推荐性的标准,总体来说饭店经营者对于高星级较有兴趣,而对于低星级饭店的评定兴趣不大,近年来这种趋势更加明显,非星级饭店占据饭店中的绝大多数。对于大部分旅游团队而言,住宿的饭店恰好以中低档的为主,这些饭店多数没有星级。其次,也并不是世界上所有国家和地区的饭店都实行星级评定制度,即使是在香港特区,也没有实施星级评定制度,旅行社在描述饭店服务档次和标准时,的确存在很大难度。再次,旅游者对于住宿饭店十分在意,旅行社和旅游者都希望能够在出行前,明确告知旅游者所住宿饭店的档次和标准,客观现状和旅游需求存在矛盾。旅行社处于两难境地:不明确标准,旅游者不答应,明确标准,非旅行社能够做到,于是只好变着花样来描述饭店的档次和标准,最为典型的就是所谓的住宿"准三星"饭店。为了解决目前的困境,旅行社约定旅游饭店档次和标准时,应当符合以下基本原则:

(1)旅游合同必须如实告知旅游饭店名称。告知旅游者是住宿饭店的名称,不论该饭店是否为星级饭店,是最为合乎规范的表述,如果该饭店有星级,可一并注明。许多旅行社认为,只有收客之后旅行社才开始操作,没有办法立即告知旅行社的名称;《旅行社条例》对于饭店档次和标准的规定过于严格,旅行社在实际操作中无法实现。其实,旅行社可以通过预先准备几家饭店,在出团前确定所住宿的饭店,并书面告知旅游者即可。现实情况是,现在的确有部分旅行社在出团时的旅游行程中,已经能够明确告知旅游者所住宿饭店名称。实践证明,只要旅行社抱着对旅游者负责任的态度,该难题可以得到较为妥善的解决。

(2)旅游合同对住宿饭店的约定不能含糊其辞。有关住宿饭店的纠纷,主要原因是旅游合同的表述含糊不清,留给旅行社很大的余地,而旅游者住宿后总是认为旅行社不诚信,损害了旅游者的权益。一些旅行社在组团时不能或者不愿把准确信息告知旅游者,旅游者在出团前仅仅知道饭店为"三星或同级"。或者"准三星"。即使是告知住宿三星级的饭店,旅行社的操作空间也很大,以"上海三星级饭店"为例,是安排住在上海市中心的三星级饭店,还是安排在上海郊区三星级饭店,旅行社可以自行决定,旅游者对此没有任何决策权。显然,旅行社不会把旅游者安排在市中心住宿,因为市中心和郊区房价相差甚远。"三星或同级"的表述也是如此,对"三星级"的理解已经问题多多,加上"同级",旅游者权益更是难以保证。"准三星"的表述十分离谱,是一个极不规范的说法,遇到比较较真的旅游者,旅行社无法举证其说法的准确性,无形中给自己设置了难以跨越的陷阱,旅行社应当避免这样的表述。

7. 关于旅游餐饮的信息。《旅行社条例》第28条第5款规定,旅游合同必须载明"旅游行程中餐饮服务安排及其标准"。

在所有旅游服务纠纷中,旅游餐饮的纠纷比例非常低,但这并不意味着,旅游餐饮品质很好,旅游者对此满意度很高。从餐饮标准看,普通旅游团的正餐价格多年来一直在每人20元上下徘徊,扣除价格上涨因素,旅游餐饮标准已经大大降低了。旅游餐饮投诉少,只能说旅游者在出团前对旅游餐饮的期望值不高,有充分的思想准备,只要其餐饮环境、菜肴质量不是太恶劣,旅游者也就将就了。

因此,在现有条件和环境下,旅行社在安排餐饮时,至少要达到下列要求:

(1)旅游合同可以按照惯例对餐饮标准进行表述。按照旅行社行业的服务惯例,餐饮标准基本有两种表述方式,既可以表述为"八菜一汤",也可以注明餐标是每人正餐20元。尽管这样的表述并不一定是最合理和科学的,仍然存在一些不尽如人意之处;但大致能够体现餐饮标准,旅游者也能够有一定的了解。现在有些旅行社在制定餐饮标准时,仅仅表述为"一早三正",或者"二早五正"。这样的表述不是餐饮标准,而只是告诉旅游者在旅游途中用餐的次数,比起行业惯例来说,其随意性和不可控性更大。

(2)旅游合同安排的餐饮必须体现人本精神。虽然《旅行社条例》对此没有明确规定,但从旅游者与旅行社签订旅游合同的目的看,旅行社安排的餐饮至少要满足几个条件:首先,餐饮服务企业必须是合法经营。旅行社不能为了节约成本,安排旅游团到无证餐馆就餐。其次,餐饮企业的卫生条件符合国家有关规定,在不符合卫生条件的餐馆就餐,其危害性不言而喻。这也是旅行社选择服务供应商的基本条件。再次,餐饮企业提供的菜肴和食物能够让旅游者吃饱。少数旅游者批评餐馆菜肴数量供应少,总是有让旅游者吃不饱的感觉,应当引起旅行社的高度关注。

8. 关于游览项目的信息。《旅行社条例》第28条第6款规定,旅游合同必须载明"旅行社统一安排的游览项目的具体内容及时间"。

旅游者对于游览项目的批评,主要集中在漏游景点、游览时间过短及诸如"漫步白堤,远眺雷峰塔"的安排。从理论上说,除了漏游景点外,只要在合同中约定,游览时间短和"远眺"景点似乎很难说有明显的违规。仔细分析后,我们不难发现,游览时间短和"远眺"景点两者之间有共同的背景,即旅行社之间价格的激烈竞争,导致旅行社总是缩减旅游服务项目,包括许多著名的景点被旅行社排除在普通线路之外,以降低旅游线路的直观价格,以吸引更多的旅游者参团。如此操作以后,旅游线路中游览分量减少,但为了让旅游线路不至于太难看,旅行社想方设法让线路"丰满"起来,就只能用"车览"、"外观"、"远眺"等增加旅游线路的"内容"。价格竞争也导致了旅行社千方百计压缩游览时间,尽可能多且长时间地安排购物和自费项目,以获取一定的利润空间。有关部门看到了问题的严重性,为了确保旅游者游览权益不受侵害,对于旅行社安排游览项目作出明确规定,要求旅行社认真对待。其要求重点有:

(1)旅游合同必须填写游览景点名称。对于单体旅游景点而言,旅行社对于旅游景点的描述较为简单,而对于体量较大,或者是旅游景区而言,由于其总门票由多个景点门票组成,如杭州灵隐景区就由飞来峰、灵隐寺等景点组成,旅行社对于旅游景点的描述就必须清晰明了,把旅游景点名称一一列出;同时,旅行社必须明确告诉旅游者,旅游团款包含的旅游景点究竟有哪些,是第一道门票还是景区内所有景点。如果旅行社没有事先明确告知,旅行社应当为旅游者提供全景区的服务,并支付所有门票的费用。

(2)旅游合同必须明确景点游览的时间。当前旅行社比较喜欢采取"游览时间约 1 小时"的方式表述,旅行社以为这样可以减少纠纷,而事实恰好相反。按照规定,旅行社在旅游合同中,可以把旅游者的游览时间表述为 1 个小时,或者是游览时间不少于 60 分钟等。旅游者对于游览时间短一直反应强烈,希望旅游管理部门严加管理,遏制旅游服务中这股愈演愈烈的风气;而旅行社对此规定也是颇多微词,认为对于旅行社的操作过于苛刻,甚至认为难以操作,尤其是旅游者自身原因缩短游览时间时,处罚旅行社就不公平。其实,按照《旅行社条例实施细则》(以下简称为《实施细则》)第 36 条的规定,旅行社及其委派的导游人员和领队人员减少游览项目或者缩短游览时间的,属于擅自改变旅游合同安排行程。也就是说,只有旅行社及其导游员(领队)擅自缩短游览时间,其行为才具有违法性,如果旅游者自己主动缩短游览时间,旅行社又能够提供证据的,旅行社不需要承担责任,而不是像旅行社想象的那样,旅游管理部门会不分青红皂白,随意对旅行社进行处罚。

9. 关于自由活动的信息。《旅行社条例》第 28 条第 7 款规定,旅游合同必须载明"旅游者自由活动的时间和次数"。

在许多国内长线团和少数出境旅游团中,旅行社会安排旅游者自由活动。

按照上述规定,如果有自由活动的安排,旅行社应当在旅游合同中明确,在本次旅游行程中,旅行社将安排的自由活动是半天还是全天,总共有几次自由活动,在自由活动期间是否包含餐饮服务。在安排自由活动过程中,旅行社及导游员(领队)人员有一项重要任务,就是要告知旅游者在自由活动时的注意事项,防止旅游者人身财产损害事件的发生。

10. 关于旅游者交纳旅游费用的信息。《旅行社条例》第 28 条第 8 款规定,旅游合同必须载明"旅游者应当交纳的旅游费用及交纳方式"。

旅行社组织旅游者旅游,其最大的初衷,也就是从组织活动中获得利润;旅游者向旅行社交纳旅游团款,也是旅游合同的核心内容之一。先付款,后旅游,是旅行社服务的通常操作模式。但随着近年来旅行社市场竞争的加剧,旅游团款的交纳方式也发生着剧烈的变化,旅行社也必须与旅游者就旅游团款和交纳的方式进行约定。目前,旅行社的经营风险之一,就是团队旅游者为了制约旅行社,防止旅行社服务品质的降低,时常要求在旅游团行程结束前,只交纳部分旅游团款,余款必须等到旅游团行程结束后,且服务品质得到认可才付清。旅行社为了组团,也只能接受旅游者的条件。有些旅游者往往以服务品质差为借口,拒绝支付余款,旅行社的经营风险陡然增加。虽然旅行社和旅游者约定旅游团款的交纳方式,是旅行社的权利和自由,但不能因为旅游行程结束后收款不到位,向有关管理部门抱怨,甚至是要求管理部门帮助收款。所以我们仍然认为,旅行社应当对旅游团款这种交纳方式采取审慎的态度,对于拒绝支付余款的风险要有足够的认识。

11. 关于旅游购物的信息。《旅行社条例》第 28 条第 9 款规定,旅游合同必须载明"旅行社安排的购物次数、停留时间及购物场所的名称"。

旅游购物本是旅游六要素之一,是为旅游者购买旅游目的地特产提供的服务,但旅游购物一直受到旅游者的质疑和诟病。旅游购物的时间和频率、所购商品的质量和价格,已经成为旅游者投诉的焦点。有些旅游团行程总共 6 天,剔除来回交通所耗费的时间,在旅游目的地实际时间只有 4 天左右,而旅行社安排的购物多达 6 次至 8 次,每次购物时间都超过 1 个小时,而且安排的一些所谓特色参观点,其实就是变相的旅游购物商场。所以旅游行程结束后,旅游者经常发出疑问,是参加旅行社组团旅游,到底是参加游览,还是参加购物。因此,旅行社在和旅游者约定旅游购物活动时,对于相关事项应作明确的约定:

(1)旅游合同必须约定旅游购物次数。这是《旅行社条例》增加的新规定,在旅游合同中,旅行社应当把旅游行程中的购物次数作出约定。从某种层面上说,能够明确约定旅游购物次数,就能基本保障旅游者在购物中的基本权益,因为服务品质的高低与购物次数有直接的正比关系,购物次数越多,旅游服务品质随之下降。为了防止旅行社随意安排购物,《旅行社条例》要求旅游购物次数在旅游合同中得以事先约定。尽管规定如此,但仍然令旅游管理部门感到较为困惑的问题是,目前没有法律法规对旅游购物次数作出过明确规定,而按照《合同法》相关规定,只要旅行社和旅游者在合同中对于旅游购物次数作出约定,不论旅游购物次数是多少,都没有违反法律规定。不对旅游购物次数作出限制性的规定,是《旅行社条例》关于旅游购物规定存在的漏洞。

(2)旅游合同必须约定旅游购物时间。明确购物时间也是《旅行社条例》的新规定,旅行社在约定购物时间时,既可以表述为每次旅游购物时间为 1 个小时,也可以表述为每次旅游购物时间不超过 60 分钟。旅行社同样认为该规定具有不可操作性,其理由就是旅行社难以控制旅游者的购物行为,有时是旅游者延长了购物时间。对于旅行社在何种情况下属于违法,《实施细则》也给予了明确认定,《实施细则》第 36 条规定,旅行社及其委派的导游人员和领队人员增加购物次数或者延长购物时间,属于擅自改变旅游合同安排行程,应当受到相应的行政处罚。显然,只要旅行社及其导游领队人员不擅自延长购物时间,即使购物时间延长,旅行社也没有责任。

(3)旅游合同必须约定购物场所的名称。按照旅行社以往的操作习惯,旅行社对于旅游购物商场的约定基本上是“珠宝店”、“茶叶店”、“展览中心”等,一直以来不注明旅游购物商场的名称。这样的约定给了导游员(领队)很大的机动性,他们有时可以根据自己的需要和喜好,来确定旅游者的购物商场。《旅行社条例》的新规定要求旅游合同中的购物商场有名称,该名称与购物商场营业执照上的名称一致,否则也属于违规。这就意味着单单注明“茶叶店”等方式已经成为历史,取而代之的是“杭州西湖龙井茶叶店”等标准表述方式。

12. 关于自费项目的信息。《旅行社条例》第 28 条第 10 款规定,旅游合同必须载明“需要旅游者另行付费的游览项目及价格”。

另行付费项目的出现,有其合理性和科学性的部分,并且更加能够体现旅游者自主选择权的行使,但恰恰是所谓给予旅游者选择权的自费项目,成为旅游者众口一词的批评对象。究其原因,是旅行社利用其合法的外在形式,让旅游者作出选择，在旅游途中实施第二次消费，实现其难以明言的利己目的。旅行社在安排旅游线路时，组团社和地接社达成默契，故意把通常为旅游者必游的重要景点剔除在旅游线路之外，如杭州旅游不含西湖景区和灵隐景区，游览巴黎不含罗浮宫、巴黎圣母院等，降低直观旅游报价，挖掘旅游者参团动机。

旅行社组织旅游者参加旅游，其中重要的一项任务，就是传播旅游目的地的文化，而各地著名的旅游景点，往往是当地政治经济文化历史的重要载体。而当旅游者参团之后，导游人员或者领队就会竭力向旅游者推荐这些景点，对于许多旅游者而言，外出旅游一次也要筹划多年，觉得既然到了旅游目的地，放弃这些景点实在可惜，只能再次掏钱，参加自费项目。旅行社既吸引旅游者参团，又能获得较好利润的目的得以实现，欢喜异常。但谁又能否认，旅行社的操作具有一定的变相强迫消费的成分在内呢？只不过旅行社利用其熟练的行业技巧，遮人耳目罢了！有些旅游者不愿参加自费项目，导游人员或者领队威逼利诱迫使旅游者不得不参加自费项目，或者冷落那些不参加自费项目的旅游者，对他们正当和合理的要求不闻不问，引起旅游者的强烈不满。关于旅游自费项目的安排，在目前的旅游环境中，旅行社必须做到：

（1）旅游合同对自费项目事先推荐。既然自费项目需要旅游者另行付费，旅行社应以书面的形式向旅游者推荐，由旅游者根据需要作出选择，旅游者作出这种选择才是自愿的，而不是被强迫的，这个原则至关重要。旅游者的投诉往往是认为旅行社有强迫或者变相强迫行为，违背了自愿选择精神；同时，旅行社的这种推荐必须在旅游者出团前完成，避免旅游团队行程中，旅游者受制于导游或者领队。

（2）自费项目的价格必须明码标价。旅游者对于自费项目提出批评的另一个原因，旅游者认为，很多时候自费项目的价格在行程中由地陪确定，导致自费项目的价格偏高甚至是虚高，导游等从业人员从中获取了很大的利润。所以，为了给予旅游者公平的消费环境，旅行社有义务在提供自费项目时，必须同时明确每一个自费项目的价格，供旅游者自愿选择。

（3）自费项目由旅游者自愿选择。旅行社经常为旅游者提供套票服务，从表面上看旅游者可以选择，但事实上无法选择单个自费项目，要选就是一组自费项目；同时，旅行社不能设置最低消费标准。旅行社在销售低价产品时，往往要求旅游者确保在旅游目的地的消费底线。旅行社这些行为，似乎和旅游者已经进行了协商,但归根究底仍然没有摆脱变相强迫消费的桎梏。

13. 关于合同解除或者变更的信息。《旅行社条例》第 28 条第 11 款规定,旅游合同必须载明“解除或者变更合同的条件和提前通知的期限”。

签订旅游合同的目的,在于履行旅游合同,使得旅游者和旅行社各自的权益得以实现。但在旅游实践中,旅游合同签订后,可能存在的三种结果是:第一种结果,旅游合同按照约定全面履行;第二种结果,旅游合同虽然得到了履行,但旅游合同约定的服务项目没有得到全面履行;第三种结果,由于某种状况的发生,旅游合同被解除了。为了确保旅游合同顺利履行,在旅游合同中应当设置一些条件,降低旅游合同解除或者变更行为发生的概率。

(1)旅游合同应当约定解除或者变更合同的条件。根据合同自愿的原则,旅行社和旅游者可以就解除或者变更合同约定各种条件,只要该条件的设置与我国法律法规强制性规定不抵触。在设置解除或者变更合同条件时,必须掌握的基本原则是,要体现旅行社与旅游者权利义务对等关系。旅行社不能利用其熟练的专业技术,对于旅行社解除或者变更合同几乎不设置限制,而对于旅游者解除或者变更合同却设置严格的限制。如旅游合同可以为旅行社设立,旅行社因为公司的原因解除旅游合同的条件;与之相对应的是,就必须为旅游者设立因为旅游者个人原因可以解除旅游合同的条件,否则就是不公平,损害了旅游者的合法权益。当然,即使在旅游合同中设立了权利义务分配明显不公平的条款,也会被认定为无效。

(2)旅游合同应当约定解除或者变更合同提前通知的期限。当旅行社或者旅游者其中一方当事人需要解除或者变更旅游合同时,首先必须尽快通知对方,以减少因此造成的经济损失。旅游合同的约定中,最为重要的仍然是如何将平等精神贯穿于旅游合同中,为双方当事人解除或者变更合同提前通知设置同等的期限,做到不偏不倚。如旅游合同可以为旅行社设置提前 5 天解除旅游合同,可以不承担违约责任约定,同样,也必须为旅游者设置提前 5 天解除旅游合同,也可以不承担违约责任的约定。

14. 关于违约责任的信息。《旅行社条例》第 28 条第 12 款规定,旅游合同必须载明“违反合同的纠纷解决机制及应当承担的责任”。

由于主客观因素的制约,从旅游合同的签订开始、到旅游合同履行、变更、解除的全过程,旅行社和旅游者都可能发生各式各样的违约行为。为了防止违约纠纷的发生及快速解决违约纠纷,在旅游合同中,应当对旅游合同纠纷解决机制及违约责任加以明确。现在有些旅游服务纠纷难以在短时间内解决，主要原因就是双方当事人没有对违约责任进行约定，作为受损害方的旅游者又不能举证直接经济损失，旅游者对于旅行社的赔偿不满意，旅游服务纠纷的处理久拖不决。

（1）旅游合同应当明确解决纠纷的机制。从理论上说，旅游服务纠纷的处理，不外乎旅行社与旅游者自行协商、旅游者向有关管理部门投诉、旅游者向当地仲裁委员会申请仲裁、旅游者向当地人民法院提起民事诉讼，个别情况也有旅行社向人民法院起诉旅游者。旅游合同中应当把上述四种纠纷解决的方式纳入其中，方便旅游者维护自己的合法权益。

（2）旅游合同应当确定公平的违约责任。违约责任关乎旅行社和旅游者双方合法权益的保障，如果使用的是旅行社制定的旅游合同文本，旅行社应当特别注意，在同一情况下，旅行社和旅游者承担的违约责任相一致，不能只约定旅游者的违约责任，对旅行社的违约行为放任自流；也不能对于旅游者的违约行为严苛以待，而对旅行社的违约行为视而不见，如约定旅行社解除旅游合同不承担违约责任，而旅游者解除旅游合同则要向旅行社赔偿。旅行社也不能制定减轻或者免除旅行社违约责任条款，更不能把自己的违约行为与不可抗力混为一谈，如旅行社经常单方约定，“因航空机械故障等不可抗力给旅游者造成损失的，旅行社不承担责任”等。

15. 关于监督电话的信息。《旅行社条例》第 28 条第 13 款规定，旅游合同必须载明“旅游服务监督、投诉电话”。

旅游服务监督、投诉电话的设置，是每一家旅行社必须配备的硬件设施。至于旅行社设置一部电话还是两部电话，则由旅行社根据自己的需要来确定。最为重要的是，只要旅行社对外公布了旅游服务监督、投诉电话，就必须确保旅游合同中公布的服务监督、投诉电话 24 小时畅通，且对旅游者的求助或者投诉有快速反应，旅行社不能有任何电话不畅通的理由。特别是旅游团队遇到重大问题、且导游员（领队）无法解决时，旅游服务监督、投诉电话将发挥意想不到的作用。

16. 关于地接社的信息。《旅行社条例》第 36 条规定，“旅行社需要对旅游业务作出委托的，应当委托给具有相应资质的旅行社，征得旅游者的同意”。

旅游者常常投诉的话题之一，就是参加旅游团后，“经常被旅行社卖来卖去”，指的就是旅游者每到一个新的旅游目的地，就会有新的地接社来接待服务。我们不能要求旅游者对于旅行社的服务规则有了解,但旅行社可以通过事先约定解决旅游者的抱怨和担忧,这既是还旅游者知情权的要求,也是明明白白消费的具体体现。

(1)组团旅行社可以决定是否交地接社。按照旅行社的经营规则,组团旅行社组团后,根据旅游团队的需要,决定是否要交地接社接待,这是旅行社业内的服务共识,长线旅游团基本上都交地接社服务,因为组团旅行社对于旅游目的地的服务没有掌控能力。考虑到经营成本,短途旅游一般不交地接社,而是由组团旅行社直接派出全陪,同时兼任地陪的任务。还有一种经营方式,如北京组团旅行社组织旅游者到华东地区旅游,组团工作完成后,组团旅行社把团队的接待服务打包,一并交由华东地区的一家旅行社全权接待,该地接旅行社事实上成了旅游团华东地区组团社兼地接社。不论是否交地接社,也不论是长线旅游还是短途旅游,组团旅行社必须保证对旅游者的服务品质。

(2)地接旅行社的信息必须准确详细。组团旅行社可以不交地接社,但如果交了地接社,就必须遵循有关规定的要求。按照《旅行社条例》的规定,组团旅行社需要将旅游服务作出委托的,应当征得旅游者的同意。《实施细则》进一步规定,旅行社对接待旅游者的业务作出委托的,应当将旅游目的地接受委托的旅行社的名称、地址、联系人和联系电话,告知旅游者。不论是征得旅游者同意还是告知旅游者,对于组团旅行社而言,最好的办法就是在书面旅游合同中把地接旅行社的信息加以固定,而不仅仅是征得旅游者的口头同意或者口头告知旅游者。因为一旦发生纠纷,即使旅行社已经事先告知或者征得旅游者的同意,旅游者也不会承认,旅行社的举证就难以完成。同时,组团旅行社必须在旅游合同中填写旅游行程中所有地接社的名称、地址、联系人、联系电话等四项内容,这和旅行社固有的操作模式有本质区别。以旅行社组团参加云南昆明、大理、丽江旅游线路为例,《旅行社条例》颁布实施之前,组团旅行社最多告知旅游者,云南的地接社为云南某旅行社,即使没有披露这些信息也不属于原则错误,而现在要求不仅必须书面告知旅游者,在昆明的地接社为昆明某旅行社,在大理的地接社为大理某旅行社,在丽江的地接社为丽江某旅行社,同时分别注明各地接社的地址、联系人、电话。

(3)旅游合同转让时仍然必须注明地接社信息。旅行社经常把已经签订旅游合同的旅游者转让给其他旅行社,除非原旅游合同解除,由旅游者和接受转让的旅行社重新签订旅游合同,否则原签订旅游合同的旅行社仍然必须按照规定，逐一把地接旅行社的名称、地址、联系人、联系电话填写在旅游合同中，而不能按照原来经营模式，只是把旅游者。在旅游行程中旅游者权益受损，签订旅游合同的旅行社还必须承担相应的法律责任。

17. 关于其他需要约定的信息。《旅行社条例》第 28 条第 14 款规定，旅游合同必须载明“双方协商一致的其他内容”。

这是旅游合同中的兜底条款。上述合同条款都是旅游合同中必须明确的内容，只要能够明确这些内容，总体来说，旅游者和旅行社的权益都能够得到基本保障，但是，不论是旅行社自制的旅游合同文本，还是管理部门推荐的旅游合同文本，很难涵盖旅游者的特殊需要，也就是说，这些合同文本都存在这样那样的不足。为了给予旅行社和旅游者足够的自由空间，凡是上述旅游合同中尚未含的权利义务，根据旅游者不同的需求，经过双方协商一致，旅行社与旅游者都可以在旅游合同中进行约定。这就是本条款规定的意义所在。

五、关于旅游合同内容的特别说明

《旅行社条例》第 28 条和 36 条的规定，是针对传统的包价旅游合同而设定的，换句话说，如果旅行社和旅游者签订的不是包价旅游合同，而是委托合同，或者是自由行合同，和传统的包价旅游合同相比，由于其服务项目并不是面面俱到，因而在签订这些合同时，并不需要按照上述规定逐项填写上述所有内容，但只要合同中包含的服务项目，就要按照规定填写规范，负责解释违规。同时，即使是包价旅游合同，也可能出现并不需要完全按照上述规定填写旅游合同的情形，比如海南 4 晚 5 天的纯玩团，由于本身不含有购物服务，旅游合同就没有必要对旅游购物作出约定，如果对旅游购物作出约定，该旅游团就不是纯玩团了；又如短途旅游，组团旅行社普遍不提供地接服务，而是由组团旅行社自己提供地接服务，也不必在旅游合同中对地接旅行社进行约定，即使跨省市的长三角旅游，也基本取消了地接旅行社的服务，也就没有必要对地接社进行约定。总之，不论是包价旅游合同，还是委托合同，或者是自由行合同，只要是旅游合同中包含的服务项目，就必须作出约定，旅游合同中没有的服务项目，就不必再作约定。

由此引申出另外一个话题，随着旅游者个性化服务的需要，旅行社除了为旅游者承担了包价服务外，还需要提供大量的委托服务、自由行服务。为了减少旅行社由于旅游合同签订引起的纠纷和矛盾，旅行社除了使用包价旅游合同文本外，还必须根据旅行社自身经营需要，制定委托合同和自由行合同，避免在签订委托合同或者自由行合同时，使用包价旅游合同。因为再包价旅游合同和委托合同、自由行合同中，旅行社行使的权利不同，所要承担的义务也大不相同。如果千篇一律使用包价旅游合同，旅行社会为此承担额外的风险。

六、关于旅游合同争议的解决

《旅行社条例》第 29 条第 1 款规定，旅行社在与旅游者签订旅游合同时，应当对旅游合同的具体内容作出真实、准确、完整的说明。第 2 款规定，旅行社和旅游者签订的旅游合同约定不明确或者对格式条款的理解发生争议的，应当按照通常理解予以解释；对格式条款有两种以上解释的，应当作出有利于旅游者的解释；格式条款和非格式条款不一致的，应当采用非格式条款。

1. 旅游合同内容必须真实、准确、完整。不论是《消费者权益保护法》，还是《旅行社条例》都要求对旅游合同内容作出真实、准确、完整的说明，这是旅行社必须履行的法定义务，确保旅游者在出团前就能够对其旅游权益心知肚明。如果旅行社与旅游者签订旅游合同时，没有按照这一规定操作，旅行社将承担相应的法律后果，第 2 款规定清楚明白地回答了这个问题。

2. 旅游景点争议的解决。旅游合同约定游览项目为“北京故宫”。由于旅游合同没有明确约定是否仅仅含第一道门票，旅行社与旅游者会为支付第二道、第三道门票发生争执，旅行社的观点是，只需要为旅游者支付第一道门票，理由是这是旅行社业务操作的惯例。与此相反，旅游者坚持要求旅行社支付故宫所有门票，理由是旅行社没有事先作出约定。按照“旅行社和旅游者签订的旅游合同约定不明确或者对格式条款的理解发生争议的，应当按照通常理解予以解释”的规定，由于旅行社没有事先明确说明，只要旅游者前往游览，旅行社应当支付故宫内所有门票。

3. 旅游住宿争议的解决。旅游合同约定旅游全程“住三星或同级”。当旅行社把旅游团队安排在杭州郊区三星级饭店时，旅游者拒绝入住，而是要求入住西湖周边的三星级饭店。旅行社认为已经安排旅游者入住了三星级饭店，旅行社的行为符合旅游合同的约定，而旅游者拒绝入住就是违约，应当为其自身行为负责。旅游者则认为，既然旅游合同仅仅约定住三星级饭店，并没有具体说明入住的饭店名称，要求入住西湖周边三星级饭店符合旅游合同的约定。单纯从旅行社或者旅游者角度出发,他们的观点都有道理,但双方观点的分歧较大。按照“对格式条款有两种以上解释的,应当作出有利于旅游者的解释”的规定,旅行社应当安排旅游者入住西湖周边的三星级饭店,否则将退还差价,并承担违约责任。

4. 旅游购物争议的解决。旅游行程为4晚5天,旅游合同约定平均每天购物不超过两次,而旅行社与旅游者在旅游行程中,用非格式条款特别注明5个购物商场。旅行社实际安排了7个购物商场,旅游者认为非格式条款已经明确5个购物商场,而实际安排的商场超过了约定数量,旅行社违反了旅游合同的约定,要求旅行社承担违约责任。而旅行社认为,旅游合同已经约定平均每天不超过两次购物,旅行社可以安排10个购物商场,实际安排的购物只要7个,低于旅游合同约定,旅行社没有违反旅游合同的约定。按照“格式条款和非格式条款不一致的,应当采用非格式条款”的规定,旅行社安排7个购物商场,的确与非格式条款冲突,应当按照非格式条款约定处理,旅行社应当承担违约责任。

七、关于旅游合同的管理

旅游合同的管理,大致包括管理部门的管理、旅行社自身的管理、旅游者的监督及旅游合同使用过程中的法律后果4个方面,只有对旅游合同实行全方位的综合管理,才有可能确保旅游合同规范签订和顺利履行,才能最终实现旅行社和旅游者权利义务各得其所、旅游市场经营规范有序、旅游服务品质提升、旅游环境和谐协调的目标。

1. 各级管理部门是规范旅游合同的有力推动者。各级管理部门,尤其是旅游管理部门必须统一思想,充分认识旅游合同的作用和意义,克服消极懈怠情绪,从大处着眼,从小处着手,既要积极指导和服务,又要加强监管和处罚,推进旅游合同在旅行社的实施和推广,并为旅行社提供及时有益的指导和服务。同时,按照《旅行社条例》的规定,对于旅行社违反规定,不与旅游者签订旅游合同,或者旅游合同填写不规范,或者擅自改变旅游行程,降低服务标准和档次的,旅游管理部门应及时纠正,并给予适当的行政处罚。

2. 旅行社是实施旅游合同的积极参与者。《旅行社条例》实施以来,虽然旅行社对于旅游合同的相关规定有各种各样不同的看法。我们认为,目前旅行社要做的是,放弃固有的陈旧的理念和习惯,认真学习《旅行社条例》的规定,结合旅行社业务操作实际，制定出适应《旅行社条例》规定的业务流程和规范，而不是停留在抱怨层面上。在此基础上，可以提出《旅行社条例》修订的建设性建议，以备将来修订之用。

3. 旅游者是规范旅游合同的直接受益者。旅游者必须牢固树立合同意识，在参加旅游时，一定要与旅行社签订旅游合同，维护旅游者自身的合法权益。同时，旅游者在旅游过程中，必须按照合同约定享受其权利，履行其义务。在这个过程中，旅游管理部门肩负着传播旅游知识和法律知识的重任，所谓旅游者缺乏法律意识，或者利用维权过当，固然与旅游者自身素质有关，也与旅游管理部门引导服务不到位不无关系。

4. 旅游合同不规范引发的法律后果。旅行社没有与旅游者签订书面旅游合同，或者签订的旅游合同缺项，不论旅游者是否投诉，旅游管理部门都应当依照其职责，对旅行社实施行政处罚。旅游合同不规范，对于旅行社还存在一种隐患，有些旅游者以旅游合同不规范为由，要求旅行社给予高额赔偿，否则向旅游管理部门举报，要求其对旅行社实施行政处罚。在此情况下，即使旅行社给予了高额赔偿，旅游管理部门一旦发现旅行社的违规行为，仍然应当主动对旅行社作出处罚，否则也还是行政不作为。因为旅行社的赔偿属于民事责任范畴，可以按照"不告不理"的原则处理，而旅游管理部门的处罚属于行政责任范畴，必须按照"不告也理"的原则处理，既不能因为旅行社已经向旅游者作出赔偿，就不需要行政处罚，也不能因为旅游管理部门已经给予旅行社行政处罚，就可以不再赔偿旅游者，两者之间不可相互替代。

在旅游合同的签订和履行过程中，对于旅行社和旅游者而言，诚实信用最为重要。双方当事人任何一方缺乏诚实信用，即使旅游合同签订十分完备，旅游合同的履行也会阻碍重重、异常艰难，更何况虽然《旅行社条例》对于旅游合同的规定较之以往有了明显的加强和完善，但仍然存在许多漏洞和不足。如果旅行社不诚信，利用其专业知识，依然可以做出实质上损害旅游者权益的行为，让旅游者无话可说，让旅游管理部门无可奈何；如果旅游者不诚信，即使旅游服务完全符合旅游合同的约定，旅游者仍然可以寻求各种借口，要求旅行社给予赔偿，或者拒绝支付余款，旅行社很难做出诉之于法院的决定，旅游管理部门也只能摇头叹息。因此，旅游合同得以规范签订、顺利实施，固然依赖规范签订旅游合同、管理部门强有力的监管、旅游者的理性消费等多种因素，但旅游合同双方当事人的诚信合作也至关重要。

附录2 《最高人民法院关于审理旅游纠纷案件适用法律若干问题的规定》解读

2010年10月26日，最高人民法院发布《最高人民法院关于审理旅游纠纷案件适用法律若干问题的规定》（以下简称《规定》），该《规定》自2010年11月1日起施行。《规定》填补了旅游纠纷处理的法律空白，对于规范旅行社经营行为，引导旅游者理性维权，切实维护旅游者和旅游经营者、旅游辅助服务者合法权益都具有十分重要的意义。需要说明的是，此《规定》出台的初衷，是为了各级法院公平高效快捷审理旅游服务纠纷，而不是专门为旅游管理部门处理旅游投诉而设立，尽管如此，《规定》对于旅游经营者与旅游者协商解决旅游服务纠纷、旅游管理部门调解旅游服务纠纷同样具有直接的指导作用。旅游管理部门和旅游纠纷的当事人，可以借鉴《规定》的精神和原则，妥善处理旅游服务纠纷。

一、《规定》的特点

我国法律对旅游合同和旅游侵权没有作专章规定。解释的依据是《合同法》、《消费者权益保护法》、《侵权责任法》、《民事诉讼法》的有关法律规定。鉴于《规定》解释是根据审判实践的需要作出的，具有填补空白的性质。

1. 综合性。民事责任主要由违约责任和侵权责任构成，解决违约责任纠纷主要依赖《合同法》，解决侵权责任纠纷主要依据《侵权责任法》，而《规定》融合了多部法律的精神和原则，把旅游违约纠纷和旅游侵权纠纷整体纳入到一个司法解释中。

2. 实用性。《规定》中的26个条款，是根据我国法律的相关规定，结合旅游服务纠纷的实际，制定出可以直接应用的条款。这些条款既可以用于人民法院审理旅游纠纷，也适用于旅游管理部门对于旅游纠纷的调解和协商，具有非常强的实用性和操作性。

3. 公平性。由于旅游行业的特殊性没有被全社会接受和认可，按照我国现有的法律法规,旅游经营者承担着较多的民事义务,对旅游行业的发展不利。《规定》着眼于现实,更为平等地保护旅游者和旅游经营者双方的合法权益。

4. 突破性。《规定》发布实施的意义,不仅在于其具有综合性、实用性和公平性,而且对于原有法律法规规定有所突破,更为切合旅游行业的实际,对于今后建立健全旅游法律体系具有风向标的作用。

二、《规定》在旅游服务纠纷处理中应用

第一条 本规定所称的旅游纠纷,是指旅游者与旅游经营者、旅游辅助服务者之间因旅游发生的合同纠纷或者侵权纠纷。

"旅游经营者"是指以自己的名义经营旅游业务,向公众提供旅游服务的人。"旅游辅助服务者"是指与旅游经营者存在合同关系,协助旅游经营者履行旅游合同义务,实际提供交通、游览、住宿、餐饮、娱乐等旅游服务的人。旅游者在自行旅游过程中与旅游景点经营者因旅游发生的纠纷,参照适用本规定。

解读:在旅游服务纠纷中,主要包含旅游合同纠纷和旅游侵权纠纷。旅游合同纠纷,主要是指旅游者认为旅游经营者没有履行合同约定,或者履行合同不符合约定所引起的纠纷;旅游侵权纠纷,主要是指旅游经营者服务违反法律规定,导致旅游者人身、财产损害而引起的纠纷。为了行文方便,文中将把旅游经营者仅仅局限于旅行社,把旅游辅助服务者称之为旅游服务供应商。

该条款囊括了旅游服务中存在的主要纠纷类型。通常情况下,旅游服务纠纷要么是旅游合同纠纷,要么是旅游侵权纠纷,非此即彼,而旅游合同纠纷占据绝大多数,如旅游者经常向旅游管理部门投诉,旅行社没有按照合同约定提供服务,导致漏游景点、擅自增加自费项目、降低服务标准等,基本属于违约纠纷范畴。而旅游者因人身、财产损害提出索赔,往往属于侵权纠纷范畴。当然,旅游者人身、财产损害发生后,旅游者也可以按照《民法通则》、《消费者权益保护法》、《合同法》等规定,主张旅行社没有按照合同约定提供安全的服务产品,要求旅行社承担违约责任;但旅行社漏游景点等行为,旅游者只能追究旅行社的违约责任,不能追究旅行社的侵权责任。

在业界,旅游辅助服务者更多的被称为旅行社的服务供应商,旅游交通、旅游目的地的地接旅行社、景点、饭店、餐馆等都是服务供应商的组成部分。按照我国现有法律法规的规定，除了不可抗力之外，旅游服务供应商的故意或者过失所造成的所有损失，组团旅行社都将先行概括承受，组团旅行社与服务供应商之间的纠纷是否妥善处理，不影响其先行向旅游者做出赔偿。但《规定》考虑到我国旅游经营的实际环境，将公共交通等引起的经营风险作出了适当的分摊，降低了旅行社的经营风险。

第二条 以单位、家庭等集体形式与旅游经营者订立旅游合同，在履行过程中发生纠纷，除集体以合同一方当事人名义起诉外，旅游者个人提起旅游合同纠纷诉讼的，人民法院应予受理。

解读：在以往旅游纠纷处理中，一个经常令旅游管理部门困惑的问题就是，单位与旅行社签订并履行旅游合同后，当单位职工就服务品质向旅行社提出异议，旅行社往往以与旅游者没有合同关系为由，拒绝承担违约责任。根据合同相对性原理，旅行社的观点似乎也能自圆其说，旅游管理部门有时也是颇感无奈。按照《规定》的要求，今后不论是单位还是家庭与旅行社签订的旅游合同，也不论是单位、家庭，还是旅游者个人，只要认为旅行社违反合同约定，旅行社不得以没有合同关系为由，拒绝旅游者的合理诉求，旅游管理部门遇到此类旅游投诉，也必须及时受理。当然，旅游者个人投诉可以受理，仅仅是程序上的规定，是对个体旅游者投诉地位的确定，但并不必然意味着旅游者的投诉请求一定合乎法律规定，且旅行社一定要向旅游者作出赔偿，或者旅游管理部门一定就会支持旅游者的投诉请求。只有旅游者的确遭受损失，且引起损失的原因在旅行社或者是服务供应商，旅游者的损失才可能得到挽回。

第三条 因旅游经营者方面的同一原因造成旅游者人身损害、财产损失，旅游者选择要求旅游经营者承担违约责任或者侵权责任的，人民法院应当根据当事人选择的案由进行审理。

解读：当旅行社违反法律规定、国家标准或行业规范，致使旅游者人身损害、财产损失情况的发生，旅游者为了最大限度维护自身权益，会根据自己的实际状况，提出要求旅行社承担违约责任或者侵权责任。旅游者提出赔偿请求后，旅行社在协商和解阶段，可以不必搞清楚是违约责任还是侵权责任，就与旅游者达成和解，而旅游管理部门则不同，必须首先根据旅游者的投诉要求，分清旅行社必须承担违约责任还是侵权责任，然后召集双方当事人进行调解。在调解过程中，旅游管理部门应当根据旅游者提出的赔偿请求，结合旅游者的损害事实，找出损害事实与旅行社行为之间的因果关系，作出合乎情理的判断。如果旅游者提出违约赔偿请求，除了旅游者的实际损失外，旅游管理部门不应当支持旅游者精神损害赔偿的请求；如果旅游者提出侵权赔偿请求，旅游管理部门要求旅行社承担赔偿责任外，还可以要求旅行社与旅游者就精神损害进行协商赔偿。

第四条 因旅游辅助服务者的原因导致旅游经营者违约，旅游者仅起诉旅游经营者的，人民法院可以将旅游辅助服务者追加为第三人。

解读：旅游服务纠纷的产生，除了旅游者自身原因和第三人原因外，主要是旅行社和旅游服务供应商的服务过错或者过失造成的。在处理旅游服务纠纷中，旅行社对于自身的过错或者过失，一般都能认同且承担责任，但对于旅游服务供应商造成的纠纷，旅行社总是以非自身过错为由，不愿意承担责任。

由于旅游管理部门对于旅游目的地的旅游服务供应商没有管辖权，不能对服务供应商采取强制措施，要求他们共同参与旅游投诉的协调工作。因此，旅游管理部门通常根据合同相对性原则，要求组团旅行社先行承担责任，如果损失的确是由旅游服务供应商造成的，旅行社可以通过协商或诉讼，再向旅游服务供应商追偿。该条款在旅游投诉协商和调解阶段，不一定有十分明显的作用，但在诉讼阶段，人民法院可以根据法律规定，传唤旅游服务供应商参加应诉，直接由它承担相应的法律责任，对于组团旅行社有较好的保护作用。

第五条 旅游经营者已投保责任险，旅游者因保险责任事故仅起诉旅游经营者的，人民法院可以应当事人的请求将保险公司列为第三人。

解读：在旅游安全事故处理的实践中，旅行社最为头疼的问题之一，就是当旅游交通事故责任方被认定为是旅行社时，保险公司对于赔偿反应迟缓、拒绝赔偿或者不愿全额承担本该承担的医疗或者死亡赔偿等，使旅行社责任赔偿难以落实，旅游者也很难在第一时间得到赔偿。从这个意义上说，一旦发生较大的人身、财产事故，假如保险公司消极理赔，旅行社应当动员旅游者启动司法程序，把保险公司列为第三人，可以快速解决纠纷，维护旅游者和旅行社的合法权益。当然，在调解阶段，囿于旅游管理部门的权限，无法强行要求保险公司参与调解并理赔，只有在诉讼阶段，法院可以根据规定传唤相关保险公司。

第六条 旅游经营者以格式合同、通知、声明、告示等方式作出对旅游者不公平、不合理的规定,或者减轻、免除其损害旅游者合法权益的责任,旅游者请求依据消费者权益保护法第二十四条的规定认定该内容无效的,人民法院应予支持。

解读:“霸王条款”是人们对于不合理条款的通称,只要在合同条款中出现经营者单方规定、且权利义务分配不公的条款,都属于所谓的“霸王条款”范畴。符合上述条款所包含的情形,人民法院就将认定这些规定无效。

在旅行社服务中,为了降低经营风险,旅行社有意无意地使用一些格式条款、通知或者声明,期望能够减轻旅行社的责任,如旅行社经常在旅游行程中强调,旅行社在不减少旅游景点的前提下,保留调整旅游景点游览顺序的权利;由于预订的饭店被取消,旅行社有更改住宿饭店的权利;或者航班取消,所有损失应由旅游者承担等。这些事先声明的共同特点,就是扩大了旅行社的权利,损害了旅游者的合法权益。旅行社在出团前交给旅游者的旅游行程,就是旅游合同最为重要的组成部分,只要没有发生不可抗力和意外事件,旅行社必须不折不扣地按照旅游行程的安排,为旅游者提供服务,即使没有减少景点,只要调整了旅游顺序,旅行社的行为仍然属于违约。旅游者要求按照行程履行合同,旅行社必须无条件予以配合。旅行社此类声明,就属于“霸王条款”。

当然,不能简单地将旅行社的事先声明,统统视为“霸王条款”,不能只看程序,更应当看实体。如果没有增加旅行社的权利,也有加重旅游者的义务,对旅游者的权利义务没有影响,即使是旅行社单方给出的通知、声明,也不属于“霸王条款”的范畴。

第七条 旅游经营者、旅游辅助服务者未尽到安全保障义务,造成旅游者人身损害、财产损失,旅游者请求旅游经营者、旅游辅助服务者承担责任的,人民法院应予支持。

因第三人的行为造成旅游者人身损害、财产损失,由第三人承担责任;旅游经营者、旅游辅助服务者未尽安全保障义务,旅游者请求其承担相应补充责任的,人民法院应予支持。

解读:安全保障义务是旅行社应尽的法定义务,《消费者权益保护法》、《侵权责任法》和《旅行社条例》对此都有明确的规定,不论在旅游合同中是否有明确约定,旅行社和服务供应商都必须履行安全保障义务,确保旅游者在旅游期间的人身财产安全。

在旅游服务中，旅行社首先必须确保旅游产品和服务是安全的，旅行社安排的旅游线路适合旅游者个体需求，否则一旦出现旅游者人身财产安全事故，旅行社就可能承担赔偿责任。如旅行社组织老年旅游者参加攀岩、徒步横穿沙漠等特种旅游项目，老年旅游者愿意参加这种项目，固然也存在一定的责任，但首要责任是旅行社，这样的线路本身就不适合老年人，旅行社销售这样的产品，就是缺乏安全保障意识的表现。其次，旅行社必须履行警示、告知和提示义务。再次，旅行社还必须采取相关措施，预防损害的发生、防止损害的扩大。

如果侵权责任人不是旅行社，也不是旅游服务供应商，而是属于旅游合同之外的第三人，旅游者人身财产损害应当由第三人（侵权人）承担责任，比如旅游者在旅游目的地正常行走被汽车撞伤，汽车驾驶人应当承担赔偿责任，旅行社不应当承担赔偿责任；如果导游带领旅游者横穿马路，没有走人行横道线，发生交通事故，汽车驾驶人固然要承担侵权责任，但旅行社也必须承担相应的责任，因为旅行社的导游没有遵守交通规则，旅行社对于交通事故的发生负有一定的责任。

第八条　旅游经营者、旅游辅助服务者对可能危及旅游者人身、财产安全的旅游项目未履行告知、警示义务，造成旅游者人身损害、财产损失，旅游者请求旅游经营者、旅游辅助服务者承担责任的，人民法院应予支持。

旅游者未按旅游经营者、旅游辅助服务者的要求提供与旅游活动相关的个人健康信息并履行如实告知义务，或者不听从旅游经营者、旅游辅助服务者的告知、警示，参加不适合自身条件的旅游活动，导致旅游过程中出现人身损害、财产损失，旅游者请求旅游经营者、旅游辅助服务者承担责任的，人民法院不予支持。

解读：告知、警示是旅行社安全保障义务的重要组成部分，旅行社必须根据旅游线路和旅游者个体差异，作出不同的告知和警示。具体包括告知、警示义务内容必须具体明确。告知的内容必须非常具体，不能流于形式，让旅游者听了就能明白，体现实用性。告知、警示义务必须看具体对象，即针对旅游者不同的文化背景、身体状况、生活环境，履行相关的告知义务。告知、警示义务必须针对不同的产品，常规线路有常规线路的提示和说明，非常规线路有非常规线路警示和提醒，不能千篇一律。告知、警示义务以书面形式为好。许多旅行社履行告知义务，主要依赖导游员（领队）的口头告知，而且导游员（领队）的确履行了相应的告知义务，但在法庭上不能出示相关证据，败诉在所难免。同时，由于旅游者自身原因，诸如不如实报告身体健康状况、不听劝阻参加力所不能及的旅游项目，造成旅游者人身财产损害的，旅行社和旅游服务供应商不承担责任。

第九条 旅游经营者、旅游辅助服务者泄露旅游者个人信息或者未经旅游者同意公开其个人信息，旅游者请求其承担相应责任的，人民法院应予支持。

解读：虽然相关法律已经明确规定，公民个人信息等隐私受法律保护，但旅游者个人信息如何保护尚待规范。本《规定》对此作出了规定，如果旅游者个人信息被旅行社泄露，旅行社必须为此承担法律责任，这对于保护旅游者个人信息、督促旅行社强化管理起到了积极的作用。

第十条 旅游经营者将旅游业务转让给其他旅游经营者，旅游者不同意转让，请求解除旅游合同、追究旅游经营者违约责任的，人民法院应予支持。

旅游经营者擅自将其旅游业务转让给其他旅游经营者，旅游者在旅游过程中遭受损害，请求与其签订旅游合同的旅游经营者和实际提供旅游服务的旅游经营者承担连带责任的，人民法院应予支持。

解读：旅游者和旅行社签订旅游合同后，组团旅行社将旅游者转让给其他旅行社，必须得到旅游者的书面同意，这是《旅行社条例》的明确规定。但在旅行社的实际操作中，仍然存在大量未经旅游者同意，擅自转让旅游者情况的发生。针对此种现象，本《规定》对于旅行社擅自转让旅游者的后果作出了规定：第一，旅游者可以要求与旅行社解除旅游合同，或者要求旅行社承担违约责任。不论是解除旅游合同，还是承担违约责任，旅行社都要付出较大经济成本。第二，如果旅游者怠于行使合同解除权，但在旅游行程权益受到损害，签约旅行社和实际提供服务的旅行社将承担连带责任。这样的规定，对于规范旅行社转让旅游者的经营方式，有直接的约束作用。

第十一条 除合同性质不宜转让或者合同另有约定之外，在旅游行程开始前的合理期间内，旅游者将其在旅游合同中的权利义务转让给第三方，请求确认转让合同效力的，人民法院应予支持。

因前款所述原因，旅游经营者请求旅游者、第三方给付增加的费用或者旅游者请求旅游经营者退还减少的费用的，人民法院应予支持。

解读：旅游者在旅行社报名，即使是交纳了旅游团款，并签订了旅游合同，也可能出于各种原因无法成行。为了避免经济损失，旅游者往往会请其他旅游者代替,这就是旅游者旅游权利的转让。对于旅行社转让旅游者,条款给予旅行社更多的约束,与此相反,旅游者转让权利义务的自由度较大,通常情况下不需要征得旅行社的同意,仅仅需要通知旅行社即可,旅行社不得拒绝。所谓"在旅游行程开始前的合理期间内",更多的是指旅游者提出把权利义务转让给第三方,必须给旅行社预留足够的准备时间,如办理证件、预订机票等,如果没有合理的准备时间,旅行社可以拒绝。

虽然条款确认旅游者可以转让,但是旅游者权利义务转让后,可能会产生旅游团款的差价,如果旅游团款增加了,旅行社可以要求旅游者或者第三方支付增加的团款,相反,如果旅游团款减少了,旅行社应当将差价退还给旅游者。要求旅游者支付增加的团款或者退还减少的团款,旅行社应当提供相应的凭证,不能信口开河。

第十二条 旅游行程开始前或者进行中,因旅游者单方解除合同,旅游者请求旅游经营者退还尚未实际发生的费用,或者旅游经营者请求旅游者支付合理费用的,人民法院应予支持。

解读:旅游者行前解约,大致可以分为两种情形:第一,旅游者向旅行社交纳了全额旅游团款,且签订了旅游合同,旅游者由于自身原因,要求解除旅游合同。第二,旅游者向旅行社交纳了部分团款,用于旅行社的相关办理费用,如办理签订、预订交通客票等,旅游者要求与旅行社解除旅游合同。不论是何种情形,旅游者的行为都属于违约行为。

第一种情形,旅行社应当退还尚未实际发生的团款。从理论上说,处理此类纠纷相对容易,旅行社扣除实际已经发生的旅游费用,剩余款项退还给旅游者就可以了,而在实务中,目前处理此类纠纷有时也较为艰难。由于一些旅行社采取低价竞争手法,要求旅游者在旅游行程中二次消费,旅游者交纳的旅游团款事实上不够成本,等到旅游者单方解除旅游合同后,旅行社没有剩余款项退还旅游者,旅游者无法接受这样的事实。第二种情形,经常被旅行社所抱怨。由于旅行社办理相关手续及预订机票,往往会支付较大数额的团款,一旦旅游者单方解除旅游合同,旅游者通常会以行程尚未开始,不可能产生费用为由,拒绝承担旅行社已经发生的费用,即使旅行社提供相关凭证,旅游者也是置之不理,旅行社由此发出自己也是弱者的感叹。其实,旅游者单方行前解约纠纷的处理,一方面固然需要法律的介入,另一方面,更加需要旅行社和旅游者双方的诚信。

第十三条 因不可抗力等不可归责于旅游经营者、旅游辅助服务者的客观原因导致旅游合同无法履行，旅游经营者、旅游者请求解除旅游合同的，人民法院应予支持。旅游经营者、旅游者请求对方承担违约责任的，人民法院不予支持。旅游者请求旅游经营者退还尚未实际发生的费用的，人民法院应予支持。

因不可抗力等不可归责于旅游经营者、旅游辅助服务者的客观原因变更旅游行程，在征得旅游者同意后，旅游经营者请求旅游者分担因此增加的旅游费用或旅游者请求旅游经营者退还因此减少的旅游费用的，人民法院应予支持。

解读：不可抗力是法定的免责条款，相关法律都有明确的规定，在此基础上，本条款扩大了旅行社、旅游服务供应商的免责事由，只要是不可归责于旅行社、旅游服务供应商的客观原因导致合同不能履行，旅行社和旅游者都可以解除旅游合同，旅行社可以免除违约责任，这对于旅行社无疑是好消息，和以往法律规定相比，具有一定的突破性。同时，旅行社更应当看到，由于旅行社是借助团队活动获得服务供应商的优惠，就某个具体的旅游团而言，假如仅仅一部分旅游者要求解除合同，旅游团如何操作就可能成为问题。另外，笔者以为，在旅游目的地遭遇不可抗力或者其他客观原因，导致旅游合同不能履行，如果旅游团队在行进过程中，旅行社不可以提出解除旅游合同；退一步说，即使解除了旅游合同，旅行社也必须履行后合同义务，妥善安排旅游者安全返回，而不能以合同已解除为由，放任旅游者不管，否则仍然将承担相应的责任。至于旅游合同解除或者旅游线路变更后旅游团款的处理，则按照多退少补的原则，处理相关善后事宜。

第十四条 因旅游辅助服务者的原因造成旅游者人身损害、财产损失，旅游者选择请求旅游辅助服务者承担侵权责任的，人民法院应予支持。

旅游经营者对旅游辅助服务者未尽谨慎选择义务，旅游者请求旅游经营者承担相应补充责任的，人民法院应予支持。

解读：通常情况下，不论是违约损害，还是侵权损害，只要有损害发生，旅游者都会要求组团旅行社承担赔偿责任。理由很简单，旅游者和组团旅行社空间距离较近，交涉较为容易，且成本较低，和旅游服务供应商交涉则成本较高，所以，旅游者会找组团旅行社。假如旅游服务供应商没有履行法定的安全保障义务，给旅游者人身财产造成损失的，旅游者愿意向旅游服务供应商追究法律责任，要求服务供应商赔偿旅游者的损失，旅游目的地的旅游管理部门就应当受理。

在侵权责任纠纷中，旅游服务供应商承担了法律责任后，并不必然意味着组团旅行社可以免责。如果旅行社在组织旅游线路、确定旅游服务供应商时没有尽到谨慎的选择义务，旅行社也要就其过失承担补充责任。如旅行社选择的安排的旅游景点经常发生安全事故，而旅行社仍然坚持旅游者前往游览；旅行社安排的饭店经常发生被盗事件，没有引起旅行社的关注等，旅游者发生人身财产安全事故，虽然景点、饭店要承担主要责任，但组团旅行社也要承担补充责任。

第十五条 签订旅游合同的旅游经营者将其部分旅游业务委托旅游目的地的旅游经营者，因受托方未尽旅游合同义务，旅游者在旅游过程中受到损害，要求作出委托的旅游经营者承担赔偿责任的，人民法院应予支持。

旅游经营者委托除前款规定以外的人从事旅游业务，发生旅游纠纷，旅游者起诉旅游经营者的，人民法院应予受理。

解读：旅游活动具有跨区域的特点，旅行社组织旅游者成团后，为了保证旅游服务顺利完成，通常必须将其中部分业务委托给旅游目的地的旅行社负责，地接旅行社按照组团旅行社的指令，为旅游者提供服务，包括向其他服务供应商预订服务。当地接旅行社的过错或者过失，导致旅游者权益受损，组团旅行社经常以非自身过错为由，拒绝承担赔偿责任，而是愿意和旅游者一起向地接旅行社索赔。这种观点显然违反法律的相关规定。

不论组团旅行社把旅游业务委托给合法的旅行社，还是委托给其他单位还是个人，组团旅行社应当为合同约定的服务项目负责，除了法律规定外，只要旅游者得到的服务与旅游合同约定不符，组团旅行社就必须承担责任，向旅游者作出赔偿，组团旅行社的损失可以向地接旅行社等服务供应商内部追偿，或者向法院提出要求追加服务供应商为第三人。

第十六条 旅游经营者准许他人挂靠其名下从事旅游业务，造成旅游者人身损害、财产损失，旅游者请求旅游经营者与挂靠人承担连带责任的，人民法院应予支持。

解读：虽然挂靠经营并非旅行社行业所特有，但其危害性十分明显。一些有挂靠的旅行社，其内部有明确约定，旅游服务中产生的服务纠纷，都应当由挂靠者直接承担，所以当纠纷发生后，旅行社法人以此为由，拒绝承担赔偿责任的做法显然不合时宜。该条款明确旅行社通过挂靠经营获得利益的同时，必须为此承担连带的法律责任，旅行社对此必须有清醒的认识，这样的规定对于遏制旅行社的挂靠经营也具有一定的积极意义。

第十七条 旅游经营者违反合同约定，有擅自改变旅游行程、遗漏旅游景点、减少旅游服务项目、降低旅游服务标准等行为，旅游者请求旅游经营者赔偿未完成约定旅游服务项目等合理费用的，人民法院应予支持。

旅游经营者提供服务时有欺诈行为，旅游者请求旅游经营者双倍赔偿其遭受的损失的，人民法院应予支持。

解读：旅行社违反合同约定，擅自改变旅游行程、遗漏旅游景点、减少旅游服务项目、降低旅游服务标准等行为，是旅行社服务的老问题，更是旅游者对旅游服务品质的投诉焦点。按照我国现有法律法规的规定，大多数旅游纠纷处理，旅游者的期望与实际赔偿数额有较大的落差，纠纷难以得到快速化解。按照本条款的规定，旅行社应当赔偿旅游者“未完成约定旅游服务项目等合理费用”，何为“合理费用”，是一个难以把握却值得探讨的话题，究竟要求旅行社承担交通、住宿、景点等综合费用，还是就事论事赔偿某项服务，留给法官有很大的裁量空间，同时给旅游管理部门调解也带来了一些难度。旅行社服务欺诈，旅游者可以请求旅行社承担其损失的双倍赔偿。

第十八条 因飞机、火车、班轮、城际客运班车等公共客运交通工具延误，导致合同不能按照约定履行，旅游者请求旅游经营者退还未实际发生的费用的，人民法院应予支持。合同另有约定的除外。

解读：按照合同相对性原则，只要旅行社和旅游者签订了旅游合同，旅行社所承诺的所有服务必须得到全面履行，除非发生了不可抗力，旅行社的违约行为都应当承担违约责任。即使由于旅行社无法控制的公共交通等部门违约，导致旅游行程受阻、或者减少服务项目，旅行社必须为此承担责任，而旅行社承担责任后，往往是无处追偿，只能自认倒霉。本条款则充分考虑了旅行社的服务特点和经营现状，免除了公共交通造成旅行社违约的责任，旅行社只需要退还旅游者尚未发生的费用，而不需要就此承担违约责任。如旅游合同约定，上午8时从杭州飞北京旅游，由于航空公司的原因延误到下午，导致旅行社减少了两个景点，按照原来的处理原则，旅行社不仅要承担延误时间的赔偿，还要承担减少景点的违约责任；而按照本条款，旅行社只要能够证明航班延误的原因在于航空公司，就只需要退还尚未发生的实际费用，包括两个景点的门票、导游费、交通费等即可。这样的规定，大大降低了旅行社的经营风险，减轻了旅行社的赔偿义务。

第十九条 旅游者在自行安排活动期间遭受人身损害、财产损失,旅游经营者未尽到必要的提示义务、救助义务,旅游者请求旅游经营者承担相应责任的,人民法院应予支持。

前款规定的自行安排活动期间,包括旅游经营者安排的在旅游行程中独立的自由活动期间、旅游者不参加旅游行程的活动期间以及旅游者经导游或者领队同意暂时离队的个人活动期间等。

解读:旅行社安排的旅游行程中经常包含自由活动,自由活动期间旅游者发生人身财产损害,旅行社究竟要承担多大的责任,在这之前,法律法规从未给予明确规定,本条款给予了充分的说明。不论是旅行社安排的自由活动,还是其他时间的自由活动,旅行社作为善良管理人,都应当尽到提示义务和救助义务,否则要承担相应的责任。提示义务主要是指旅行社的安全提示,对于旅游目的地的治安状况、风俗习惯、法律法规、气候条件等,导游或领队都必须给予明确警示,旅行社不给予提示,旅游者因此而遭受损失,旅行社就此部分承担责任。救助义务主要是指旅游者在自由活动期间损害发生后,旅行社应当给予必要和及时的救助,救助不及时而扩大的损害,旅行社应当承担责任。旅行社条款所称的自由活动包括四个方面:第一,旅行社安排的自由活动。这在旅游合同中有明确约定。第二,每天行程结束到第二天行程开始前,主要是休息期间。第三,没有参加自费项目的部分旅游者的等候期间。第四,旅游者征得导游或领队暂时离开团队期间。

应当特别注意的是,旅游者自由活动期间所遭受的损失,通常情况下并不是由旅行社全权承担,旅游者作为完全民事行为能力人,应当对其行为后果有充分的预料,要对其行为后果承担责任。因此,旅游者在自由活动期间发生人身财产损害,按照旅行社存在的过失,仅仅就其过失承担相应的责任,即旅行社有多大的过失,就承担多大的责任。

第二十条 旅游者在旅游行程中未经导游或者领队许可,故意脱离团队,遭受人身损害、财产损失,请求旅游经营者赔偿损失的,人民法院不予支持。

解读:本条款还是强调旅游者的民事行为能力,旅游者擅自脱团后果自负,这和经过导游或领队同意离团有本质的区别,这也给旅行社经营一个启示:在旅游期间,不要轻易允许旅游者离团,尽可能降低旅行社的经营风险。

第二十一条 旅游者提起违约之诉,主张精神损害赔偿的,人民法院应告知其变更为侵权之诉;旅游者仍坚持提起违约之诉的,对于其精神损害赔偿的主张,人民法院不予支持。

解读:精神损害赔偿是旅游者挂在嘴边的诉求。当旅游者以旅行社漏游景点、降低服务标准、航班延误等理由投诉时,总是连带要求旅行社承担精神损害赔偿。旅游者认为旅行社的行为引起了他们精神不愉快,甚至精神遭受损害,旅行社理应予以赔偿。本条款明确规定,旅行社违约行为固然需要赔偿,但不包含精神损害赔偿,除非旅游者提出侵权责任赔偿,且证据充分,旅行社给旅游者的精神造成了严重的损害。

第二十二条 旅游经营者或者旅游辅助服务者为旅游者代管的行李物品损毁、灭失,旅游者请求赔偿损失的,人民法院应予支持,但下列情形除外:

(一)损失是由于旅游者未听从旅游经营者或者旅游辅助服务者的事先声明或者提示,未将现金、有价证券、贵重物品由其随身携带而造成的;

(二)损失是由于不可抗力、意外事件造成的;

(三)损失是由于旅游者的过错造成的;

(四)损失是由于物品的自然属性造成的。

解读:行李物品损毁、灭失,在长线旅游中,特别是出国(境)旅游中屡见不鲜,纠纷也是此起彼伏。按照原来的纠纷处理规则,旅游者行李物品损毁或灭失,往往是要求旅行社先行赔付,因为旅行社有义务确保旅游者行李物品的安全。本条款对此作出了新的规定,旅行社的责任因此减轻。

旅游者的行李物品包括随身携带的行李物品、旅行社或者旅游服务供应商代为保管的行李物品两部分,旅游者应当妥善保管其随身携带的行李物品,这些行李物品损毁或者灭失,旅行社或者旅游服务供应商不承担赔偿责任。至于旅行社或旅游服务供应商保管的行李物品,由于双方的保管合同关系处理,按照《合同法》的有关规定,旅行社或旅游服务供应商必须妥善保管,否则将承担赔偿责任。本条款概况了四种情形,对旅行社或旅游服务供应商的赔偿责任予以免除,减轻了旅行社的法律责任。

第二十三条 旅游者要求旅游经营者返还下列费用的,人民法院应予支持:

(一)因拒绝旅游经营者安排的购物活动或者另行付费的项目被增收的费用;

(二)在同一旅游行程中,旅游经营者提供相同服务,因旅游者的年龄、职业等差异而增收的费用。

解读:本条款的规定,和《旅行社条例》中的规定类似。在低价旅游团的销售中,旅行社经常向一些特殊群体收取年龄差别费、职业差别费等,理由是这些旅游者再旅行社指定的商场中购物积极性不高,旅行社组织这些旅游者无法赢利因此需要他额外支付旅游费用;或者要求不参加购物的旅游者另外付费。即使旅游行程已经结束,旅游者只要能够举证旅行社的收费具有歧视性或者强迫性特点,旅游管理部门就应当按照本条款和《条例》的规定,要求旅行社应当退还额外增收的费用,同时根据《条例》规定,给予旅行社行政处罚。时至今日,这样的收费行为依然存在,对于旅行社行业的形象危害很大。

第二十四条 旅游经营者因过错致其代办的手续、证件存在瑕疵,或者未尽妥善保管义务而遗失、毁损,旅游者请求旅游经营者补办或者协助补办相关手续、证件并承担相应费用的,人民法院应予支持。

因上述行为影响旅游行程,旅游者请求旅游经营者退还尚未发生的费用、赔偿损失的,人民法院应予支持。

解读:在旅游团队成行前代为旅游者办理证件、签证(签注),是旅行社组团出游,特别是出国(境)旅游的必要环节;在旅游期间代为旅游者保管证件,是旅行社经常承办的业务。不论是办理证件,还是保管证件,旅行社必须确保代办的证件不能影响行程,保管的证据不能损毁、灭失。如果旅行社的工作有过失,就应当承担由此引起的所有的后果。

第二十五条 旅游经营者事先设计,并以确定的总价提供交通、住宿、游览等一项或者多项服务,不提供导游和领队服务,由旅游者自行安排游览行程的旅游过程中,旅游经营者提供的服务不符合合同约定,侵害旅游者合法权益,旅游者请求旅游经营者承担相应责任的,人民法院应予支持。

旅游者在自行安排的旅游活动中合法权益受到侵害,请求旅游经营者、旅游辅助服务者承担责任的,人民法院不予支持。

解读:自由行旅游活动越来越多地受到旅游者的欢迎,旅游纠纷也随之增多。在以往的自由行人身伤害纠纷的审理中,虽然旅行社提供的服务本身没有瑕疵,旅游者的人身伤害都发生在自行旅游活动期间,但人民法院基本都倾向旅行社要承担次要责任。本条款对此作出了明确规定:如果旅游者的损害来源于旅行社提供的服务,如旅行社预订的客房不符合约定,或者与国家、行业标准不符,毫无疑问,旅行社应当就此承担责任,而在旅游活动期间的损害,旅游者只能直接向服务提供者,而不是向旅行社主张赔偿权利。

第二十六条 本规定施行前已经终审,本规定施行后当事人申请再审或者按照审判监督程序决定再审的案件,不适用本规定。

解读:本《规定》实施前已经调解完毕的旅游纠纷,旅游管理部门不再组织调解。

参考书目

1. 谢怀栻等. 合同法原理. 北京:法律出版社,2000.

2. 梁慧星. 民法总论. 第 2 版. 北京:法律出版社,2004.

3. 王利明. 违约责任论. 修订版. 北京:中国政法大学出版社,2000.

4. 刘凯湘. 合同法. 北京:人民法院出版社,2003.

5. 张新宝. 侵权责任法原理. 北京:中国人民大学出版社,2005.

6. 王泽鉴. 民法学说与判例研究. 第六册,第七册. 北京:中国政法大学出版社,1998.

7. 王泽鉴. 法律思维与民法实例. 北京:中国政法大学出版社,2001.

8. 王泽鉴. 债法原理. 第一册. 北京:中国政法大学出版社,2001.

9. 侯国跃. 契约附随义务研究. 北京:法律出版社,2007.

10. 熊进光. 侵权行为法上的安全注意义务研究. 北京:法律出版社,2007.

11. 周江洪. 服务合同研究. 北京:法律出版社,2010.

12. 刘劲柳. 旅游合同. 北京:法律出版社,2004.

13. 王 健. 旅游法原理与实务. 天津:南开大学出版社,1998.

14. 黄恢月. 旅游合同纠纷实务解析. 北京:中国旅游出版社,2004.

15. 侯明贤,黄恢月. 旅游法规. 北京:北京大学出版社,2005.

16. 姚晓玲,黄恢月. 旅游法规读本. 北京:高等教育出版社,2000.

后记

萌生写作本书的动机，源于本人多年在旅游质监部门处理服务纠纷时的困惑。

在处理旅游服务纠纷时，大家共同的感受是，旅游者对旅行社服务的抱怨千差万别，赔偿请求也是大相径庭，旅游纠纷千头万绪，多种多样。近年来，笔者试图以旅游者的赔偿请求为切入点，对旅游服务纠纷进行全面类型化，从纷繁复杂的服务纠纷中寻找规律。于是，在工作之余，把对于服务纠纷处理的一些思考陆续整理成文，从2009年年底开始，有7篇连载发表于《中国旅游报》上，引起了旅游质监部门同行和旅行社朋友们的关注。

后来，根据业界读者朋友们及出版社的反馈意见，笔者将对服务纠纷处理的思考进一步做了归类整理，并增补、修改了多篇文字，同时每篇增加了“案例导入”模块，遂成现稿。感谢远在北京的《中国旅游报》王浒老师、赵垒老师，旅游教育出版社的李红丽老师，没有他们的支持，这些短文就难以成书出版。感谢一直关心和支持我的领导、同事、朋友和家人，没有他们的鼓励，本书就不能及早与读者见面。

希望本书能够成为处理旅游服务纠纷的工具书，能够为同行和旅行社在防范和处理服务纠纷时提供实用的帮助和参考。欢迎同行、旅游法专家、旅行社从业人员和读者提出宝贵的批评意见。

作　者

于杭州美都新村寓所

2011年5月

策　　划:李红丽

责任编辑:李红丽　禚洪涛

图书在版编目(CIP)数据

常见旅游纠纷防范与应对指南/黄恢月著. -北京:旅游教育出版社,2011.7

ISBN 978-7-5637-2198-6

Ⅰ.①常…　Ⅱ.①黄…　Ⅲ.①旅游业-经济纠纷-处理-中国-指南
Ⅳ.①D922.296-62

中国版本图书馆 CIP 数据核字(2011)第 138926 号

常见旅游纠纷防范与应对指南

黄恢月　著

出版单位	旅游教育出版社
地　　址	北京市朝阳区定福庄南里1号
邮　　编	100024
发行电话	(010)65778403 65728372 65767462(传真)
本社网址	www.tepcb.com
E-mail	tepfx@163.com
印刷单位	北京科普瑞印刷有限责任公司
经销单位	新华书店
开　　本	787×960　1/16
印　　张	14.5
字　　数	184千字
版　　次	2011年7月第1版
印　　次	2011年7月第1次印刷
定　　价	29.00元

(图书如有装订差错请与发行部联系)